Método de Sucesso em Projetos

Uma abordagem comprovada para obter maior desempenho em gerenciamento de projetos em apenas 5 dias

CLINTON M. PADGETT

Tradução: Beth Honorato

www.dvseditora.com.br
São Paulo, 2012

The Project Success Method
A Proven Approach for Achieving Superior Project Performance in as Little as 5 days

Copyright © 2009 by Clinton M. Padgett.
All rights reserved. This translation published under license.
Published by John Wiley & Sons, Inc., Hoboken, Nova Jersey.

Método de Sucesso em Projetos
Uma abordagem comprovada para obter maior desempenho em gerenciamento de projetos em apenas 5 dias

DVS Editora 2012 - Todos os direitos para a território brasileiro reservados pela editora.

Capa: Spazio Publicidade e Propaganda
Diagramação: Konsept Design & Projetos

Nenhuma parte deste livro poderá ser reproduzida, armazenada em sistema de recuperação, ou transmitida por qualquer meio, seja na forma eletrônica, mecânica, fotocopiada, gravada ou qualquer outra, sem a autorização por escrito do autor.

Limite de Responsabilidade/Repúdio de Garantia: tendo o editor e o autor empenhado o máximo esforço na preparação do presente livro, eles se eximem da responsabilidade ou garantia quanto à acurácia ou inteireza do conteúdo deste livro e rejeitam especificamente qualquer garantia implícita de comerciabilidade ou adaptação visando algum propósito específico. Nenhuma garantia pode ser criada ou estendida por representantes de vendas ou materiais impressos de vendas. As recomendações e estratégias aqui contidas podem não ser adequadas a situações específicas. Deve-se consultar um profissional especializado quando apropriado. Nem o editor nem o autor podem ser responsabilizados por qualquer perda de lucro ou qualquer outro dano comercial, incluindo, mas não se restringindo a, danos especiais, incidentais, consequentes ou outros.

```
Dados Internacionais de Catalogação na Publicação (CIP)
       (Câmara Brasileira do Livro, SP, Brasil)

    Padgett, Clinton M.
         Método de sucesso em projetos : uma abordagem
    comprovada para obter maior desempenho em
    gerenciamento de projetos em apenas 5 dias /
    Clinton M. Padgett ; tradução Beth Honorato. --
    São Paulo : DVS Editora, 2012.

         Título original: The project success method : a
    proven approach for achieving superior project
    performance in as little as 5 days.
         ISBN 978-85-88329-64-5

         1. Administração de projetos I. Título.

12-02234                                    CDD-658.404

            Índices para catálogo sistemático:

        1. Administração de projetos    658.404
        2. Gestão de projetos    658.404
        3. Projetos : Administração    658.404
        4. Projetos : Gestão    658.404
```

Método de Sucesso em Projetos

Uma abordagem comprovada para obter maior desempenho em gerenciamento de projetos em apenas 5 dias

CLINTON M. PADGETT

Tradução: Beth Honorato

www.dvseditora.com.br
São Paulo, 2012

Sumário

Apresentação vii
Prefácio xi
Agradecimentos xiii

Capítulo 1	O jeito mais fácil	1
Capítulo 2	Conhecendo a fundo o método de sucesso em projetos (PSM)	13
Capítulo 3	Deslocando a curva de ansiedade	21
Capítulo 4	Desenvolvendo uma **verdadeira** equipe de projeto	29
Capítulo 5	Elaborando o termo de abertura para promover a clareza, o consenso e o comprometimento	43
Capítulo 6	Decompondo e distribuindo as atividades do projeto	65
Capítulo 7	Criando um diagrama de rede em prol do sucesso do projeto	81
Capítulo 8	Tentando ser normal	93
Capítulo 9	Identificando o que é crítico	111
Capítulo 10	Comprimindo em prol do lucro	123
Capítulo 11	Monitorando, corrigindo e atualizando	145

Capítulo 12	Criando um sistema em prol do sucesso dos projetos	165
Capítulo 13	Superando as dificuldades	171
Capítulo 14	A eficácia do método de sucesso em projetos na prática	179
Apêndice A	Desenvolvendo procedimentos operacionais para projetos que envolvem várias organizações por meio de um organograma linear de responsabilidade	183
Apêndice B	Diagrama de precedência generalizada	189
Apêndice C	Cálculos de programação	199
Apêndice D	Prevendo e resolvendo problemas de sobrecarga de trabalho dos recursos	209
Apêndice E	Como organizar os orçamentos dos projetos	217
Apêndice F	Por que supervisionar os custos reais e a utilização de recursos?	223
Apêndice G	O departamento de gerenciamento de projetos	225
Apêndice H	Alguns estudos de caso breves	231

Sobre o autor   *239*

Índice remissivo   *241*

Apresentação

Os projetos fazem parte da vida diária, tanto das empresas privadas, como das organizações governamentais. Entretanto, muitas pessoas nunca compreendem nem conseguem conhecer a fundo os princípios básicos de um bom gerenciamento de projetos, que engloba fases como planejamento, organização, escalação e alocação de pessoal, direção e supervisão do projeto ao longo de seu ciclo de vida.

Operações e processos são atividades periódicas que se repetem de uma maneira idêntica ou semelhante. Por exemplo, o fechamento mensal dos livros financeiros de uma empresa é um processo contábil. Os projetos, ao contrário, são uma série de atividades que têm começo, meio e fim definidos. Sem dúvida, o fechamento mensal dos livros financeiros de uma empresa poderia ser considerado em si um projeto, mas na realidade é um processo periódico que se repete indefinidamente, embora com variações, sendo adequado para ele desenvolver um processo documentado e que será repetido a cada mês.

Contudo, além do fechamento mensal dos livros financeiros, uma empresa deve também conduzir projetos de desenvolvimento de novos produtos. Em cada projeto, existe um resultado ou objetivo pretendido com relação a um novo produto e provavelmente um cronograma e orçamento para concluí-lo. Uma empresa pode ter vários novos projetos de desenvolvimento de produtos em andamento, mas é provável que o cronograma, os resultados desejados e o orçamento de cada um deles sejam distintos.

Porém, mesmo nos projetos, utilizam-se repetidamente algumas etapas e técnicas. A questão central é saber: quais dessas etapas e técnicas são as melhores para desenvolver com maior segurança um projeto de sucesso? Ter essa resposta é particularmente importante quando estamos lidando com a dúvida mais elementar de qualquer projeto, isto é: como posso concluir este trabalho de acordo com esse cronograma e esse orçamento? Encontrar os meios para obter os resultados desejados, segundo o custo e o cronograma desejados, talvez pareça impossível.

Mas não é impossível; na verdade, muito ao contrário. Descobri por experiência prática, principiada em 1994, com projetos pequenos e grandes, em empresas empreendedoras de pequeno porte e em grandes empresas da *Fortune 500*, e com projetos de alta tecnologia e também com projetos de negócios — como o lançamento de uma nova campanha publicitária ou a implantação de um novo plano de benefícios empresarial — que existe um conjunto de etapas e técnicas que pode mudar significativamente as probabilidades em favor de resultados favoráveis ao projeto. Com essas etapas e técnicas, reunidas pela primeira vez pela Project Success Incorporated (PSI) neste livro informativo, que apresenta o Método de Sucesso em Projetos (Project Success Method — PSM), as organizações podem planejar e executar seus projetos favoravelmente.

O PSM foi ensinado a centenas de empresas e implantado em mais de 10.000 projetos em 25 países, em seis continentes, ao longo dos últimos 25 anos. O treinamento inicial nesse método não requer nenhum treinamento prévio nem habilitações e pode ser aprendido em apenas cinco dias. Entretanto, o melhor treinamento prático ocorre em projetos reais, nos quais você pode aprender:

a) um método de criação de consenso que promove a participação e envolvimento ativos da equipe no projeto;
b) a desenvolver um plano acionável com o comprometimento da equipe e da administração com esse plano; e
c) os métodos para desenvolver uma abordagem disciplinada e proativa de supervisão de projetos e resolução contínua de problemas.

Com isso, os projetos podem ser concretizados no prazo, de acordo com o orçamento e as expectativas de qualidade.

Tenho duas sugestões para as pessoas que estão prestes a implantar o PSM. Primeiro, embora algumas das técnicas possam lhe parecer um contrassenso, tente manter-se fiel — elas consistem em um conjunto integrado de ferramentas e técnicas de gerenciamento de projetos. Muitos dos bons resultados obtidos pelo PSM foram utilizados em projetos em grande medida desafiadores cujos prazos eram extremamente críticos. Essas técnicas foram largamente testadas e, quando bem empregadas, oferecem uma motivação positiva diferenciada para os membros da equipe, pois elas são verdadeiramente eficazes e todas as etapas oferecem um valor real.

Segundo, quando aprendemos essas técnicas pela primeira vez, elas podem parecer objetivas e um tanto quanto simples. E, na maioria das vezes, elas são objetivas e simples. Contudo, não as subestime. O verdadeiro segredo é seguir essas etapas práticas e sensatas e aplicá-las de uma forma que transforme a cultura de gerenciamento de projetos de sua empresa. Mudar essa cultura é difícil; entretanto, se realizada de maneira apropriada, essa mudança pode representar um valor duradouro para sua organização ou negócio. O trabalho árduo dessa mudança de cultura oferecerá compensações consideráveis para a sua empresa.

No meu caso, essas técnicas sempre funcionaram. Atribuo grande parte do sucesso da minha empresa à PSI e ao PSM.

— Donald Miller, Ph.D., MBA,
Seal Beach, Califórnia

Sobre Don Miller
Don Miller, cientista de formação, iniciou sua carreira na McDonnell Douglas Astronautics e TRW Space Technology. Em sua carreira intermediária, atuou no setor de serviços de *software* comercial e de informação, ocasião em que esteve à frente de uma série de atribuições na área de gerenciamento de programas, administração geral e executiva. Depois de 17 anos no setor de serviços de *software* e de informação — em empresas de pequeno e de grande porte —, em 2003 Don Miller retornou ao setor aeroespacial, na Northrop Grumman Space Technology, aposentando-se em 2008. No segmento de projetos, ocupou vários cargos de alto nível ao longo de sua carreira, como um projeto de dois anos de duração, de US$ 110 milhões, envolvendo 400 pessoas, e uma *start-up* (empresa inciante) de Internet, onde trabalhou como diretor de operações.

Prefácio

O poder do sucesso em projetos

Em praticamente todos os setores, as empresas predominantes são aquelas que sistematicamente agem antes da concorrência e ganham vantagem competitiva no desenvolvimento e lançamento de novos produtos, tecnologias, sistemas, programas e equipamentos; são aquelas empresas que concretizam a maioria das fusões e aquisições bem-sucedidas; são aquelas que organizam e realizam os eventos especiais e as campanhas de *marketing* mais eficazes.

A capacidade de executar projetos de uma maneira mais ágil e eficaz, a um custo inferior ao da concorrência, gera vantagem competitiva para as empresas, especialmente em um ambiente de negócios movido por mudanças extremamente rápidas. Sua capacidade para concretizar projetos de sucesso de uma forma sistemática também criará vantagem competitiva para sua empresa.

O poder do sucesso em projetos é real. Se você ainda não tem esse poder, está em grande desvantagem em relação àqueles que já o têm.

Durante mais de 25 anos, eu e meus colegas na Project Success Incorporated (antes YCA) trabalhamos com mais de 600 clientes empresariais, desenvolvendo um método mais adequado e mais fácil para gerenciar promissoramente todo e qualquer projeto. O resultado desse empreendimento é justamente este livro.

Embora, de acordo com as estimativas, de 70% a 90% das iniciativas estratégicas fracassem, as empresas que empregam sistematicamente o Método de Sucesso em Projetos (Project Success Method — PSM) planejam e controlam de maneira eficaz seus projetos. Elas executam os projetos com maior qualidade, mais rapidamente e a um custo menor. Como elas conseguem fazer isso?

Nas páginas a seguir você verá de que forma essas empresas procedem. Por meio de uma série de estudos de caso, utilizados para exemplificar pontos essenciais, identificamos e explicamos claramente os elementos fundamentais do gerenciamento de projetos e de que forma você pode planejá-los e supervisioná-los eficazmente. Com esses princípios valiosos, as partes interessadas, o gerente de projetos e/ou sua equipe poderão, ágil e promissoramente,

- desenvolver a equipe de projetos e designar o gerente de projetos;
- definir o escopo, os objetivos, as restrições e outras características importantes do projeto;
- analisar as atribuições do trabalho;
- atribuir responsabilidades aos membros da equipe;
- elaborar o cronograma do projeto;
- elaborar o plano de recursos humanos e de outros recursos essenciais;
- elaborar o orçamento do projeto;
- monitorar e controlar a qualidade do projeto, progresso e custos.

Por apresentar o elo perdido entre a formulação de estratégias e sua implantação, o PSM é uma estrutura metodológica por meio da qual você pode definir, planejar e supervisionar seus projetos estratégicos para obter maior desempenho e colher os benefícios competitivos proporcionados pelos projetos de sucesso.

Você deve estar se perguntando por que o subtítulo deste livro inclui a frase **"em apenas 5 dias"**. A resposta é que a equipe de projetos recém-formada pode ser treinada no PSM e receber orientações a respeito do processo de definição e planejamento de um projeto razoavelmente grande e complexo "em apenas 5 dias". Como tenho certeza de que isso é possível? Tenho certeza porque eu e meus colegas trabalhamos com milhares de equipes de projeto para conseguir exatamente isso em inúmeros projetos altamente estratégicos, em variados setores. Sem dúvida, são cinco dias de trabalho intenso, mas o benefício é enorme.

Agradecimentos

Gostaria de reconhecer e agradecer a A. P. (Dennis) Young e ao doutor Thomas B. Clark — cofundadores da Project Success Incorporated (antiga YCA) — por seu trabalho pioneiro no processo de desenvolvimento, aperfeiçoamento, ensino e aplicação do Project Success MethodSM. Devo também manifestar minha gratidão aos vários clientes e consultores da Project Success Incorporated, os quais, ao trabalhar em conjunto e diligentemente em milhares de projetos complexos desde 1983, puderam comprovar o quanto essa metodologia é eficaz.

1

O jeito mais fácil

Há alguns anos, tive oportunidade de travar uma conversa com o vice-presidente executivo de uma empresa da *Fortune* 100 no *coffee break* de uma conferência. Um ou dois minutos depois, ele viu o nome da empresa em meu crachá.

"Então o senhor ajuda as empresas a ter sucesso nos projetos. É um trabalho de vulto", disse ele. "Com quem já trabalhou?"

Mencionei então algumas empresas de tecnologia, de fabricantes e de desenvolvedores de inúmeros tipos de serviço com os quais estávamos envolvidos. Disse-lhe que era cada vez maior nossa experiência em ajudar as empresas a conduzir projetos complexos, com equipes compostas de indivíduos que vivem e trabalham em países de várias regiões do mundo, falam idiomas diferentes e têm formação cultura diversa.

"Os projetos são sempre desafiadores", disse-me ele. "Neste exato momento, temos vários projetos em andamento: estamos deslocando uma de nossas principais instalações para o exterior, implantando um sistema de gerenciamento logístico que abrange toda a empresa e em pleno processo de desenvolvimento estratégico de um novo produto. Todos os projetos estão bastante atrasados em relação ao cronograma estabelecido e já ultrapassaram em muito nossas estimativas de custo. Para lhe dizer a verdade, não tenho muita certeza de que ficarei satisfeito com o resultado de qualquer um desses projetos, independentemente do tempo que levarem ou de quanto custarem."

Por que **de fato** os projetos fracassam?

É mesmo, por que será? Diria que a maioria dos executivos, dos gerentes de projetos e dos membros de inúmeras equipes de projeto espalhados pelo mundo já se fizeram essa mesma pergunta milhares de vezes.

Minha experiência de mais de 20 anos como engenheiro, gerente de projetos e instrutor e consultor em gerenciamento de projetos me demonstraram que os projetos geralmente fracassam por alguns motivos básicos.

Projetos são fundamentalmente diferentes de processos.

As empresas atendem seus clientes, geram receitas e gerenciam recursos por meio de **processos** — de *marketing* e vendas, de fabricação de produtos e fornecimento de serviços, de distribuição, de administração etc.

Os processos são sistemáticos e em geral são repetitivos. É aí que reside grande parte de seu poder. Os gerentes e a equipe operacional ganham domínio dos processos organizacionais. Por isso, os processos tornam-se altamente eficazes e rotineiros.

Por outro lado, para ganhar vantagem competitiva, as empresas criam mudanças estratégicas por meio de **projetos**, que não são semelhantes aos processos. Os projetos não são rotineiros e normalmente apresentam um grau de incerteza bem maior. Não é possível gerenciá-los da mesma forma que os processos habituais e rotineiros de uma empresa são administrados. Por sua própria natureza, os projetos apresentam uma grande variedade de desafios peculiares.

As pessoas não percebem os desafios peculiares do gerenciamento de projetos.

Para mim, os projetos são mais desafiadores do que os processos. Eles apresentam alguns problemas específicos. Portanto, para gerenciá-los eficazmente, é necessário ter um conjunto especial de habilidades.

Primeiro, diferentemente dos processos em andamento, os projetos precisam ter começo, **meio e fim**. Em geral, eles devem ser concluídos em uma determinada data e com frequência os prazos são extremamente apertados.

Segundo, os projetos podem apresentar (e normalmente possuem) um alto grau de incerteza quanto às atividades específicas essenciais à sua execução, aos métodos de trabalho, aos recursos disponíveis, à duração das atividades e aos respectivos custos.

Não raro os projetos envolvem relações sequenciais complexas entre as atividades. Em outras palavras, não é possível iniciar algumas atividades se outras atividades específicas não tiverem sido concluídas. A análise dessas relações sequenciais, particularmente de um projeto grande e complexo, pode ser uma tarefa bastante desafiadora.

Na verdade, um projeto de grande porte talvez seja uma pirâmide de projetos aninhados. Portanto, na realidade, em um grande empreendimento, um determinado projeto pode ser um subprojeto ou um subprojeto de um subprojeto.

Muitas vezes, nos projetos, as cargas de trabalho são bastante variáveis, tanto em relação aos recursos humanos quanto em relação a outros recursos. Entretanto, a capacidade desses recursos normalmente é constante, pelo menos a curto prazo, o que acaba sobrecarregando inesperadamente o uso de recursos específicos.

As equipes de projeto também são diferentes das equipes operacionais. As primeiras são temporárias e em geral bastante diversificadas. Os membros dessas equipes podem ter formação educacional e profissional distinta, empregar jargões diferentes e abordar os problemas de maneira diversa. Podem igualmente ter objetivos pessoais ou organizacionais diferentes.

Além disso, os integrantes de uma equipe de projeto podem estar em diferentes partes do planeta, o que dificulta a colaboração e o trabalho de coordenação. Eles podem também estar separados pelo idioma e por barreiras culturais.

Diferentemente de outras áreas da empresa em que as linhas de autoridade estão bem demarcadas, o gerente de projetos talvez não tenha autoridade formal sobre os membros da equipe de projeto. Não é incomum alguns membros da equipe estarem em um nível superior ao do gerente de projetos na hierarquia organizacional.

Em suma, por definição, os projetos não são rotineiros. Eles tendem a atrair mudanças de prioridade, erros de comunicação, confusões, frustrações e possíveis conflitos dentro da equipe do projeto.

A eficácia do gerenciamento de projetos com frequência colide com a natureza humana básica.

Alguns dos preceitos e comportamentos mais importantes de um bom gerenciamento de projetos contrariam alguns aspectos fundamentais da natureza humana.

Todos nós, de uma forma ou de outra, tendemos a deixar as coisas para a última hora. Tendemos a subestimar os desafios que percebemos em relação ao futuro, acreditando que conseguiremos enfrentá-los tranquilamente. Não obstante, não raro as pessoas reagem de uma maneira extremamente emocional e impensadamente quando se confrontam com alguns problemas. Tal como se diz em um princípio básico de gerenciamento de tempo, confundimos **urgência** com **importância**. Desperdiçamos tempo no primeiro caso e evitamos lidar com o segundo.

Como você verá mais adiante, quando analisamos o tópico "Deslocando a Curva de Ansiedade",* o Método de Sucesso em Projetos (Project Success Method — PSM) reconhece as realidades da natureza humana e as utiliza para facilitar e melhorar a eficácia do gerenciamento de projetos.

As pessoas tendem a superestimar suas qualificações para gerenciar um projeto.

Há mais indivíduos que se julgam um **excelente gerente de projetos** do que aqueles que de fato são. Muitas pessoas acreditam que o conhecimento necessário para gerenciar um projeto "nada mais é que um conhecimento de senso comum" e não percebem que o bom gerenciamento de projetos exige habilidades e processos especializados.

---

* O nome original dado pelo autor é Worry CurveSM, ou seja, a curva da preocupação. (N. da T.)

Estudo de caso: Midas Touch Financial Group*

O Midas Touch Financial Group, empresa de médio porte que possui escritórios em sete cidades ao todo, nos Estados Unidos da América (EUA) e no Canadá, está para mudar sua sede para um espaço arrendado em um novo edifício. Certa manhã, o diretor de operações, Pat Crandall, pediu para o gerente de escritório, Chris Toliver, dar uma passada em sua sala.

"Chris, como você sabe, mudaremos nossas instalações em breve", disse Crandall, sentando-se à mesa. "Tenho pensado muito sobre essa mudança e nas dificuldades que enfrentaremos. Com a mudança de sede, do centro de processamento de dados e do centro de atendimento ao cliente, é provável que isso atrapalhe significativamente nossas atividades."

"Como todos os departamentos funcionais da empresa serão envolvidos e afetados, gostaria de realizar essa mudança com o mínimo de transtorno possível. Para isso, gostaria de tratar essa mudança como um projeto formal. Isso significa que preciso de um gerente de projetos competente", disse Crandall.

Toliver fez que sim com a cabeça. "Você está certo, Pat. Também estive pensando sobre isso. Precisamos de um plano confiável e que possa ser posto em prática com firmeza."

"Chris, sei que só faz alguns meses que você está conosco, mas estou impressionado com suas habilidades organizacionais e de planejamento. Sei também que você já está lotado de trabalho, mas será que estaria disposto e teria possibilidade de assumir a responsabilidade pelo gerenciamento desse projeto? Obviamente, esse trabalho tem grande visibilidade. Seria uma grande oportunidade para você se destacar, se conseguir gerenciar bem essa mudança."

"Obrigado, Pat. Fico agradecido por você ter confiança em mim", respondeu Toliver. "Sim, gostaria de assumir essa responsabilidade. Tenho certeza de que saberei lidar com isso".

"Ótimo! Obrigado por assumir mais essa responsabilidade. A propósito, sua experiência em gerenciamento de projetos é apreciável?", perguntou Crandall.

* Este caso é fictício. Qualquer semelhança com empresas, indivíduos ou projetos reais é mera coincidência.

Novamente, Toliver fez que sim com a cabeça. "Sim, já gerenciei vários projetos ao longo da minha carreira. É claro que não eram projetos tão grandes quanto esse. Envolviam apenas eu e uma ou duas outras pessoas. Mas no meu modo de entender gerenciamento de projetos é basicamente senso comum. Não é uma coisa do outro mundo."

"Concordo; não é nenhum mistério. Mas você tem alguma formação em gerenciamento de projetos?", perguntou Crandall.

"Há alguns anos, fiz um curso de gerenciamento de projetos de um dia oferecido pelo escritório local da Associação Americana de Gerentes de Programas e Projetos", respondeu Toliver. "Esse curso cobria assuntos como cronograma em gráfico de barras e algo que eles chamam de análise de valor agregado."

Toliver hesitou por um momento. "Acho que ainda tenho o caderno dessa aula em algum lugar em meus arquivos. Ainda não desembalei tudo o que eu trouxe na minha mudança de San Francisco. Vou ver se cuido disso hoje à noite."

"Além disso, andei dando uma fuçada em um programa de gerenciamento que tínhamos em nosso servidor. É o Project Pilot. Esse programa talvez nos seja útil. Tenho a impressão de que vi um tutorial em algum lugar", acrescentou Toliver. "Não se preocupe, Pat. Eu consigo tocar esse projeto. Essa mudança funcionará como um relógio."

Crandall levantou-se. "Obrigado, Chris. Fico grato por sua disposição em assumir esse trabalho extra e fico contente em ver que você está seguro", disse ele, dando-lhe um aperto de mão. "Agora tenho uma coisa a menos com que me preocupar. E não se preocupe, estarei aqui para apoiá-lo no que eu puder", concluiu Crandall.

Perguntas
1. Com base nesse diálogo, que segurança você teria em relação às qualificações de Chris Toliver para gerenciar esse projeto? O que o fez chegar a essa conclusão?
2. Que outras perguntas Pat Crandall deveria ter feito para conhecer as qualificações de Toliver?

Já testemunhei essa situação várias vezes. Do mesmo modo que Chris fez no estudo de caso que acabamos de ver, por uma série de motivos as pessoas com frequência superestimam suas habilidades de gerenciamento de projetos.

- As pessoas não sabem o que é que elas não sabem. Elas não percebem que existem processos de gerenciamento comprovados para definir, planejar e supervisionar os projetos. Se elas não têm consciência da existência desses processos de gerenciamento, não conseguem perceber suas deficiências de conhecimento na área de gerenciamento de projetos. Concordo, saber gerenciar um projeto não é uma coisa do outro mundo. Contudo, precisamos de conhecimentos específicos sobre os processos de gerenciamento, bem como das habilidades e dos instrumentos necessários para aplicá-los com eficácia.
- Muitos dos cursos de gerenciamento de projetos de curta duração, dentre os inúmeros que são oferecidos por faculdades, empresas de treinamento e associações profissionais, impressionam à primeira vista, mas têm pouca profundidade. Esses dão aos participantes uma falsa impressão de especialização.

Na teoria, não existe nenhuma diferença entre teoria e prática.
Na prática, existe.

– Yogi Berra

Esses cursos normalmente apresentam aos alunos um amplo espectro de técnicas de gerenciamento de projetos, mas não explicam de que forma essas técnicas amoldam-se aos processos empregados para definir, planejar e supervisionar os projetos. Eles não explicam a importância de cada técnica nesses processos. Raras vezes eles oferecem aos alunos treinamento prático para desenvolver as habilidades analíticas necessárias para aplicar essas técnicas corretamente. Tampouco advertem os alunos sobre os possíveis erros e armadilhas de cada uma delas. Os alunos saem desses cursos com um conhecimento superficial sobre várias técnicas, sem saber muito bem por que motivo, quando e como usá-las. Na maioria das vezes, os instrutores dos cursos de curta duração têm uma experiência pouco expressiva no gerenciamento de projetos empresariais na vida real. É provável que o conteúdo dos cursos esteja desatualizado e tenham pouco valor prático. Consequentemente, quando os alunos concluem esses cursos, continuam **"sem saber o que eles não sabem"**. Infelizmente, muitos dos instrutores também não sabem.

- As pessoas tendem a equiparar o conhecimento superficial necessário para trabalhar com programas de gerenciamento de projetos com o conhecimento aprofundado essencial para gerenciar os projetos em si. Tiger Woods provavelmente pratica golfe nos melhores clubes que seu dinheiro pode pagar, mas não é isso que o torna um grande jogador de golfe. Não foi o trompete de Louis Armstrong que o fez se destacar como uma personalidade revolucionária do *jazz* norte-americano. De modo semelhante, um programa de gerenciamento de projetos não é a solução para alguém se tornar um gerente de projetos competente. A maioria dos cursos e tutoriais que oferecem treinamento nos *softwares* de gerenciamento de projetos apresenta aos alunos apenas os recursos do programa e instruções sobre o lugar em que eles devem clicar para fazer o programa executar determinadas ações. Eles pouco falam — se é que falam — dos processos para os quais esse programa foi criado para servir de suporte. Mesmo assim, pessoas com conhecimentos rudimentares sobre um determinado programa de gerenciamento de projetos acreditam que conhecem tudo sobre essa área. Nas mãos de um gerente de projetos não capacitado, um programa desse tipo talvez represente mais um risco do que um benefício para um projeto específico.
- Os gerentes de projetos tendem a supervalorizar suas experiências anteriores em gerenciamento de projetos.

A prática não leva à perfeição. Apenas a prática perfeita leva à perfeição.

– Vince Lombardi

A **experiência** é uma **grande mestra** — se você estiver aprendendo as lições corretas. O fato de uma pessoa ter gerenciado projetos ao longo de dez anos não significa que ela soube gerenciá-los corretamente ou que tenha tido êxito. Será que esse gerente de projetos conseguiu atingir os resultados desejados? Não teriam sido esses projetos relativamente pequenos e/ou simples a ponto de sua experiência contar pouco enquanto qualificação para o projeto mais amplo e mais complexo que se apresenta naquele momento? A única experiência que podemos conceber como uma qualificação válida, com relação à competência necessária para gerenciar projetos, é a aplicação adequada de processos comprovados para gerenciar projetos com escopo e complexidade significativos.

- Mesmo o mestrado ou uma formação formal em gerenciamento de projetos não garante que o indivíduo será um gerente de projetos competente. Entretanto, esses diplomas levam as pessoas a acreditar que elas tenham habilidades concretas, quando na verdade esses conhecimentos e teorias foram adquiridos apenas nos livros. Eu sei que isso soará como uma heresia para alguns, mas conheci tantas pessoas que têm diplomas como esses e não são competentes para gerenciar um projeto. Sim, toda e qualquer pessoa que obtenha um diploma desse tipo pode até se demonstrar pessoalmente comprometida e motivada a dar o melhor de si. Entretanto, o fato de ter passado em um exame demonstra que ela domina os processos de gerenciamento de projetos? Existe alguma garantia de que o candidato teve oportunidade de aplicar promissoramente as técnicas que ele aprendeu?

Faça **seu** projeto dar certo!

Você pode adquirir as habilidades necessárias para gerenciar eficazmente um projeto grande e complexo no mercado global extremamente competitivo dos tempos modernos — que funciona em tempo integral, é altamente variável e muda da noite para o dia — e conseguir armar sua empresa com o poder do PSM.

Trabalhamos em empresas tão diversas quanto a Alltel, Carterpillar, Coca-Cola Company, Delta Air Lines, Disney, Fujitsu, Ingersoll Rand, Kimberly-Clark, Marriott, Radio Shack, TRW e Turner Broadcasting.

Em todos os setores representados por essas empresas, e em praticamente qualquer outro empreendimento que eu consiga imaginar, as organizações predominantes são aquelas que são sistematicamente mais ágeis que seus concorrentes. Elas desenvolvem e lançam novos produtos, tecnologias, sistemas e programas estratégicos mais rapidamente e mais eficazmente que os concorrentes. Elas abrem novas fábricas e escritórios com uma agilidade bem maior. E formam fusões e aquisições pioneiras, desenvolvem campanhas de *marketing* e promovem eventos especiais que deixam os concorrentes no chinelo.

São empresas que desenvolveram o conhecimento, as habilidades, os instrumentos e os sistemas indispensáveis para gerenciar seus projetos promissoramente. Elas são eficazes porque sabem quais instrumentos e técnicas de fato funcionam na área de gerenciamento de projetos. Elas conhecem os princípios que geram a eficácia que o projeto necessita para superar os desafios inevitáveis e dinâmicos que qualquer projeto grande e complexo envolve.

Elas aprenderam os princípios testados e comprovados que fundamentam o PSM. Essa metodologia foi desenvolvida por A. P. (Dennis) Young e o doutor Thomas B. Clark, cofundadores de nossa empresa. A eficácia do PSM é comprovada. Desde 1983, esse método tem sido aplicado em milhares de projetos complexos, em áreas de negócios consideradas extremamente críticas.

Em que consiste o PSM?

O PSM é uma solução bastante simples de gerenciamento de projetos que procurou aperfeiçoar seus princípios básicos e concentra-se precisamente na obtenção de resultados positivos em todas as três áreas de desempenho dos projetos: **qualidade**, **tempo** e **custo**.

Com esse método, você e sua empresa conhecerão os princípios e processos primordiais para gerenciar seus projetos com eficácia, ter êxito e dar autonomia aos membros da equipe para que se sintam realizados e orgulhem-se de seu trabalho.

Ter capacidade para conduzir projetos de uma maneira mais eficaz, mais rápida e mais barata, comparativamente aos concorrentes, significa vantagem competitiva. Sua empresa ficará mais ágil, responderá e reagirá mais rapidamente em relação aos seus clientes e mercados e terá maior aptidão para competir na atual economia global, que exige grande perícia e esforço e muda a passos largos.

Se tiver as habilidades necessárias para conduzir a contento seus projetos, você também ganhará vantagem competitiva enquanto pessoa. O líder de projetos competente nunca foi tão valorizado quanto hoje, especialmente quando seu sucesso decorre da aplicação de uma abordagem estruturada e sistemática como o PSM.

Se você não conseguir obter bons resultados, o inverso será verdadeiro. Sua empresa enfrentará desvantagens competitivas. Você não terá competência para atender às necessidades de seus clientes. Desperdiçará tempo e dinheiro. Você, seus sócios e funcionários ficarão insatisfeitos e não se sentirão realizados profissionalmente.

Há mais ou menos três décadas, Tom Peters, coautor de *Em Busca da Excelência*, previu que a capacidade de executar bem um projeto tornar-se-ia uma fonte sem paralelo de vantagem competitiva. Os fatos provaram o quanto ele estava certo. O poder que emana da capacidade de gerenciar bem um projeto é real. Se você não tem esse poder, sua desvantagem em relação a quem o tem é significativa. Esse poder reside exatamente aqui, no PSM.

Você deve estar se perguntando como um livro breve como este pode lhe dizer o que precisa saber sobre gerenciamento de projetos, quando as prateleiras das livrarias estão repletas de livros volumosos a respeito desse tema.

O PSM oferecerá a você o que precisa para gerenciar bem seus projetos, porque na atividade prática do gerenciamento de projetos, como em quase todas as outras áreas, a regra **80/20** (também conhecida como princípio de Pareto das triviais e vitais) é aplicável. Somente que agora, é mais correto dizer que a regra aplicável seja a de **90/10**. Ou seja, cerca de 90% do conteúdo que você encontra nos densos livros sobre gerenciamento de projetos é **supérfluo** e tem pouco valor na maioria dos projetos. O PSM concentra-se nos 10% que são **essenciais** para o êxito de um projeto.

Costumamos nos referir ao PSM como **"o jeito mais fácil"** porque esse é o caminho mais direto para gerenciar eficazmente um projeto. Desenvolvemos o PSM para que ele fosse aplicado no mundo real, com base em experiências reais.

O PSM é uma abordagem de gerenciamento de projetos da qual retiramos a bagagem desnecessária. Esse método engloba exatamente o que você precisa conhecer para gerenciar bem seus projetos. Aprenda a utilizá-lo e tenha sucesso!

Pontos-chave

- As empresas funcionam no dia a dia de acordo com **processos** bem definidos. Elas utilizam projetos para criar vantagem competitiva por meio de mudanças estratégicas.
- Os projetos fracassam por alguns motivos básicos.
- Encare com ceticismo as alegações de determinados indivíduos a respeito do conhecimento que eles consideram ter na área de gerenciamento de projetos. Peça para que eles apresentem provas de que conseguiram aplicar eficazmente processos de gerenciamento comprovados em projetos de escopo e complexidade significativos.
- O segredo para gerenciar bem um projeto é dominar um método comprovado, estruturado e sistemático para definir, planejar e supervisionar os projetos complexos — o PSM.
- Os indivíduos que têm habilidade para conduzir bem um projeto são extremamente valorizados nas empresas e desfrutam de uma vantagem competitiva em relação a seus colegas.
- Cerca de 90% do valor real do conhecimento sobre gerenciamento de projetos provém de alguns poucos princípios básicos. Esses princípios estão incorporados no PSM.

Conhecendo a fundo o método de sucesso em projetos (PSM)

Se você acha que os desafios para gerenciar bem um projeto são enormes, você não está sozinho. É provável que eles sejam bem maiores em escopo e número do que você possa imaginar.

Em uma pesquisa informal que empreendi, pedi aos executivos que me indicassem a porcentagem de projetos bem-sucedidos dentre aqueles que haviam sido empreendidos nos últimos anos por sua empresa. A resposta variou entre **70% a 90%**, uma porcentagem que a princípio parecia surpreendentemente alta.

Depois de investigar mais a fundo, descobri que a resposta depende do significado que cada um atribui ao conceito de **"sucesso em projetos"**. Quando defini que sucesso em um projeto é

- obter resultados que atendem às exigências e necessidades dos clientes,
- concluir um projeto no prazo e
- terminar o projeto de acordo com o orçamento...

a resposta desse mesmo grupo de executivos mudou, variando de **5% a 20%**, apenas.

No exercício da função de gerente e consultor de projetos, tive oportunidade de me deparar com vários projetos problemáticos que corriam o risco de ir por água abaixo. Conheci inúmeros gerentes de projetos formados que precisavam urgentemente de soluções viáveis e reais para arrancar seus projetos atolados em problemas das garras de uma derrota iminente.

Consegui também comprovar — por meio dos resultados positivos obtidos em centenas de projetos — que existe um jeito mais fácil de gerenciar um projeto, uma solução que aumenta significativamente nossa probabilidade de sucesso. Existe um segredo básico para superar os desafios e gerenciar eficazmente um projeto.

É necessário dominar e comprometer-se em aplicar disciplinadamente processos de gerenciamento que lhe permitam forjar os quatro ingredientes essenciais de um bom gerenciamento de projetos:

1. Desenvolver uma verdadeira equipe de projeto.
2. Definir concisamente as necessidades e exigências do projeto.
3. Elaborar um plano de projeto abrangente e compreensivo.
4. Supervisionar persistentemente o projeto, do começo ao fim de sua execução.

"Sem dúvida", afirma você, "dominar esses processos é **o que** preciso para ter êxito em meus projetos, mas isso não me diz nada sobre **como** devo proceder."

Felizmente, a resposta a essa questão é simples e fácil de ver na vida e na carreira de praticamente todas as pessoas que conseguiram ganhar proeminência em seus empreendimentos, seja nos esportes, nas artes, na política ou nos negócios.

Vamos recorrer novamente a Tiger Woods. Tiger é um dos maiores jogadores de golfe de todos os tempos. Ele faz o jogo de golfe, notoriamente difícil e frustrante, parecer fácil. Como todos aqueles que já tentaram acertar uma bola de golfe sabem, com quase toda a certeza esse jogo não é fácil.

Porém, o golfe **é** fácil para Tiger Woods, porque ele o praticou várias horas por dia e praticamente todos os dias desde a infância. Tiger tem uma excelente habilidade natural e um enorme talento, mas foi o treinamento sistemático aplicado por seu pai, Earl, desde o momento em que Tiger adquiriu idade suficiente para segurar um taco de brinquedo nas mãos, que o ajudaram a usar com plenitude suas habilidades naturais e seu potencial para se tornar um dos melhores jogadores de golfe do mundo.

Seu talento pavimentou o caminho que ele trilhou, mas Tiger ganhou mestria no golfe por meio do mesmo processo que você pode empregar para dominar as habilidades de gerenciamento de projetos. **O que é necessário para isso?**

- Em primeiro lugar, **comprometimento**.

> *Se não houver comprometimento, haverá apenas promessas e esperanças; mas nenhum plano.*
>
> – Peter Drucker

Talvez você queira ser um gerente de projetos competente. Talvez você esteja interessado em aprender as técnicas que lhe possibilitem gerenciar eficazmente seus projetos. Contudo, se você **não estiver verdadeiramente disposto a aprender** — e a aplicar diligentemente — os princípios de um bom gerenciamento de projetos, nunca ganhará domínio nesse assunto.
- Em segundo lugar, é indispensável receber um **treinamento intenso** em comprovadas técnicas e processos práticos de gerenciamento de projetos.
   - O foco deve convergir para os processos essenciais de definição, planejamento e supervisão de projetos.
   - O instrutor deve ser um gerente de projetos qualificado, com experiência comprovada na aplicação dos processos que estão sendo ensinados.
   - Quando for necessário ministrar treinamento em algum *software* de gerenciamento de projetos, esse treinamento deve ser estruturado em torno dos processos de gerenciamento de projetos para os quais o mesmo oferece apoio, e não em torno dos recursos da ferramenta.
   - Esse treinamento inicial não deve levar mais do que dois ou três dias, porque está precisamente direcionado para o conhecimento essencial e mais valioso sobre gerenciamento de projetos.

- Em terceiro lugar, como já mencionado, receber **orientação** (*coaching*) de um gerente de projetos qualificado é imprescindível.
  - O principal objetivo é fazer a transição imediata entre o aprendizado obtido em sala de aula e a aplicação desse aprendizado em projetos concretos, reais.
  - O instrutor oferece orientações gerais, reforça o treinamento processual e evita a infiltração de erros comuns no processo.
  - O instrutor mantém-se acessível para oferecer orientações, assim que o plano do projeto já estiver totalmente desenvolvido, e o projeto é executado com êxito por meio de ciclos de supervisão regulares.

A seguir são apresentados três passos do PSM, por meio dos quais você conseguirá se tornar um gerente de projetos competente.

O Método de Sucesso em Projetos (PSM) e os três processos de gerenciamento

Você provavelmente se lembra de que no Capítulo 1 eu afirmei que o PSM é o jeito mais fácil. Digo isso porque esse método atém-se ao que de fato funciona quando se deseja ter êxito em projetos reais. O cerne do PSM engloba três processos de gerenciamento que incorporam os princípios básicos do gerenciamento de projetos.

1º) **FirstStep Process**^{SM}

No FirstStep, temos os seguintes objetivos:

a) Designar um gerente/líder de projetos qualificado.

b) Constituir a equipe de projeto, que terá um representante de cada área funcional envolvida no projeto.

c) Desenvolver o ***project charter*** ou **termo de abertura** do projeto, que é um documento administrativo (e não técnico) que define de maneira clara e concisa as necessidades e exigências do projeto.

Ao elaborar o termo de abertura, a equipe e outros interessados chegam a um consenso sobre a abrangência, os objetivos, as restrições, as suposições e os riscos do projeto.

O processo FirstStep é o alicerce do processo de planejamento.

2º) Processo de planejamento.
A equipe desenvolve um **plano de projeto** para garantir que:
a) O plano seja de fato executável.
b) A equipe comprometa-se com o plano.
   O processo de planejamento é abrangente e solidamente integrado. Ele enfoca as dimensões de qualidade, tempo e custo do projeto de acordo com essa sequência lógica.
   O processo de planejamento envolve:
a) A decomposição do projeto em atividades (ou tarefas) manejáveis e a atribuição de responsabilidade pelas atividades a cada um dos membros da equipe do projeto.
b) A elaboração do cronograma do projeto por meio de um método significativamente mais adequado do que aquele empregado pela maioria das pessoas, que é elaborar uma programação retroativa a partir do prazo final. Nossa abordagem é explicada detalhadamente ainda neste capítulo. Nós a chamamos de **programação progressiva e compressão seletiva ou estratégica**. A vantagem dessa abordagem é que no final acabamos criando um cronograma que cumpre ou se antecipa ao prazo final do projeto, evita o desperdício de dinheiro e estresses desnecessários e — mais importante do que isso — obtém o comprometimento da equipe para com os prazos.
c) Uma análise que garanta que os recursos serão viabilizados de acordo com a necessidade para que se cumpra o cronograma.
d) A elaboração do orçamento do projeto e do plano de fluxo de caixa, se necessário. Para ser franco, esse aspecto do processo de planejamento é mais importante em algumas circunstâncias de gerenciamento do que em outras.
   O comprometimento da equipe com o plano é fundamental para a sua execução.

3º) Processo de supervisão.
A supervisão envolve:
a) A monitoração do desempenho do projeto no sentido de detectar desvios desfavoráveis em relação ao plano.
b) Ações corretivas imediatas de acordo com a necessidade, para eliminar desvios desfavoráveis.

Para supervisionar qualquer projeto e identificar e resolver possíveis problemas, é essencial adotar uma abordagem proativa.

A resolução de problemas e o processo de tomada de decisões devem basear-se em fatos e contar com a participação da equipe.

Para que o projeto tenha êxito, é também indispensável manter o plano atualizado e reforçar o compromisso da equipe em cumpri-lo.

O PSM foi projetado para maximizar os dez principais fatores que, de acordo com minha experiência, aumentam a probabilidade de sucesso dos projetos.

1º) Envolvimento ativo das partes interessadas (*stakeholders*) no projeto.
2º) Competência do gerente de projeto e dos membros da equipe.
3º) Uma equipe verdadeiramente interfuncional.
4º) Um enfoque centrado na equipe para a definição, planejamento e supervisão do projeto.
5º) Definição clara de necessidades e expectativas.
6º) Envolvimento e comprometimento de todas as partes interessadas.
7º) Planejamento prévio e início antecipado da execução do projeto.
8º) Cronograma baseado em um diagrama de rede de projeto que represente as necessidades de sequenciamento entre as atividades.
9º) Programação progressiva e compressão seletiva ou estratégica (em contraste com a programação retroativa a partir do prazo final).
10º) Processo de supervisão (controle) sistemático.

O PSM foi aprimorado com base em nossa experiência direta em milhares de projetos estratégicos. Os princípios, processos, técnicas e instrumentos do PSM oferecem tudo o que você e sua empresa precisam para ter êxito em todas as três dimensões do projeto: qualidade, tempo e custo.

O PSM **é** o jeito mais fácil de gerenciar eficazmente qualquer projeto. Ele pode ser aprendido e implantado rapidamente. É eficaz e já funcionou para milhares de gerentes de projeto que tivemos oportunidade de treinar e orientar. Portanto, funcionará para você também.

Rápido, eficaz, prático e comprovado. É por esse motivo que nos referimos ao PSM como o jeito mais fácil.

Pontos-chave

- O segredo para gerenciar bem um projeto é ter *expertise* em um método comprovado, estruturado e sistemático para definir, planejar e supervisionar projetos complexos.
- A longo prazo, **o jeito mais fácil** de executar qualquer empreendimento desafiador é ganhar destreza nas habilidades indispensáveis ao bom desempenho.
- O domínio de processos comprovados (por meio da aplicação de programas de treinamento e aconselhamento) de definição, planejamento e supervisão de projetos possibilita que você desenvolva sua habilidade de gerenciamento de projetos, bem como a habilidade de sua equipe.
- Você deve aplicar rigorosamente e sistematicamente esses processos de gerenciamento comprovados e garantir que sua equipe proceda da mesma forma.

3

Deslocando a curva de ansiedade

Da mesma maneira que os clientes de projeto em geral, os clientes de seu projeto (sejam eles clientes internos ou externos da empresa) esperam que o projeto tenha sucesso total. Isso significa que eles avaliarão os resultados de seus projetos com base em três dimensões de desempenho: **qualidade, tempo e custo**.

Os clientes do projeto não estão dispostos a aceitar bons resultados em apenas uma ou duas dessas dimensões de desempenho. Eles desejam obter bons resultados em todas essas dimensões! Para satisfazê-los, você precisará concluir os projetos:

- de acordo com as especificações;
- conforme o cronograma; e
- dentro do orçamento.

É exatamente isso que **"sucesso em projetos"** significa para mim.

Portanto, para satisfazer sistematicamente os clientes de seus projetos, você deve comprometer-se com o duplo objetivo de:

- infundir em todos os membros de sua equipe uma motivação pelo sucesso total do projeto e
- aplicar processos de gerenciamento que maximizem a probabilidade de esse sucesso total de fato ocorrer.

O PSM lhe permite atingir esses dois objetivos.

Depois de passar vários anos gerenciando projetos grandes e complexos, percebi um fato que posteriormente incorporei como princípio fundamental do PSM: **a eficácia no gerenciamento de apenas uma das três dimensões de desempenho em projetos é imprescindível ao sucesso de todas as três.**

Em outras palavras, se você conseguir gerenciar bem uma das três dimensões, aumentará significativamente a probabilidade de sucesso nas duas outras. O inverso também é verdadeiro. Se você não conseguir gerenciar a dimensão fundamental, não terá praticamente nenhuma chance de sucesso nas duas outras.

Dentre as três dimensões, qual é a primordial e por quê? Imaginemos uma situação bastante corriqueira.

Um projeto típico

Uma empresa precisa executar um projeto estratégico importante. Por exemplo, desenvolver e lançar um novo produto ou programa de *marketing*.

Esse projeto é semelhante aos projetos executados anteriormente por essa empresa. Portanto, os interessados acreditam que o escopo, os objetivos e as restrições estejam claros, embora eles não tenham sido discutidos aprofundadamente nem tenham sido documentados com clareza. Foi estipulado um prazo final de 12 meses a partir daí, que parece ser um tempo mais do que suficiente para dar conta do serviço. Designou-se uma equipe para trabalhar nesse projeto. Todos os membros acreditam já saber quais são as expectativas do projeto, com base na área funcional que cada um representa. Por todos esses motivos, não parece necessário estabelecer nenhum processo de planejamento ou de supervisão de projeto formal.

O grau de preocupação, ansiedade ou aflição que a equipe sentirá em relação a esse projeto oscilará ao longo do tempo, segundo um padrão previsível, como mostrado na Figura 3.1. Esse padrão é um exemplo das tendências da natureza humana básica das quais falamos no Capítulo 1, isto é, a tendência de postergar (deixar para a última hora) e a tendência de subestimar os desafios futuros.

Quanto mais cedo você perceber que está perdendo terreno, mais tempo terá para recuperá-lo.

– Anônimo

No início do projeto, o grau de ansiedade dos membros da equipe costuma ser bem baixo por dois motivos. Primeiro, pois, de fato, há tempo de sobra para concretizar o projeto, e sempre haverá mais trabalhos urgentes no futuro imediato. Segundo, em vista da falta de planejamento eficaz, a equipe como um todo não foi obrigada a refletir cuidadosamente sobre o desafio que vai ter que enfrentar. Com certeza, nesse caso os integrantes da equipe subestimaram seriamente o escopo e a complexidade do projeto.

Esse período de lua de mel, que eu chamo de fase de **otimismo desinformado**, talvez se mantenha até meio caminho do prazo final do projeto ou mesmo por mais tempo. Durante esse período, o trabalho pode sofrer atrasos diante de incertezas quanto a determinados requisitos do projeto.

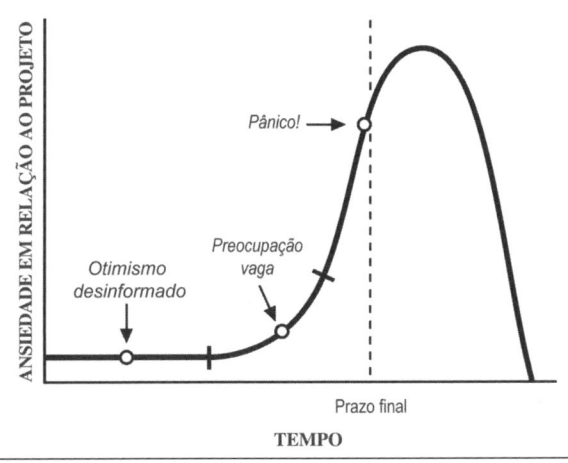

FIGURA 3.1 A curva de ansiedade na execução de um projeto (antes do deslocamento)

Além disso, os interessados apresentam certa lentidão para esclarecer suas expectativas. Os problemas surgem, mas não são imediatamente identificados nem enfrentados. Os membros da equipe não sabem até que ponto eles estão em apuro, porque não foi implantado nenhum sistema de gerenciamento para supervisionar o andamento do projeto e os problemas que precisam resolver. Todos — o cliente do projeto, o gerente de projeto e os integrantes da equipe — estão mais do que satisfeitos em poder postergar sua ansiedade em relação ao projeto.

Quando o prazo final do projeto começa a apontar no horizonte, a equipe entra gradativamente na fase de **preocupação vaga**. Os membros da equipe começam a ter uma sensação de náusea bem no meio do estômago toda vez que pensam no projeto. Portanto, humanos que são, procuram não pensar a respeito. A coesão da equipe se perde quando os membros começam a agir defensivamente — com frequência atribuindo a culpa aos colegas —, e isso desencadeia conflitos entre os integrantes, que tentam se proteger diante da percepção de uma ruína iminente.

Em pouco tempo, a preocupação vaga cede lugar ao **pânico**, quando o projeto entra em seu terceiro e último estágio. Chega-se ao prazo final. O projeto está irremediavelmente atrasado. O nível de ansiedade chega ao teto e o dinheiro começa a escoar pelo ralo. A postura então passa a ser: "Não importa o quanto custe; simplesmente precisamos terminar." Sob forte pressão para que conclua o projeto, a equipe elimina o essencial e pula as etapas que garantem a qualidade, comprometendo-a seriamente. A pressão sobre todos é intolerável. O projeto acaba sendo uma catástrofe. Membros competentes e dedicados da equipe de projeto perdem reputação profissional, quando não o emprego.

Depois de sobreviver a um projeto desse tipo, a maioria das pessoas promete nunca mais deixar isso acontecer. "Na próxima vez, usaremos o bom senso", dizem. "Desenvolveremos um plano para o projeto. Monitoraremos o projeto e tomaremos medidas corretivas, se necessário — com antecedência, antes que os problemas fujam ao controle."

Com respeito a essa promessa, lamentavelmente a maior parte das pessoas acaba percebendo que é mais fácil falar do que fazer. Na área de gerenciamento de projetos, a ineficácia é um círculo vicioso extremamente difícil de romper. Embora os membros da equipe estejam em pânico com relação a um determinado projeto, já existem outros projetos na fila para começar. Dada a pressão crescente do primeiro, não haverá tempo hábil para planejar ou supervisionar os novos. O círculo se repete a cada novo projeto que se inicia, e a empresa ficará fadada a sempre sair de um projeto desgovernado e tomado pelo pânico e iniciar o seguinte.

Esse padrão de comportamento é altamente destrutivo. Ele prejudica o desempenho da empresa como um todo, criando um ambiente de trabalho absolutamente inadequado para os indivíduos. Além disso, ele também pode prejudicar, e com frequência prejudica, a carreira e a saúde física e/ou mental dos membros da equipe.

De acordo com minha experiência, normalmente, para interromper esse círculo, a intervenção de um alto diretor é indispensável. Ele precisa reconhecer os graves prejuízos que estão sendo provocados e por fim dizer: "Chega! **Deve** haver um jeito melhor de executar um projeto, e conseguiremos encontrar uma saída e colocá-la em prática".

Com certeza, existe um jeito melhor — o PSM —, que também é mais fácil. Com o PSM, a equipe trabalha em conjunto para desenvolver o plano do projeto e cada um dos componentes assume responsabilidades específicas e bem definidas. Além disso, a equipe compromete-se a se reunir regularmente (digamos, a cada duas semanas) ao longo do projeto para transmitir informações sobre o andamento das atividades do momento, avaliar em que pé o projeto se encontra, solucionar problemas à medida que eles surgem e atualizar o plano do projeto. Os resultados dessa abordagem são exibidos na Figura 3.2.

Com o PSM, elimina-se a fase de **otimismo desinformado**. Então, o grau de ansiedade inicia-se em um nível mais alto do que na Figura 3.1 por dois motivos:

1. O processo de planejamento em si provoca esse nível de ansiedade, quando a equipe analisa os requisitos, as restrições, as suposições e os riscos relacionados ao projeto. Por isso, os membros da equipe percebem os desafios que se apresentam.
2. Os membros da equipe sentem-se também mais pressionados quanto ao andamento do projeto, porque sabem que a equipe se reunirá e eles terão de prestar contas sobre o andamento de suas atividades no prazo de duas semanas — e a cada duas semanas depois disso.

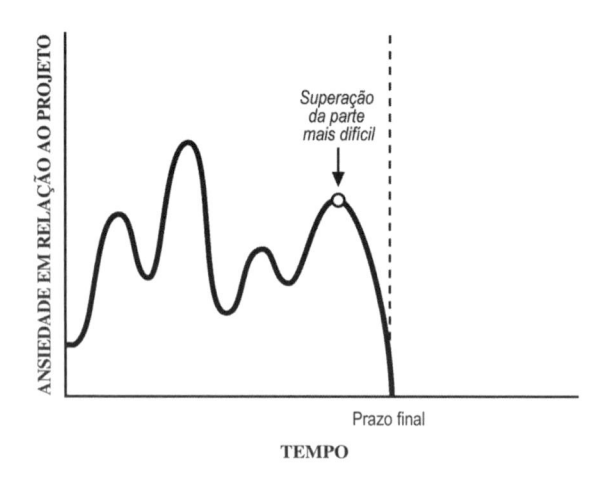

FIGURA 3.2 A curva de ansiedade após o deslocamento

Com frequência, a equipe enfrentará seu primeiro problema assim que o projeto começar. Por exemplo, talvez o cliente queira alterar os requisitos do projeto, a equipe perca um membro importante ou um problema técnico inesperado venha à tona. Quando toda a equipe aglomera-se em torno do problema, há uma elevação imediata no grau de ansiedade. No momento em que eles descobrem uma maneira de superar o problema, o grau de ansiedade cai, pelo menos até o instante em que se depararem com o problema seguinte.

Os integrantes da equipe passam, dessa maneira, por picos e vales de ansiedade no decorrer do projeto, à medida que encontram e solucionam os problemas. Nesse caso, ao final do projeto, não são obrigados a defrontar-se com uma fase de pânico do tamanho do monte Everest.

A certa altura, a equipe "supera a parte mais difícil"; isto é, as etapas mais amedrontadoras do projeto, aquelas que envolvem os maiores riscos e incertezas, chegam ao fim. Então, todos suspiram aliviados. Ainda há trabalho pela frente, mas a equipe tem tempo, recursos e conhecimento para concluir o projeto com êxito. Nesse momento, o projeto pode até ficar divertido, e a equipe talvez tenha oportunidade de melhorar a qualidade dos resultados do projeto e superar as expectativas do cliente.

Por ter tido oportunidade de liderar inúmeros projetos, percebi repetidas vezes que a "ansiedade" é propícia no início do projeto, quando pode e será produtiva, mas não posteriormente, quando a equipe enfrenta obstáculos insuperáveis. Ao empregar o PSM para mudar a curva de ansiedade, o gestor fica ciente dos requisitos do projeto, começa a perceber imediatamente um progresso, mantém o comprometimento e a coesão da equipe, evita o pânico e satisfaz ou supera as expectativas do cliente.

Agora, compare as Figura 3.1 e 3.2 tendo em mente as três dimensões de desempenho em projetos. Na dimensão tempo, a comparação é óbvia. Na Figura 3.2, o projeto é concluído no prazo final, ao passo que na Figura 3.1 o projeto ultrapassa significativamente o prazo final. Mas e quanto às dimensões que não estão visíveis nessas figuras — **qualidade e custo?**

Por experiência, e acho que você concordará com isso, sei que os projetos representados na Figura 3.2 quase sempre terão qualidade superior a um custo mais baixo do que os projetos conduzidos de acordo com a Figura 3.1. Quando permitimos que os projetos entrem no estágio de pânico, estouramos o orçamento e, inevitavelmente, prejudicamos a qualidade ao tentar desesperadamente concluí-los.

Agora, você decide. Qual das três dimensões básicas de desempenho de projeto é a dimensão fundamental? Para mim, não há dúvida: **a dimensão fundamental de desempenho em projetos é o tempo.**

"Espera aí", diz você, "como pode haver algo mais importante do que a qualidade?". Isso não quer dizer que o tempo seja mais importante do que a qualidade. A dimensão de desempenho mais importante para o cliente pode variar de um projeto para outro. E mais, tal como definimos, sucesso em projetos significa atender às expectativas de qualidade do cliente, no prazo e de acordo com o orçamento.

O que estou dizendo é que, se você gerenciar bem a dimensão tempo de seus projetos, maximizará a probabilidade de sucesso nas dimensões qualidade e custo. Se não gerenciar a dimensão tempo, seu projeto vai acabar entrando no estágio de pânico, e isso sacrificará a qualidade e elevará demasiadamente os custos quando a equipe começar a correr desesperadamente contra o tempo para concluí-lo.

Para modificar adequadamente a curva de ansiedade, você deve concentrar-se na dimensão tempo do projeto:

- Elabore um cronograma viável.
- Supervisione o andamento do projeto, comparando-o com o cronograma.
- Atualize o cronograma sempre que for necessário.

Isso sempre funciona, e é o jeito mais fácil.

Pontos-chave

- As três dimensões de desempenho em projetos são qualidade, tempo e custo.
- Os clientes esperam que o projeto tenha sucesso total — isto é, que eles sejam concluídos de acordo com as especificações, no prazo e conforme o orçamento.
- Os processos sistemáticos de planejamento e supervisão deslocam a curva de ansiedade, evitando o pânico ao final do projeto.
- Para ter sucesso em todas as três dimensões de desempenho em projetos, o **segredo** é gerenciar eficazmente a dimensão tempo.

4

Desenvolvendo uma verdadeira equipe de projeto

Os Capítulos 4 e 5 abordam o FirstStep Process^SM. Neste capítulo, examinaremos as questões relacionadas ao desenvolvimento de uma equipe de projeto e à designação do gerente de projeto. No Capítulo 5, descreverei e mostrarei de que forma o termo de abertura é elaborado para especificar os requisitos e outros atributos fundamentais do projeto.

Hoje, empresas de todos os tipos e portes reconhecem que a competência da equipe é decisiva para seu sucesso. Inúmeros livros escritos por gurus da administração, como Kenneth Blanchard (*Gerente-Minuto Desenvolve Equipes de Alto Desempenho*), Jon Katzenbach (*A Sabedoria das Equipes*) e muitos outros, oferecem sólidas evidências de que o desenvolvimento de equipes continua sendo um desafio decisivo para muitas empresas. Na página seguinte, examine a situação do Midas Touch Financial Group (empresa fictícia introduzida no Capítulo 1).

O que você acha que vem primeiro — **a criação de uma equipe** ou o **desempenho do trabalho em equipe?** A resposta parece óbvia para a maioria das pessoas. Primeiro, você compõe a equipe e, depois, ela executa o "trabalho em equipe". Certo? Na verdade, é o contrário. **O trabalho em equipe é que forma a equipe**.

> ### Estudo de caso: Midas Touch Financial Group*
>
> O Midas Touch Financial Group formou uma equipe de projeto para mudar sua sede para um espaço arrendado em um novo prédio. A equipe encontra-se na fase inicial do projeto. Um dos membros da equipe, Brooke Davis (gerente adjunta do departamento de Atendimento ao Cliente), certo dia saiu com seu amigo Julio Rivera para almoçar.
>
> "Brooke, fiquei sabendo que você está na equipe que fará a mudança da empresa para uma nova instalação", disse Julio enquanto aguardavam a comida.
>
> "Sim, acho que sim; quer dizer, se é que de fato podemos chamar isso de 'equipe'", respondeu ela.
>
> "Ih, isso não me soa nada bom. O que você quer dizer com 'isso'?"
>
> "Bem, tivemos nossa primeira reunião de equipe hoje de manhã", disse Brooke. "Nossa equipe é composta de pessoas de todos os departamentos e não conheço muitas delas. Eles designaram Chris Toliver para gerenciar esse projeto. Você o conhece? Faz apenas alguns meses que ele está na empresa. Durante grande parte da reunião, ele parecia um peixe fora d'água", disse ela.
>
> "Mas o que ocorreu na reunião?"
>
> "Nada especial. Eles falaram da importância de fazer essa mudança tranquilamente para não atrapalhar nossas atividades e deixaram claro que devemos mudar de acordo com a programação. Não pode haver nenhum lapso no cronograma. Exceto isso, não houve nada especial", disse Brooke, hesitando-se por um momento.
>
> "Não sei muito bem o que eles esperam de mim, e isso não me incomoda", continuou Brooke. "Mas tenho uma tonelada de trabalhos a fazer e muita coisa está acontecendo neste exato momento. Não posso dedicar muito tempo a esse projeto. Para dizer a verdade, gostaria de me manter o máximo possível longe disso."
>
> * Este caso é fictício. Qualquer semelhança com empresas, indivíduos ou projetos reais é mera coincidência.

> **Perguntas**
> 1. Com base nos comentários de Brooke, você consideraria a equipe de projeto designada para a mudança de sede da empresa uma **verdadeira** equipe? Quais são as características distintivas de uma verdadeira equipe?
> 2. O que é necessário ocorrer para que essa equipe de projeto transforme-se em uma **verdadeira** equipe?

Isso provavelmente lhe parece um contrassenso. Contudo, se algum dia você já teve oportunidade de participar da formação de um time de beisebol infantil em uma liga organizada ou de qualquer empreendimento semelhante, essa dinâmica de desenvolvimento de equipes talvez lhe pareça familiar.

Digamos que as regras da liga de beisebol permitam uma equipe de no máximo 15 jogadores. Se você escolher 15 crianças com idade apropriada você terá criado um verdadeiro time de beisebol? Não? Suponhamos que você dê a cada criança uma luva de beisebol e um uniforme com o nome e o número de cada uma na parte de trás da camisa e o nome ***Wild Cats*** na frente. Agora, eles se parecem mais com um time, mas mesmo assim você teria criado um verdadeiro time? A resposta continua sendo não? Por que não? O que está faltando?

Enquanto esse grupo de crianças não entrar em campo e não começar a treinar e a jogar beisebol em conjunto, não será verdadeiramente um time. Em outras palavras, enquanto elas não começarem a desenvolver um trabalho em equipe, não se transformarão em um time verdadeiro.

Essa transição entre um grupo de crianças de uniforme para um time verdadeiro não ocorre automaticamente. Você precisa de um instrutor/treinador ou orientador e de um processo de desenvolvimento de equipes. Alguém tem de assumir o papel de liderança — designar as posições que cada integrante ocupará no campo, formar a ordem de rebatedores e passar ao time os princípios básicos do jogo. Depois disso, e somente depois disso, as crianças terão oportunidade de participar de um time verdadeiro e de desenvolver um verdadeiro trabalho em equipe.

Creio que a essência de qualquer equipe verdadeira (nos esportes, nos projetos e em qualquer empreendimento) seja a **responsabilidade** e o **apoio mútuo** em uma busca organizada por um objetivo comum.

Os membros de uma equipe verdadeira têm consciência de que eles ganharão ou perderão (serão bem-sucedidos ou malsucedidos) enquanto equipe, e não enquanto indivíduos. Todos os membros sabem quais são as expectativas em relação a eles. Ninguém deseja desapontar seus companheiros de equipe com uma possível falta de desempenho, e os membros da equipe são proativos no sentido de dar apoio a seus companheiros.

Do mesmo modo que nosso time de beisebol infantil, você pode desenvolver uma equipe de projeto designando os membros que farão parte dela. Como mencionei no Capítulo 1, a equipe de projeto normalmente é **temporária** e com frequência é integrada por indivíduos de diferentes áreas funcionais ou mesmo de diferentes empresas. Essas pessoas podem ter formação educacional distinta, usar diferentes jargões, abordar os problemas de maneira diferente e, provavelmente, ter diferentes objetivos pessoais e profissionais. Esses indivíduos podem até querer minimizar seu envolvimento com o projeto, como Brooke Davis fez no estudo de caso do Midas Touch Financial Group.

Para transformar um grupo diverso de pessoas não comprometidas em uma verdadeira equipe, você deve dispor de um processo que motive os membros a trabalhar em conjunto enquanto equipe. Felizmente, os processos de definição e planejamento, que ocorrem na primeira fase do Método de Sucesso em Projetos (Project Success Method — PSM), são excelentes instrumentos para desenvolver uma equipe. Quando os membros trabalham colaborativamente no processo de definição e planejamento do projeto, o grupo começa a interagir como uma verdadeira equipe. Ao longo dessa interação — desse trabalho em equipe —, os indivíduos passam a ter responsabilidade e a se apoiar mutuamente em uma busca organizada por um objetivo comum, que é a essência de uma verdadeira equipe.

Unir-se é um bom começo. Manter-se unido é um progresso. Trabalhar unido é um triunfo.

– Henry Ford

Repetindo, esse processo **não ocorre automaticamente**. Liderança é indispensável, e o provedor ideal dessa liderança é o gerente do projeto. Esse processo deve começar assim que a equipe for formada, e deve ser estruturado, lógico, eficaz e sistemático.

Portanto, por mais que pareça um contrassenso, o desenvolvimento de um trabalho em equipe na verdade precede a formação de uma equipe verdadeira. Na realidade, o trabalho em equipe, quando estruturado, é essencial para a formação de uma verdadeira equipe.

Agora, vem a boa notícia. O processo de planejamento interfuncional e centrado na equipe atende de uma só vez a dois propósitos fundamentais. É a melhor forma de desenvolver uma verdadeira equipe de projeto e é também o melhor método para desenvolver um bom plano de projeto. Na realidade, é a única abordagem sistematicamente eficaz de planejamento de projetos que conheço. Lamentavelmente, as pessoas tendem a resistir a esse processo, como podemos ver no estudo de caso a seguir.

Estudo de caso: Soaring Eagle Aircraft*

A Soaring Eagle Aircraft está para começar a desenvolver um novo modelo — o SEA82TJ, um avião de porte médio, de duas turbinas, com capacidade para oito passageiros. A empresa usará tecnologia de ponta em todos os sistemas do avião. John Moraitakis, um traquejado engenheiro sênior da Soaring Eagle, foi designado para gerenciar esse projeto. A equipe é composta de representantes de todas as áreas de sistema (fuselagem, aviônica, hidráulica, propulsão, navegação etc.) que se envolverão com o projeto.

John Moraitakis observava os membros de sua equipe recém-formada chegar para a primeira sessão de planejamento da equipe. Ele esperou até que todos se acomodassem e em seguida apresentou-se.

"Obrigado a todos por chegarem na hora. Como devem saber, temos muito trabalho pela frente, e é fundamental começarmos a nos mexer imediatamente. Como todos aqueles que já trabalharam comigo em projetos anteriores sabem, gostaria que trabalhássemos em conjunto, em equipe, para desenvolver o plano deste projeto", explicou John, fazendo uma pausa ao ver Kristie Chung, integrante da equipe, fazer-lhe um gesto. Ele assentiu com a cabeça e apontou em sua direção. "Diga, Kristie."

* Este caso é fictício. Qualquer semelhança com empresas, indivíduos ou projetos reais é mera coincidência.

"John, reconheço a importância de querer que todos participem do planejamento desse projeto", disse Kristie. "Mas, como todos nós estamos extremamente ocupados, me pergunto se não seria possível encontrar uma forma de não tomar tanto do nosso tempo. Não posso falar pelos outros membros da equipe, mas ficaria contente se o senhor mesmo desenvolvesse o plano deste projeto. O senhor tem muita experiência em liderança de projetos de desenvolvimento de produtos. Acho que sozinho o senhor poderia desenvolver um plano tão bom quanto o que desenvolveríamos em conjunto. Além disso, podemos rever o plano quando ele estiver concluído, para ver se há algum problema", acrescentou ela.

"Concordo com a Kristie", gritou rapidamente Bob Whitaker, que estava mais atrás, dando margem a um murmurinho de aprovação em toda a sala.

John levantou a mão. "Agradeço pela confiança que vocês têm em mim e estou bem consciente de que vocês precisam poupar tempo. Porém, não estou disposto a tentar desenvolver esse plano sozinho. Meu conhecimento técnico de hidráulica é bastante restrito e precisamos usar o conhecimento de todos os presentes", explicou ele.

"Bem, que tal experimentarmos outro método?", perguntou Kristie. "E se cada membro da equipe desenvolvesse um plano em sua área de especialidade e juntássemos todos os planos de sistema em um plano geral? Pelo menos não teríamos de participar do planejamento de cada um dos sistemas."

Perguntas
1. De que forma John deveria reagir à ideia de Kristie? Por quê?
2. Que vantagens uma abordagem interfuncional e centrada na equipe oferece ao planejamento de projetos?
3. De que forma a eficácia da abordagem interfuncional e centrada na equipe pode ser maximizada?

Antes de analisar os méritos de uma abordagem de planejamento de projetos interfuncional e centrada na equipe, examinaremos os problemas relacionados com as duas abordagens alternativas propostas por

Kristie. Com frequência, as pessoas consideram essas abordagens alternativas uma saída para poupar o tempo dos membros da equipe no processo de planejamento.

A primeira alternativa é atribuir o desenvolvimento do plano a uma única pessoa, em geral o gerente do projeto, e em seguida possibilitar que a equipe o inspecione para verificar se existe algum problema. Essa abordagem **não é interfuncional nem centrada na equipe**.

Um problema óbvio nesse tipo de abordagem é que o gerente do projeto talvez não tenha experiência adequada em algumas áreas para desenvolver um plano completo e viável. Quando os membros da equipe encontram erros e omissões ou falhas que exigem uma alteração significativa no plano, a conclusão do processo de planejamento tende a tomar mais tempo do que se toda a equipe tivesse participado desde o início.

Outro possível problema é que os integrantes da equipe talvez não dediquem o tempo e atenção necessários para rever o plano cuidadosamente. Assim sendo, os erros e omissões no planejamento só serão descobertos à medida que vierem à tona ao longo da execução do projeto. Uma vez mais, estamos lidando com a natureza humana. Quando as pessoas estão determinadas a minimizar o tempo que dedicam ao planejamento, em geral sentem-se induzidas a realizar uma revisão superficial e apressada e a dar prosseguimento ao "trabalho propriamente dito" do projeto.

O terceiro problema provavelmente é o mais sutil e talvez o mais prejudicial para o sucesso final do projeto. Como mencionado antes, os processos de definição e planejamento são excelentes oportunidades para desenvolver uma equipe. Nosso desejo é desenvolver a essência de uma verdadeira equipe — responsabilidade e apoio mútuos em uma busca organizada por um objetivo comum. Queremos que cada um dos membros considere o plano como um **plano dele** e um **projeto dele** (não como um plano do gerente do projeto para o projeto desse gerente). Se você eliminar a equipe do processo de planejamento, desperdiçará essa grande oportunidade para desenvolver um verdadeiro comprometimento de equipe.

A segunda abordagem alternativa de planejamento é possibilitar que o representante ou os representantes de cada área funcional desenvolvam sua parte do plano e em seguida juntar todos os planos funcionais em um plano geral. Poderíamos caracterizá-la como uma abordagem centrada em subequipes, mas em essência ela não é interfuncional.

Obviamente, nessa questão, um dos perigos é obter um planejamento "verticalizado" (independente) — não conseguir reconhecer as interações e interdependências entre as áreas funcionais. Por exemplo, uma atividade em uma determinada área funcional exige informações que são geradas por uma atividade em outra área funcional. Se o plano não considerar a relação de precedência entre essas atividades, ele será **inviável**.

Outro possível problema dessa abordagem é a incongruência no plano global com relação à qualidade, completude ou estrutura. Algumas áreas funcionais talvez nunca de fato elaborem o planejamento ou talvez o executem às pressas, com o mínimo de cuidado e esforço, apenas para se verem livres do serviço. Alguns grupos funcionais podem realizar o planejamento com um nível maior de detalhamento do que outros. Por exemplo, na definição das atividades, talvez um grupo atribua apenas alguns dias para a execução de uma atividade, enquanto outro atribui várias semanas. Alguns talvez utilizem um cronograma baseado em um diagrama de rede de projeto para programar seu trabalho, como será explicado mais adiante neste livro (Capítulo 7), enquanto outros se limitam a especificar as datas de início e conclusão de cada atividade. Grupos diferentes talvez utilizem diferentes programas de gerenciamento de projetos e outros talvez não utilizem nenhum. O problema de incongruência entre os grupos funcionais dificulta em muito, quando não impossibilita, o desenvolvimento de um plano interfuncional global coerente.

Em suma, embora essa abordagem envolva os membros da equipe no processo de planejamento, ainda assim não tira proveito dos aspectos do desenvolvimento de equipes viabilizados por uma abordagem verdadeiramente interfuncional e centrada na equipe, em que todos os membros trabalham em conjunto para elaborar o plano.

Na verdade, não há nada que substitua a abordagem interfuncional e centrada na equipe, no que tange ao planejamento de projetos. Com essa abordagem, sempre é possível desenvolver o melhor plano — e, muito mais importante do que isso — o comprometimento da equipe para com esse plano. E esse é o jeito mais fácil!

Entretanto, essa abordagem requer que os membros da equipe invistam tempo. Para obter o apoio da equipe à abordagem interfuncional e centrada na equipe, é fundamental melhorar ao máximo a eficácia do processo de planejamento. Veja alguns segredos para maximizar a eficácia desse processo:

- Utilize um processo de planejamento lógico e que requeira o mínimo de retrocesso. Cada etapa do processo deve "remover uma camada da cebola" e oferecer oportunidade para que se identifiquem erros e omissões antes da etapa seguinte.
- Verifique se todos os componentes da equipe têm treinamento no processo de planejamento. Se não, desperdiçará o tempo de todos ao explicar o que fará em cada etapa e como e por que o fará. Além disso, as pessoas que não conhecem esse processo tendem a resistir.
- À medida que conduzir repetidamente projetos semelhantes, aproveite a oportunidade para desenvolver e utilizar modelos de planejamento e, desse modo, evitar trabalhos desnecessários. Entretanto, ao usar esses modelos, tenha sempre o cuidado de identificar e adaptar as diferenças entre o projeto específico em pauta e o modelo, que na verdade se baseia em um projeto característico dessa categoria.
- Em cada uma das etapas do processo de planejamento, na maioria das vezes é possível delegar tarefas a determinados indivíduos ou grupos dentro da equipe, que podem então conduzir o trabalho paralelamente a fim de agilizar o processo. Por exemplo, você pode atribuir a um subgrupo apropriado de membros da equipe a incumbência de identificar as atividades associadas com os resultados de um projeto específico. Cada um dos membros pode prever a duração, os recursos necessários e os custos das atividades pelas quais eles estão responsáveis. Contudo, assegure-se de que 1º) essa delegação ocorra em uma única etapa do processo, 2º) os subgrupos utilizem uma abordagem congruente, e 3º) os resultados do trabalho delegado sejam associados e revistos por toda a equipe antes de prosseguir para a etapa seguinte.
- Utilize os serviços de um analista de planejamento de projetos para facilitar/apoiar o gerente e a equipe de projeto na atividade de planejamento. Esse analista deve ser especialista em planejamento de projetos e ter habilidade para usar o programa de gerenciamento de projetos que está sendo empregado. Além disso, ele pode ser um membro do departamento de projetos da empresa (consulte o Capítulo 12 e o Apêndice G). Algumas empresas de consultoria em gerenciamento de projetos também oferecem esse serviço.

Designação de um gerente de projeto competente

A escolha e a designação de um gerente de projeto competente obviamente são fundamentais para o desempenho de sua equipe e o sucesso de seu projeto.

No momento de escolher a pessoa que liderará a equipe do projeto, você deve se lembrar claramente das responsabilidades específicas que espera que esse profissional cumpra. Elas devem incluir as seguintes:

- Garantir que o escopo, os objetivos e outros atributos fundamentais do projeto sejam claramente documentados no termo de abertura (*project charter*).
- Liderar a equipe e facilitar seu trabalho ao longo do processo de elaboração do termo de abertura e de planejamento.
- Adquirir (com o apoio do patrocinador do projeto) os recursos necessários para executar as atividades do projeto.
- Oferecer orientações técnicas à equipe, de acordo com a necessidade.
- Liderar a equipe e facilitar seu trabalho ao longo do processo de supervisão do projeto, para:
  - Monitorar o desempenho do projeto com respeito à qualidade, ao andamento e ao custo, em contraste com as especificações, o cronograma e o orçamento, respectivamente.
  - Identificar possíveis problemas e tomar medidas corretivas, segundo a necessidade.
  - Atualizar o plano.
- Divulgar claramente e regularmente o andamento do projeto a todos os interessados.
- Gerenciar calma e construtivamente as discordâncias, os conflitos e as crises, de acordo com a necessidade.
- Assumir outras responsabilidades específicas (como aprovar solicitações de compra), conforme as diretrizes da empresa.

É aconselhável elaborar a descrição de cargo do gerente para transmiti-la aos gerentes de projetos recém-designados e também aos membros da equipe desses gerentes. Assim, todos saberão quais são as expectativas em relação ao gerente do projeto. A descrição de cargo deve incluir no mínimo as responsabilidades citadas anteriormente.

Ao escolher um gerente para um projeto estratégico, procure uma pessoa com as características, os traços e as habilidades relacionadas a seguir. Antes de ler essa lista, devo preveni-lo de que é extremamente raro encontrar indivíduos com todos esses traços, características e habilidades. Um bom gerente de projetos:

- **Integra-se** à equipe e envolve-se intensa e diariamente com outros membros da equipe do projeto. Ele não se coloca acima nem à margem da equipe.
- É considerado pelos componentes da equipe e por outros interessados como uma pessoa de **integridade** inquestionável; capaz de se comportar profissional e eticamente.
- É **autoconfiante** e tem motivação para assumir funções de liderança; é prático.
- Tem **conhecimento** das implicações estratégicas do projeto nos negócios da empresa e também dos aspectos técnicos.
- Conhece e está **comprometido** em usar os processos estruturados e sistemáticos do PSM para definir, planejar e supervisionar o projeto.
- Tem as habilidades de **liderança** e facilitação necessárias para orientar uma equipe altamente diversa e interfuncional ao longo dos processos de definição, planejamento e supervisão do projeto; ele motiva o comprometimento.
- É um excelente **comunicador**, tanto na linguagem oral quanto escrita; é **persuasivo**.
- É pessoalmente bem **organizado** e disciplinado; tem prioridades pessoais e gerencia seu próprio tempo eficazmente.
- Sente-se à vontade e reconhece as vantagens de empregar uma **abordagem analítica** e assistida por computador no processo de planejamento e supervisão de projetos.
- É **criativo** na resolução de problemas e estimula a criatividade nos membros da equipe.
- É **atento aos detalhes** e supervisiona de acordo com a necessidade.
- É competente para **interagir** tanto com um nível de gerência superior quanto com o pessoal operacional de nível hierárquico inferior.
- É **flexível** e **adaptável**; mantém a calma em situações de crise.
- Tem excelentes **habilidades interpessoais**, essenciais para orientar, motivar, desenvolver equipes e gerenciar conflitos.

Sempre que você identificar alguém com todos os traços, características e habilidades citados acima, me avise! Tenho certeza de que você sabe por que eu gostaria de conhecer essa pessoa.

Assim que o gerente de projetos for selecionado e aceitar essa atribuição, a alta administração deve anunciar formalmente essa designação a todas as partes interessadas. Não é justo esperar que o gerente de projetos entre em cena e assuma seu papel de liderança no projeto sem ser apropriadamente apresentado.

Logo após a designação, é também aconselhável que o gerente recém-designado, como primeira atribuição oficial de sua função, distribua imediatamente uma lista dos membros da equipe com as informações de contato de cada um. Essa lista deve ser atualizada e redistribuída sempre que houver mudanças ao longo do projeto.

Pontos-chave

- Nunca presuma que sua equipe de projeto está verdadeiramente comprometida apenas porque as pessoas que trabalharão no projeto já foram designadas.
- Insista em usar uma abordagem interfuncional e centrada na equipe para conduzir o processo de definição e planejamento do projeto. Você desenvolverá um plano mais adequado. Além disso, essa abordagem de planejamento é eficaz para ganhar o comprometimento da equipe para com o plano.
- Lembre-se de que os aspectos de desenvolvimento de equipe e de comprometimento nos processos de definição e planejamento de projetos são tão importantes quanto a definição e o plano de projeto produzidos por esses processos.
- Evite as armadilhas dos métodos de atalho na elaboração do planejamento, pois eles diminuem a participação dos membros da equipe no processo, independentemente do fervor com que os membros recomendarem esses métodos com o intuito de poupar tempo.
- Tome as medidas cabíveis para maximizar a eficácia da abordagem interfuncional e centrada na equipe para realizar o planejamento.

- Tome o cuidado de verificar se as responsabilidades do gerente do projeto foram claramente compreendidas pelo gerente e pelos demais membros da equipe.
- Escolha um gerente de projeto com traços, características e habilidades apropriados.
- Assim que o gerente do projeto for escolhido, a alta administração deve anunciar formalmente sua designação. Além disso, o gerente deve assumir as rédeas imediatamente distribuindo a todos os membros da equipe uma lista de informações de contato.

5

Elaborando o termo de abertura para promover a clareza, o consenso e o comprometimento

Quando uma equipe inicia um projeto sem ter uma declaração documentada e aprovada sobre os requisitos do projeto, esse é o primeiro passo em direção ao fracasso. Depois que já se investiu uma imensa quantidade de tempo, esforço e dinheiro na execução do projeto e percebe-se a olhos vistos que o cliente e a equipe do projeto não têm a mesma percepção com relação à definição do projeto, a queda é **brusca**. A decorrente escalada de recuperação invariavelmente acaba provocando o fracasso do projeto, culpabilização entre as pessoas e perda de reputação profissional.

Examinaremos, a seguir, a precipitação de um desses desastres comuns na New Millennium Manufacturing Company.

Esse caso mostra um fenômeno bastante comum e destrutivo, conhecido como *scope creep* (escalada gradativa do escopo). Entretanto, observe que somente o gerente e a equipe veem os novos requisitos que se revelam no decorrer do projeto como uma ampliação de escopo. O cliente do projeto não percebe essa mudança de escopo, visto que normalmente acredita que esses requisitos já deveriam estar claros desde o princípio.

Estudo de caso: New Millennium Manufacturing Company*

A New Millennium Manufacturing Company está implantando o sistema de informações de gerenciamento empresarial Galaxy. Leslie McDonald (diretora de informática da New Millennium Manufacturing Company) está finalizando a leitura do último relatório de andamento do projeto de implantação do Galaxy, enviado por Alex St. John (gerente do projeto). Ao concluir a leitura do relatório, apanha o telefone e liga para Alex. O telefone toca uma única vez antes de Alex atender.

"Bom dia, Alex. É Leslie. Escuta, acabei de ler o último relatório de andamento do projeto Galaxy e tenho algumas questões para discutir com você."

"Ah, pensei que você ficaria extremamente satisfeita com o andamento do projeto", disse Alex, um tanto surpreso. "Estamos dentro da programação e um pouco abaixo do orçamento. Tem sido um esforço heroico, mas tudo parece estar indo muito bem, e o moral da equipe está nas alturas. Quais seriam suas preocupações?"

"Estava examinando o cronograma das atividades remanescentes do projeto e não vi nenhuma atividade relacionada com o componente de treinamento do usuário nem com o componente de planejamento de recuperação de desastres", afirmou Leslie.

"É porque o treinamento de usuário e o planejamento de recuperação de desastres nunca foram considerados no escopo desse projeto", respondeu Alex. "Nossa responsabilidade era implantar e integrar os módulos do *software* e os bancos de dados correspondentes para as áreas funcionais específicas que você identificou. Você nunca mencionou esses dois componentes quando determinou suas expectativas", acrescentou ele.

"Talvez para você esses dois componentes não façam parte do escopo do projeto, mas para mim com certeza fazem", disse Leslie, tamborilando com os dedos na mesa. "Sua responsabilidade é implantar o sistema Galaxy.

---

* Este caso é fictício. Qualquer semelhança com empresas, indivíduos ou projetos reais é mera coincidência.

O treinamento de usuário e o planejamento de recuperação de desastres certamente são aspectos essenciais de qualquer implantação de sistema, em especial um sistema tão importante do ponto de vista estratégico e tão complexo quanto o Galaxy."

"Você está certa, não há dúvida. Com certeza concordo que tanto o treinamento de usuário quanto o planejamento de recuperação de desastres são essenciais", disse Alex. "Eu apenas não imaginava que eles fossem responsabilidade de nossa equipe. Creio que presumi que o departamento de Recursos Humanos gerenciaria o componente de treinamento e o departamento de Gerenciamento de Riscos ficaria responsável pelo componente de planejamento de recuperação de desastres."

"Bem, Alex, em vez de presumir, eu teria preferido que você tivesse ao menos me perguntado", respondeu Leslie. "De qualquer forma, você precisa reunir sua equipe rapidamente para corrigir o plano do projeto. A propósito, mesmo assim espero que você se atenha ao mesmo prazo final e às restrições orçamentárias."

Perguntas
1. Qual dessas duas pessoas poderia ter evitado essa situação?
2. Em sua opinião, qual será a provável reação da equipe quando Alex explicar a situação?
3. Você acha que esse projeto será concluído a contento?
4. Será que ainda há outros componentes nesse projeto que talvez ainda não tenham se revelado?

A maioria das pessoas acredita que situações como essa surgem por falha de comunicação entre o cliente do projeto e a equipe. O cliente pensa ter transmitido adequadamente os requisitos à equipe e a equipe acredita conhecer as expectativas do cliente. Na verdade, existem diferenças significativas entre as expectativas reais do cliente e a interpretação dessas expectativas por parte dos membros da equipe. Melhorar a comunicação no início do projeto pode evitar a ocorrência de alguns problemas, algumas vezes. Contudo, na realidade, as falhas de comunicação são responsáveis apenas por uma pequena porcentagem dessas situações.

Não existe essa coisa de escalada gradativa do escopo, mas apenas o escopo galopante.

– Anônimo

É bem mais comum que o cliente do projeto não tenha os requisitos do projeto clara e completamente definidos em sua própria cabeça. Talvez simplesmente ele não tenha parado para pensar a respeito de suas expectativas em relação ao projeto ou presumiu que a equipe acabaria percebendo. Em muitos casos, o cliente nem mesmo tem habilidade para especificar os requisitos de um determinado projeto. Por exemplo, talvez ele não saiba como definir, de um modo geral, o "escopo" do projeto. De acordo com minha experiência, pouquíssimas pessoas fazem alguma ideia de como se define adequadamente o escopo de um projeto. Essa situação é particularmente comum no caso dos projetos em que o cliente não tem nenhuma experiência anterior.

Um fator mais insidioso — e bastante comum —, responsável por essas situações, é a postura do cliente, consciente ou inconsciente, de não se dispor a se comprometer com uma declaração clara e completa a respeito dos requisitos do projeto. Mantendo as expectativas obscuras, o cliente acha que pode abrir a prerrogativa de **rever** o escopo e outros requisitos à medida que o **projeto transcorrer**. Obviamente, essa estratégia é **autodestrutiva**, porque semeia as sementes do fracasso definitivo do projeto.

Felizmente, existe uma técnica de gerenciamento que pode evitar essas situações desastrosas quando os requisitos do projeto estão obscuros, e ela é parte essencial do FirstStep Process, do PSM:

A primeira atribuição de uma nova equipe de projeto é desenvolver um termo de abertura que defina claramente o escopo do projeto e outros requisitos fundamentais.

Termos de abertura para finalidades específicas

A primeira finalidade do termo de abertura, e a mais óbvia, é garantir que todas as partes interessadas pelo projeto concordem formalmente com sua **definição** e tenham essa definição documentada por escrito. O termo de abertura protege as equipes de projeto contra a ampliação descontrolada do escopo e contra outras situações desastrosas que aguardam as equipes que iniciam seu trabalho apenas com uma vaga ideia ou uma vaga suposição do escopo e de outros requisitos do projeto.

É aconselhável que o gerente do projeto envolva diretamente todas as partes que tenham algum interesse pelo projeto na elaboração do termo de abertura. Em condições ideais, o cliente participará diretamente do desenvolvimento do termo de abertura do projeto. Independentemente de o cliente ter ou não participação direta, é aconselhável que você, sendo o gerente do projeto, peça ao cliente e a todos os demais interessados que **assinem** o termo de abertura para comprovar que aceitam e estão pessoalmente comprometidos com a definição do projeto.

Em outras palavras, se o cliente não quer participar da definição do projeto com a equipe, então a equipe deve definir o projeto e atribuir a responsabilidade ao cliente por aceitar sua definição ou alterá-la. Se posteriormente o cliente decidir ampliar o escopo do projeto ou alterar outros requisitos, a equipe e o cliente devem conduzir um processo formal para rever o termo de abertura, durante o qual todos os requisitos e restrições do projeto são abertos para discussão, renegociação e possíveis alterações.

No setor de **construção civil**, há séculos tanto os gerentes de projeto quanto as equipes aprenderam a importância dessa lição. O contrato assinado entre o cliente e o empreiteiro define claramente o escopo do projeto com base nos planos e nas especificações. Se o cliente solicita um recurso adicional, o empreiteiro e o cliente devem negociar o valor adicional decorrente da ampliação do escopo, bem como de outras alterações contratuais, como mudança na data de conclusão estipulada no cronograma do projeto. Em vigor, nos projetos de construção, uma "solicitação de mudança" exige a revisão do respectivo termo de abertura.

Entretanto, em outros tipos de projeto, com frequência as próprias equipes não seguem essa prudente disciplina. Essa omissão é particularmente comum quando o cliente pertence à mesma empresa que a equipe do projeto. Lembre-se de que nenhuma conversa sobre o escopo e os requisitos do projeto — não importa quão abrangente e conciso isso lhe pareça — substitui o documento escrito e assinado pelas partes interessadas.

Outra vantagem de envolver o cliente do projeto no processo de elaboração do termo de abertura é que, com isso, normalmente o projeto é iniciado mais cedo e a equipe pode dedicar tempo máximo à sua conclusão.

Testemunhei vários casos em que todas as pessoas da empresa sabem que existe um projeto importante a ser executado e que provavelmente eles terão um ano para executá-lo. Contudo, a alta administração consome os seis primeiros meses com adiamentos e hesitações com respeito à especificação do escopo e de outros requisitos do projeto. O processo de elaboração do termo de abertura força o cliente a enfrentar os problemas relacionados com a definição do projeto e a tomar as decisões cabíveis para que a equipe possa dar início ao trabalho.

O termo de abertura tem também dois outros propósitos fundamentais. Primeiro, o processo de desenvolvimento do termo de abertura é tão importante quanto o documento em si, porque ele é uma excelente oportunidade — por ocorrer na primeira fase do projeto — para envolver a nova equipe em um trabalho em conjunto, e isso possibilita o desenvolvimento de uma verdadeira equipe, como mencionado no Capítulo 4. Além disso, em vista de seu envolvimento direto com o processo de elaboração do termo de abertura, os membros da equipe começam a se sentir donos do projeto; isto é, eles começam a pensar no projeto como um **projeto deles**, e não como um projeto de outra pessoa qualquer com o qual eles prefeririam ter o menor envolvimento possível. Portanto, o processo de elaboração do termo de abertura ajuda a desenvolver uma equipe verdadeira e comprometimento com o projeto.

Com frequência é grande a tentação de deixar que uma pessoa elabore a versão preliminar do termo de abertura para que depois ele seja revisto por todos os interessados. Contudo, adotar essa abordagem "grosseira" como ponto de partida anula a importância da elaboração do termo de abertura para o desenvolvimento de um trabalho em equipe e de comprometimento. É bem mais adequado propor que os interessados peguem uma folha de papel em branco e tentem desenvolver em conjunto o termo de abertura. Quase sempre esse método possibilita a elaboração de um termo de abertura mais apropriado. Todos os interessados envolvem-se ativamente no processo e seus pontos de vista são considerados e representados. Esse processo traz à tona possíveis questões controversas e permite que os interessados abordem e resolvam esses problemas no momento mais favorável, isto é, bem no princípio.

Segundo, o termo de abertura do projeto é um meio eficaz e coerente para divulgar a definição do projeto às pessoas que participam das deliberações acerca da elaboração desse termo — por exemplo, as pessoas que entram posteriormente na equipe do projeto, fornecedores e outros recursos humanos que trabalharão no projeto, ou os gerentes dos departamentos funcionais dos quais os membros da equipe provêm.

Tendo em vista a importância do termo de abertura enquanto instrumento de comunicação, você deve ter cuidado para que:

- O termo seja conciso. Minha regra básica é não ultrapassar três páginas, mais os anexos. Duas páginas ou menos seria o ideal.
- Não sejam empregados jargões técnicos e acrônimos sem definição que talvez não sejam compreendidos por alguns leitores.
- O termo seja redigido como um documento **administrativo**, e não como um documento de especificações técnicas.

Componentes do termo de abertura

Para mostrar e explicar os componentes de um termo de abertura, analisarei o termo de exemplo exibido na Tabela 5.1. Esse exemplo baseia-se em um estudo de caso de implantação de uma nova instalação fabril e de depósito em Melbourne, Austrália, da Century Manufacturing Company (CMC). Embora o nome da empresa, o local da fábrica e outros detalhes sejam fictícios, esse caso baseia-se precisamente em um projeto real cuja execução teve grande êxito. Utilizarei esse caso no restante deste livro para demonstrar os processos de planejamento e supervisão FirstStep.

Primeiro, observe o nome oficial em **"nome do projeto"**: "Projeto de implantação da fábrica de Melbourne". Da conclusão do processo de elaboração do termo de abertura ao final do projeto, o projeto deve ser sempre chamado pelo nome. Vi casos em que o projeto acabou ganhando dois (ou até mais) nomes, e isso provocou confusões intermináveis. Lembro-me de um caso particular em que foi desenvolvido um novo sistema de informação para gerenciar toda uma empresa. Algumas pessoas referiam-se ao projeto pelo nome que havia sido atribuído ao novo sistema. Outras [principalmente o pessoal de tecnologia da informação (TI) e os fornecedores] referiam-se ao projeto pelo nome da plataforma de banco de dados correspondente na qual o aplicativo foi desenvolvido.

Century Manufacturing Company (CMC)
Projeto de Implantação da Fábrica de Melbourne
Termo de Abertura
16 de maio de 2011 — Esboço nº 4

Informações preliminares

Tal como declarado no relatório do Comitê de Estratégia Corporativa da CMC, de 5 de abril de 2011, a CMC entrará no mercado do sudeste da Austrália para combater concorrentes estabelecidos. Esse projeto de implantação dessa nova instalação fabril será executado paralelamente a um projeto de *marketing* para o lançamento de uma campanha promocional/de vendas regional.

Escopo

Implantação da instalação fabril e de depósito de acordo com o *design* padrão da CMC, na área metropolitana de Melbourne.

Os entregáveis obrigatórios do projeto são:
- Um prédio arrendado com espaço adequado para fabricação, depósito e escritório.
- A quantidade necessária de equipamentos de produção, com alterações de segurança e no controle de qualidade, segundo o padrão da CMC.
- Matéria-prima para as quatro primeiras semanas de produção.
- Pessoal treinado, de acordo com a necessidade, para os três primeiros meses de atividade (apenas um turno).
- Um gerente de fábrica experiente.

As fases obrigatórias do projeto são:
- Projetar a fábrica.
- Adquirir recursos para a fábrica.
- Preparar e instalar os recursos da fábrica.

Este projeto **não** abrange o início das operações de produção. Ele será concluído quando a fábrica estiver pronta para iniciar as operações de produção, sob a direção do gerente de fábrica.

Objetivo principal

Oferecer capacidade de produção para apoiar um volume de vendas estimado em 25 milhões de dólares australianos por ano, no mercado do sudeste da Austrália, até 2012.

TABELA 5.1 Termo de abertura: projeto de implantação da fábrica de Melbourne

Objetivos secundários
- Oferecer uma capacidade de produção excedente inicial para diminuir a quantidade de pedidos não atendidos na fábrica de Jacarta.
- Identificar oportunidades para diminuir os custos e reduzir o tempo do processo de implantação da nova fábrica da CMC.

Interessados

Cliente do projeto:	Rebecca McGowan, vice-presidente executiva e presidente, Comitê de Estratégia Corporativa da CMC
Patrocinador do projeto:	Taylor Baxter, vice-presidente — Operações Internacionais
Gerente do projeto:	Pat Anders
Membros da equipe:	Lin Chang, Jurídico Internacional
	Consuelo Garcia, Aquisição
	Martina Karlsson, Engenharia Industrial
	Hiro Matsumoto, Operações de Produção
	Rafael Moreno, Treinamento
	Ian Puckett, Recursos Humanos
	Victor Schmidt, Manutenção de Equipamentos

Expectativas de tempo

O projeto começará em 23 de maio de 2011 e deve ser concluído em 26 de agosto de 2011, no máximo — um período de setenta (70) dias úteis. Como a CMC está entrando em um mercado de concorrentes estabelecidos, é essencial concluir o projeto no prazo para maximizar a vantagem estratégica da surpresa.

Expectativas de custo
- Estimativa do total de despesas do projeto em dólares americanos (compras e despesas de capital): US$ 6.250.000
- Estimativa do valor dos encargos por atraso por dia de trabalho: US$ 8.000.
- Estimativa do valor das economias por antecipação ao prazo por dia de trabalho US$ 6.000.

Restrições, suposições e riscos
- Todo o pessoal que ganha por hora será contratado no local.
- Um gerente de fábrica experiente da CMC será transferido para gerenciar a fábrica de Melbourne.
- O projeto da nova fábrica e o plano de alocação de pessoal devem seguir o novo modelo de fábrica da CMC.

TABELA 5.1 (continuação)

- Serão utilizados apenas os fornecedores e prestadores de serviços relacionados no atual relatório de fornecedores e prestadores de serviços aprovados da CMC.
- A CMC não tem nenhuma experiência operacional anterior na área de Melbourne.

Assinatura dos interessados

Rebecca McGowan, cliente do projeto	Taylor Baxter, patrocinador do projeto
Pat Anders, gerente do projeto	Lin Chang
Consuelo Garcia	Martina Karlsson
Hiro Matsumoto	Rafael Moreno
Ian Puckett	Victor Schmidt

TABELA 5.1 (continuação)

Não fui a única pessoa a fazer confusão inicialmente com os dois nomes do projeto.

Outro erro comum é o desejo de algumas equipes de usar um acrônimo para se referir ao projeto. A equipe desperdiça horas e horas procurando um nome de projeto adequado ao acrônimo "bacana" que estão tentando utilizar. Contudo, algumas semanas depois, a maioria dos membros da equipe não se lembra do significado original desse acrônimo. Pior ainda, algumas equipes inventam novos títulos para o projeto que se ajustam ao acrônimo, mas são depreciativos. A menos que o objetivo da equipe seja ocultar a finalidade do projeto, é aconselhável **atribuir um nome** que descreva o resultado final do projeto e evitar a tentação de ser engenhoso.

A escolha do nome do projeto normalmente é uma maneira de quebrar o gelo e iniciar a sessão de elaboração do termo de abertura. O nome do projeto em geral é descritivo, tal como no exemplo citado. Entretanto, às vezes, a equipe utiliza um codinome não descritivo por dois motivos. O primeiro motivo possível é a segurança. A empresa que está executando o projeto talvez não queira que o nome indique exatamente a natureza do projeto. Outro possível motivo é quando a equipe cria um codinome espirituoso (como *Way Down Under Project*) e o utilizam apenas para se divertir.[*]

---

[*] *Down Under* é empregado em referência à Austrália e Nova Zelândia. "*Way Down Under Project*" poderia ser traduzido por "A Caminho do Projeto da Austrália". (N. da T.)

Observe também que são apresentados a **"data"** e o **"número do esboço"**. É óbvio que o termo de abertura é desenvolvido pela primeira vez no início do projeto, mas ele pode vir a ser revisto formalmente várias vezes em datas posteriores. E toda vez que o termo de abertura for elaborado ou revisto, é provável que você desenvolva vários esboços para chegar a uma versão que todos os interessados estejam dispostos a assinar. É recomendável guardar todos os esboços de todas as sessões de elaboração/revisão, pois assim poderá consultá-los quando necessário. Para evitar incertezas e confusões sobre a fonte de qualquer esboço, é necessário mostrar em todos eles a data em que foi elaborado e sua posição na sequência dos termos de abertura criados.

A seção **"informações preliminares"** do termo de abertura responde à pergunta: "De onde provém este projeto?". Talvez você queira elaborar um esboço prévio dessa seção e possibilitar que os interessados a revejam e alterem.

A seção **"escopo"** provavelmente é o componente mais importante do termo de abertura. Ela responde às perguntas: "**O que** a equipe do projeto deve produzir?" e "**O que** a equipe do projeto deve **fazer?**". Dada a minha experiência, aconselho com veemência que as duas dimensões seguintes do escopo do projeto sejam abordadas explicitamente e separadamente no termo de abertura:

1. **Entregáveis ou componentes do projeto.** São os resultados do projeto que a equipe deve obter. Normalmente, eles são indicados por substantivos. Portanto, no exemplo que utilizamos, os entregáveis que a equipe deve providenciar são: **prédio, equipamentos, matéria-prima, pessoal operacional** e **gerente de fábrica**.
2. **Fases do projeto.** São os principais estágios do trabalho nos quais a equipe deverá executar o projeto. Normalmente, eles são indicados por verbos. Portanto, no exemplo que utilizamos, a equipe deve:
    a) **Projetar** a fábrica, o que inclui a determinação da necessidade de equipamentos específicos, da área útil e de pessoal e o desenvolvimento do desenho (*layout*) das instalações/equipamentos.
    b) **Adquirir** os recursos das instalações, que inclui escolha e arrendamento do prédio; compra de equipamentos e matéria-prima; recrutamento, seleção e contratação do pessoal operacional; e escolha do gerente de fábrica.
    c) **Preparar** e **instalar** os recursos das instalações, o que inclui instalação do sistema elétrico do prédio, alteração e instalação de

equipamentos, treinamento do pessoal operacional e transferência do gerente de fábrica.

Um dos principais motivos na definição das fases do projeto é especificar precisamente a data final do projeto. Como a equipe saberá em que momento o projeto estará concluído? Em um projeto de desenvolvimento de um novo produto, por exemplo, em que momento exatamente o projeto de desenvolvimento termina e o processo de gerenciamento do produto inicia-se?

Observe que a seção do escopo começa com uma única frase que sintetiza o escopo do projeto. E termina com uma declaração que identifica qualquer item que tenha sido excluído de maneira explícita do escopo, para que assim possíveis questões relacionadas a esses itens não surjam reiteradamente ao longo do planejamento e da execução do projeto.

As seções dos **"objetivos"** explicam os motivos ou incentivos que justificam o empreendimento do projeto. Os objetivos são divididos em **principais** e **secundários**. Normalmente, só se tem um objetivo principal (ou um número bem pequeno), que é o principal motivo estratégico empresarial que justifica a execução do projeto. Os objetivos secundários são questões que esperamos concretizar além do objetivo principal. Porém, provavelmente não empreenderíamos o projeto apenas para concretizar esses objetivos secundários.

Os objetivos devem ser realistas, viáveis e mensuráveis. O principal motivo da declaração de objetivos é garantir que a equipe do projeto compreenda plenamente a importância estratégica do projeto.

Um erro bastante comum na identificação dos objetivos (que deve responder à pergunta **"Por quê?"**) é citar novamente os entregáveis (que responde à pergunta **"O quê?"**). Por exemplo, se o entregável de um projeto fosse um novo sistema de informação de gerenciamento logístico, o erro seria declarar o objetivo "Desenvolver um novo sistema de informação de gerenciamento logístico". O objetivo deveria ser algo do tipo: "Aumentar os giros de estoque" ou "Diminuir os atrasos na entrega" ou "Diminuir os custos de transporte e estoque".

Na seção **"interessados"**, identificamos cada um dos seguintes fatores:

- O **cliente do projeto** é o indivíduo para o qual o projeto está sendo executado. Do ponto de vista de satisfação do cliente, é a pessoa que deve ficar satisfeita com os resultados do projeto. O cliente pode ser externo ou interno à organização que está executando o projeto. Às vezes, ficamos tentados a identificar uma organização ou grupo de pessoas como cliente. Por exemplo, no projeto de desenvolvimento de um novo produto, seria tentador identificar como cliente do projeto os usuários finais do novo produto. Entretanto, essa postura em essência exclui o cliente real e verdadeiro do processo de gerenciamento do projeto, porque os usuários finais não podem falar em nome do cliente real. Em vez disso, é em grande medida aconselhável identificar o indivíduo que será responsável por representar ou falar em nome da organização ou do grupo. No projeto de desenvolvimento de um produto, esse indivíduo provavelmente seria alguém da área de *marketing*, que deve saber o que os usuários finais desejam. Às vezes, o projeto pode ter mais de um cliente, mas o número de clientes deve manter-se mínimo.
- O **patrocinador do projeto** é um executivo de nível hierárquico superior (em comparação com o gerente do projeto) na empresa que está executando o projeto. O patrocinador tem três responsabilidades principais:
  - Verificar se o gerente está de fato gerenciando o projeto. O gerente reporta-se diretamente ao patrocinador no que tange às suas responsabilidades gerenciais nesse projeto, ainda que ele possa reportar-se diariamente a outra pessoa da empresa, por motivos administrativos.
  - Apoiar o gerente e a equipe do projeto para obter dentro da organização os recursos e a cooperação indispensáveis à execução do projeto.
  - Servir como representante do alto escalão na interação com o cliente do projeto.
  - Nos casos em que o cliente é interno à organização que está executando o projeto, o cliente pode ser também o patrocinador.
- O **gerente do projeto** é o membro da equipe responsável por liderar a equipe ao longo dos processos de definição, planejamento e supervisão do projeto. O gerente não é obrigado a tomar todas as decisões,

solucionar todos os problemas ou realizar todo o trabalho, embora em geral esteja profundamente envolvido com todos esses fatores. Em essência, o gerente de projeto normalmente participa/orienta a equipe.
- Os **membros da equipe** são os indivíduos que participarão diretamente dos processos de definição, planejamento e supervisão do projeto. Eles se enquadram em duas categorias:
  - A maioria deles atuará como **gerente de atividade**; isto é, eles serão responsáveis por gerenciar a execução de uma ou mais atividades do projeto. Observe que essa responsabilidade é gerencial. A questão sobre quem de fato executará a atividade é um problema de **recurso**. O gerente de atividade pode também ser o recurso, mas a atividade pode ser executada por outro recurso sob o gerenciamento desse membro da equipe.
  - Outros membros da equipe atuarão como **conselheiros**. Eles têm qualificação especial e sua função é oferecer orientação profissional à equipe, mas não aos gerentes de atividade. O advogado é um exemplo comum em várias equipes de projeto.

Casualmente, não é incomum o cliente do projeto e/ou o patrocinador do projeto também serem membros da equipe de projeto em ambas as funções recém-citadas.

A seção **"expectativas de tempo"** estipula a data de conclusão prevista do projeto, bem como qualquer marco ou etapa importante (conclusão das etapas). As expectativas devem ser estipuladas claramente como datas previstas ou prazos finais absolutos. No exemplo da CMC, a data de conclusão de 26 de agosto de 2011 é um prazo final absoluto.

A seção **"expectativas de custo"** estipula o custo total previsto do projeto e pode decompor o custo em categorias. Repetindo, as expectativas devem ser estipuladas claramente como restrições previstas ou absolutas. No exemplo da CMC, o custo total é expresso como estimativa. Portanto, obviamente, é uma **previsão**.

Observe que a seção de expectativas de custo também especifica o **valor dos encargos por atraso** e o **as economias por antecipação ao prazo**. Todos nós já ouvimos a expressão "Tempo é dinheiro", e esse clichê aplica-se especialmente aos projetos. Desse modo, se tempo é dinheiro, quanto vale um dia no projeto? A resposta depende do ponto em que estamos em relação ao prazo final do projeto. O valor dos encargos por atraso estipula o custo complementar de cada dia que o projeto ultrapassar o prazo final. Não estou me referindo aos custos de execução das atividades, visto que todas as atividades devem ser executadas de uma forma ou de outra e os custos de execução serão incorridos independentemente do momento em que o projeto for concluído. Na verdade, estou me referindo às despesas indiretas do projeto e aos custos de oportunidade que aumentam quando um projeto atrasa. Nos projetos, são exemplos de despesa indireta 1º) o custo de gerenciamento do projeto e 2º) o arrendamento de equipamentos para finalidades gerais, como um guindaste em um projeto de construção. Exemplos de custos de oportunidade são: 1º) a perda de lucro em um novo produto que está sendo desenvolvido e 2º) a perda das economias que seriam geradas por um novo sistema de informação em fase de desenvolvimento. As economias ou ganhos por antecipação ao prazo estipulam as economias de custo de cada dia que o projeto for concluído antes do prazo final. Os mesmos tipos de economia se aplicam, mas no caso das economias por antecipação ao prazo quase sempre o valor diário é inferior ao valor dos encargos por atraso. O principal motivo que nos leva a prever e a documentar os valores de custo no termo de abertura é garantir que os membros da equipe do projeto tenham uma nítida percepção do valor do tempo e do tempo que eles devem estar dispostos a dedicar para agilizar o projeto. Os membros da equipe em geral se surpreendem com a magnitude dos valores de custo, principalmente porque com frequência não têm consciência da dimensão dos custos de oportunidade. Os valores no exemplo da CMC (oito e seis mil dólares americanos) são relativamente baixos se comparados com os valores de custo que costumamos ver em vários projetos estratégicos.

A seção **"restrições, suposições e riscos"** é razoavelmente autoexplicativa. Quanto mais a equipe identificar questões preocupantes no início do projeto, mais estará apta a desenvolver um plano que minimizará possíveis impactos negativos dessas questões. Os problemas mais prejudiciais em um projeto em geral são aqueles totalmente imprevistos.

Em suma, o termo de abertura do projeto só estará concluído quando todos os interessados identificados assiná-lo.

Processo de desenvolvimento do termo de abertura

A solução mais eficaz para desenvolver o termo de abertura é de longe promover uma reunião entre as partes interessadas. É necessário realizar vários preparativos para essa reunião.

Primeiro, pense cuidadosamente a respeito das pessoas que devem ser convidadas a participar. Quando estiver em dúvida sobre se deve incluir uma determinada pessoa, sempre peque pela inclusão. É de longe preferível ouvir um **participante reclamar** após a reunião que não deveríamos tê-lo convidado porque ele não tem nenhum envolvimento com o projeto (caso em que nos desculpamos e lhe agradecemos por sua participação) a ver um **não convidado apontar** uma falha séria de definição meses depois que projeto foi iniciado. Não obstante, eu e você sabemos que não raro existem pessoas que preferiríamos não convidar. Normalmente, são pessoas que sabem tudo e adoram falar. Elas dominam todas as discussões. Ou então são pessoas do contra, que se opõem a qualquer ideia nova. Em geral, essas são as primeiras pessoas que você precisa acrescentar em sua lista de convidados. De vez em quando, elas têm algo de valor a acrescentar à discussão. Mesmo se elas não acrescentarem nada, pelo menos terão tido oportunidade de expressar suas opiniões e verão que foi possível chegar a um consenso em torno de um ponto de vista diferente. Do contrário, essas pessoas ficarão no seu pé do começo ao fim do projeto.

Você deve escolher cuidadosamente um **facilitador** para liderar a reunião de elaboração do termo de abertura. O facilitador deve ter três características:

1º) Ele deve ter plena compreensão do conteúdo e do valor do termo de abertura.
2º) Ele deve ter as habilidades de **facilitação** necessárias para liderar um grupo diverso do começo ao fim de uma discussão que venha a se tornar controvertida. Não há dúvida, liderar a sessão de elaboração do termo de abertura é uma tarefa extremamente desafiadora e às vezes assustadora. Muitas pessoas simplesmente não têm as habilidades de facilitação essenciais nem coragem. O facilitador deve saber estimular todos os participantes a contribuir e a pensar criativamente. Ele deve

ter habilidade para controlar de maneira gentil mas firme os indivíduos que tendem a dominar as discussões. Além disso, ele deve saber orientar o grupo a chegar a um consenso.

3º) E, por fim, o facilitador deve ser considerado pelos participantes apenas um facilitador — e **não** uma pessoa que, ao final, anunciará e imporá uma resposta. Por esse motivo, eu nunca pediria ao cliente, ao patrocinador ou ao gerente do projeto para liderar essa reunião, embora definitivamente eu queira que eles participem da discussão. Quando o patrocinador, o cliente ou o gerente do projeto lidera uma reunião desse tipo, particularmente se essa pessoa for um alto gerente na empresa, a magnitude e a criatividade da discussão diminuem significativamente. Os participantes tendem a ficar calados e a esperar o facilitador anunciar a resposta. Por que alguém se arriscaria a dizer algo que talvez não se alinhe com a definição predeterminada do projeto? Os participantes tendem a ver a discussão como uma farsa cujo objetivo é fazê-los acreditar que estão participando quando na verdade suas contribuições não são realmente desejadas. Se o gerente do projeto for forçado a cumprir a função de facilitador, é fundamental que ele tenha as duas outras características descritas acima. Do contrário, você não deve dar oportunidade para que o gerente do projeto recém-designado fracasse em seu papel de facilitador. Sugiro que você encontre outro bom facilitador, mesmo se essa pessoa não tiver nenhum outro envolvimento com o projeto.

Estime o tempo de reunião necessário para elaborar o termo de abertura. Essa reunião sempre dura mais do que o previsto. Na verdade, utilizo como orientação básica propor uma previsão generosa e depois multiplicá-la por dois. As sessões de elaboração do termo de abertura quase nunca duram menos de duas horas e às vezes exigem um dia inteiro de discussão intensa.

Se houver termos de abertura de projetos prévios semelhantes ou se tiver sido desenvolvido um modelo de termo de abertura para esse tipo de projeto, lembre-se de revê-los cuidadosamente antes da reunião.

Um método ideal para conduzir a reunião de elaboração do termo de abertura é pedir para que o facilitador esboce em tempo real o termo de abertura em um computador à medida que a discussão transcorrer. Esse documento deve ser projetado em uma tela de modo que todos os participantes possam vê-lo. No início da reunião, esse documento deve conter apenas o esquema básico dos títulos de seção, o esboço da seção de informações preliminares e as linhas de assinatura ao final. O facilitador deve dirigir a atenção do grupo para uma seção do termo de abertura de cada vez, mas as informações que pertencerem a alguma outra seção podem entrar na discussão a qualquer momento. O facilitador pode movimentar-se facilmente pelo termo de abertura até a seção apropriada para obter essa informação e depois voltar à seção que está sendo discutida.

De outro modo, em vez de recriar o termo de abertura do zero, o esboço inicial pode ter como base um modelo razoavelmente completo, para que assim a discussão enfatize as alterações necessárias ao modelo. Quanto a isso, é importante observar que esse modelo teria sido desenvolvido com base em projetos concluídos previamente com características semelhantes e recorrentes, e não, como discutido antes nesta seção, com base em um modelo "grosseiro" desenvolvido por um único indivíduo. Uma advertência quanto à utilização de modelos: tome o cuidado de utilizar o modelo apenas em projetos semelhantes e evite a tendência natural de tentar ajustar à força nesse modelo todo projeto que surgir.

Ocasionalmente, o facilitador pode imprimir e distribuir cópias do esboço atual, para que os participantes vejam o documento completo e façam anotações. Percebi que esse procedimento dá aos participantes a sensação de que estão caminhando em direção a um consenso e os motiva a finalizar o trabalho e a acertar.

O objetivo da reunião de elaboração do termo de abertura é desenvolver um termo que todo participante esteja disposto a assinar, indicando seu comprometimento com a definição do projeto. Entretanto, talvez haja outros interessados que não participaram dessa reunião. Esses interessados devem rever o termo de abertura e do mesmo modo assiná-lo ou solicitar alterações. Muitas vezes é necessário realizar uma ou mais reuniões de acompanhamento para obter consenso e comprometimento entre todos os interessados.

Você pode desenvolver duas ou mais versões diferentes, porém coerentes, do termo de abertura de um projeto por dois motivos:

1º) Se você estiver executando um projeto para um cliente externo, o termo de abertura inicial deve abordar os objetivos do projeto do ponto de vista do cliente; isto é, por que o cliente está interessado em empreender esse projeto. Assim que o termo estiver concluído, você deve reunir a equipe sem o cliente e discutir esses objetivos, agora do ponto de vista da equipe do projeto — por exemplo, obter determinados benefícios no projeto. Assim, ao final, você terá duas versões do termo. A versão que o cliente recebe mostra somente seus objetivos. A outra mostra os objetivos do cliente e os objetivos da equipe do projeto e é distribuída apenas internamente.

2º) A versão original do termo de abertura deve conter informações confidenciais que o cliente e/ou a equipe do projeto não desejam compartilhar com outras pessoas que venham a receber uma cópia, como prestadores de serviços, fornecedores ou consultores. Portanto, pode-se elaborar uma versão não confidencial do termo de abertura para compartilhá-la com terceiros.

Consequências dos termos de abertura inadequados

Para alguns gerentes de projeto não é importante parar para elaborar um termo de abertura adequado para seus projetos. Eles chegam a ignorar a etapa de elaboração do termo de abertura como um todo, pressupondo que todos os interessados sabem e concordam com a definição do projeto. Ou então eles adotam um método **"rápido e grosseiro"** para concluir o termo de abertura o mais breve possível. Talvez não envolvam os interessados de uma forma significativa nem procurem obter a aprovação do termo de abertura entre os interessados. Ou então simplesmente eles não são competentes para conduzir o processo de elaboração de um termo de abertura adequado.

Pense nas possíveis consequências de iniciar um projeto sem desenvolver um termo de abertura apropriado. Essas consequências podem incluir, dentre outras, as seguintes:
- Falta de consenso entre as partes interessadas a respeito do escopo, dos objetivos e das restrições do projeto.
- Falta de comprometimento dos interessados para com o projeto.
- Desperdício da oportunidade de desenvolver uma verdadeira equipe.
- Falta de base para realizar o planejamento do projeto.
- Atraso desnecessário no início do projeto.
- Ampliação descontrolada do escopo do projeto.

- Riscos/problemas não previstos.
- Desperdício de tempo, esforço e recursos na execução do projeto.
- Perda do moral, estresse e conflitos dentro da equipe.
- Fracasso com respeito à qualidade, ao tempo e ao custo do projeto.
- Insatisfação do cliente.

As consequências prováveis da elaboração de um termo de abertura inadequado são tão terríveis que ofereço, com toda a sinceridade, o seguinte conselho:

Se você não utilizar nada mais do que aprendeu neste livro (e espero que utilize todo o PSM), pelo menos desenvolva um termo de abertura adequado para todo e qualquer projeto que vier a empreender. Essa etapa de gerenciamento será mais eficaz para evitar problemas sérios e garantir o sucesso do projeto do que qualquer outra coisa que você venha a fazer.

O gerente de projeto **deve** assumir pessoalmente a responsabilidade de garantir que o termo de abertura seja desenvolvido de maneira clara e completa e aprovado formalmente por todas as partes interessadas. Se ele não cumprir essa responsabilidade, provocará o fracasso de seu projeto e da respectiva equipe.

Pontos-chave

- A falha em não definir e documentar claramente os requisitos de um projeto logo no início é a principal causa da ampliação descontrolada do escopo (*scope creep*) e de outros problemas que levam os projetos ao fracasso.
- Insista no desenvolvimento do termo de abertura do projeto, mesmo se as demais partes interessadas considerarem esse processo desnecessário. Nunca será suficiente firmar um acordo verbal sobre a definição do projeto se em seguida esse acordo não for estabelecido por escrito.
- Envolva a equipe do projeto no desenvolvimento do termo de abertura. Com esse envolvimento, você poderá elaborar um termo mais adequado. Além disso, o processo de elaboração é uma excelente oportunidade para começar a desenvolver uma verdadeira equipe, bem como para ganhar o comprometimento da equipe para com o projeto.

- Utilize o processo de elaboração do termo de abertura para iniciar o projeto o mais breve possível. Assim, a equipe terá o máximo de tempo possível para concluí-lo antes do prazo final.
- Se o cliente não puder ou não quiser participar diretamente no processo de elaboração do termo de abertura, desenvolva-o com a equipe e peça ao cliente para aprová-lo ou alterá-lo.
- Insista para que todas as partes interessadas assinem o termo de abertura, para indicar sua aprovação e seu comprometimento com a definição do projeto.
- Utilize o termo de abertura como uma solução sucinta para divulgar a definição do projeto às pessoas que não foram envolvidas no processo de elaboração.
- O termo de abertura deve abordar os seguintes itens: informações preliminares, escopo (entregáveis e fases), objetivos (principal e secundários), interessados, expectativas de tempo, expectativas de custo, restrições, suposições e riscos.
- O processo de elaboração do termo de abertura requer discussões intensas e bem estruturadas entre as partes interessadas. Essas discussões devem ser conduzidas por um facilitador competente.
- A falha em não desenvolver um termo de abertura adequado provoca o fracasso do projeto e da respectiva equipe.

6

Decompondo e distribuindo as atividades do projeto

Assim que você desenvolver a equipe do projeto, nomear o gerente e definir o projeto por meio do processo de elaboração e aprovação do termo de abertura, o PSM passará do FirstStep Process para o processo de **planejamento**. No planejamento, o primeiro passo é decompor o projeto em atividades manejáveis e determinar quem assumirá a responsabilidade por gerenciar cada uma delas. Essas atividades tornam-se então os elementos básicos do plano do projeto. Na página seguinte, examinaremos de que forma o gerente de projeto Alex St. John está lidando com suas responsabilidades no projeto de implantação do sistema de informação de gerenciamento empresarial na New Millennium Manufacturing (empresa apresentada pela primeira vez no Capítulo 5).

Obviamente, Alex errou o alvo. Ele não conseguiu atender aos requisitos básicos da primeira fase do processo de planejamento do projeto, que é uma fase decisiva:

1º) Decompor o projeto em atividades manejáveis.
2º) Identificar os membros da equipe do projeto que ficarão responsáveis por gerenciar a execução de cada atividade.

Estudo de caso: New Millennium Manufacturing*

Helen Groff, escalada para ministrar um curso de treinamento de dois dias sobre o sistema Galaxy, programado para iniciar no dia seguinte, bate à porta do escritório do gerente de projetos Alex St. John logo de manhã.

"Oi, Helen. Entre, por favor", disse Alex. "Você está pronta para começar o curso de treinamento amanhã? Alguns dos nossos colegas de Filadélfia e Seattle já chegaram. Eles parecem bastante entusiasmados com o curso."

Helen franze as sobrancelhas. "Eu **estou** pronta, Alex, mas **nós** temos um grande problema pela frente", disse ela.

"Verdade? Do que se trata?"

"Acabei de dar uma passada na sala de treinamento para verificar se estava tudo bem e percebi que a sala está reservada para outro curso amanhã", explicou ela. "É um curso de treinamento destinado aos usuários de um novo sistema de engenharia assistido por computador."

"Você não reservou a sala?", perguntou Alex.

"**Eu?** Espere um pouco, Alex. Você não vai jogar a culpa por essa desordem em mim. Você me pediu para desenvolver o programa de treinamento e ministrá-lo", respondeu Helen. "Lembro-me muito bem de ouvir você dizer que sua secretária cuidaria de todas as providências logísticas do curso", acrescentou ela.

"Sinto muito, Helen. **Foi** isso o que eu disse. Lynn reservou hotel para nossos colegas de outras cidades e organizou o serviço de refeições e lanches. Mas nem pensei em lhe dizer para reservar a sala de treinamento. Na verdade, acho que nem colocamos a reserva da sala como atividade no plano do projeto", disse Alex.

"Poderíamos mudar o seu curso para outra sala ou então ministrá-lo fora da empresa, na sala de reunião de algum hotel?" Helen meneou a cabeça. "Não. Precisamos ter acesso às estações de trabalho que estão conectadas diretamente à nossa rede, e nenhuma outra sala tem estações de trabalho. Obviamente, o curso de engenharia também precisa dessas estações de trabalho."

* Este caso é fictício. Qualquer semelhança com empresas, indivíduos ou projetos reais é mera coincidência.

"Talvez nossos colegas da engenharia possam postergar o início do treinamento deles por dois dias e nos deixar usar a sala, visto que alguns dos participantes são de outra cidade. Todo o pessoal da engenharia provavelmente é de Houston", disse Alex.

"Isso é verdade, mas eu já fui atrás dessa alternativa. Infelizmente, o instrutor do curso de engenharia é um consultor de Boston, que chega hoje à tarde. Se eles atrasarem o curso, ele cobrará pelo tempo que perdeu e teremos de pagar honorários e despesas de viagem para trazê-lo novamente. Além disso, ele só poderá voltar daqui a pelo menos seis semanas", explicou ela.

Alex começou a andar de um lado para o outro. "#&%*$+#! E agora, o que nós vamos fazer?"

Perguntas
1. Em sua opinião, por que a responsabilidade de reservar a sala não foi definida explicitamente como uma atividade do projeto?
2. Se a reserva tivesse sido identificada como uma atividade, o nome da pessoa responsável por essa tarefa estaria claro se não tivesse sido identificado especificamente?
3. Quais custos — tanto tangíveis quanto intangíveis — seriam incorridos em consequência dessa confusão?

Estrutura de decomposição de trabalho

Para executarmos essa etapa indispensável do planejamento, a equipe desenvolve uma **"estrutura de decomposição de trabalho"** (também conhecida como EDT) para o projeto. Ao desenvolver a EDT, a equipe divide o projeto em pacotes de trabalho cada vez menores, até chegar às atividades manejáveis. Em seguida, o gerente do projeto pede a determinados membros da equipe para se responsabilizar pelo gerenciamento de cada pacote de trabalho. As estruturas de decomposição de trabalho são semelhantes a flocos de neve; duas equipes não desenvolveriam uma EDT exatamente igual para o mesmo projeto.

Na Figura 6.1 mostra-se uma pequena EDT genérica no "formato piramidal". O nome do projeto e o nome do gerente do projeto aparecem no topo da EDT.

```
                        PROJETO
                 Nome do gerente do projeto
┌──────────────────────┼──────────────────────┐
ENTREGÁVEL            ENTREGÁVEL             ENTREGÁVEL
OU FASE               OU FASE                OU FASE
Entregável/fase       Entregável/fase        Entregável/fase
Nome do gerente       Nome do gerente        Nome do gerente
    ATIVIDADE             ATIVIDADE              ATIVIDADE
    Nome do gerente       Nome do gerente        Nome do gerente
  ├ da atividade       ├ da atividade         ├ da atividade
    ATIVIDADE             ATIVIDADE              ATIVIDADE
    Nome do gerente       Nome do gerente        Nome do gerente
  ├ da atividade       ├ da atividade         ├ da atividade
    ATIVIDADE             ATIVIDADE              ATIVIDADE
    Nome do gerente       Nome do gerente        Nome do gerente
  └ da atividade       └ da atividade         └ da atividade
```

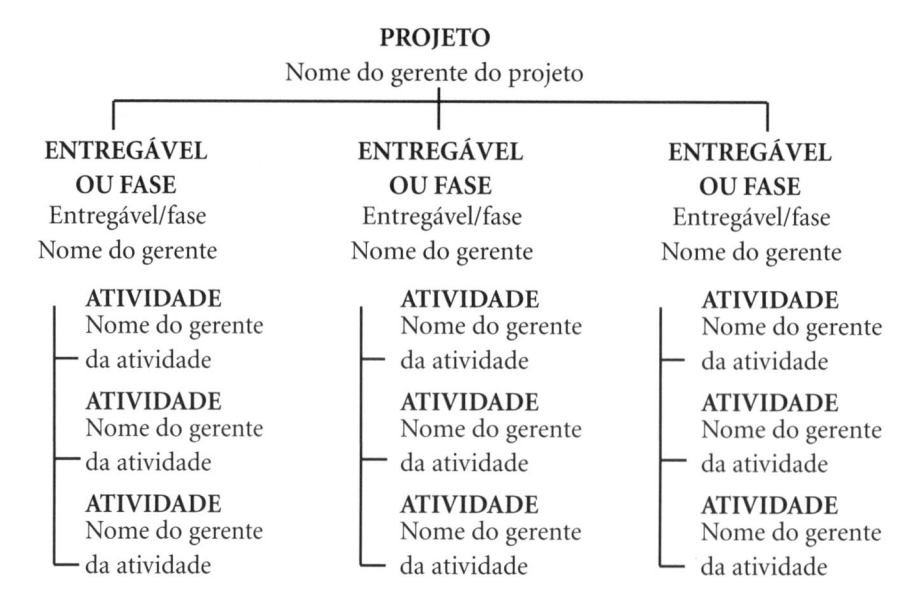

FIGURA 6.1 Estrutura de decomposição de trabalho (EDT) em formato de pirâmide

No nível inferior seguinte, é recomendável que o projeto seja decomposto nas **fases** ou nos **entregáveis** que foram identificados na seção de escopo do termo de abertura. Um erro comum nesse nível é decompor o projeto em áreas funcionais (por exemplo, engenharia, *marketing*, fabricação, recursos humanos, tecnologia da informação), porque isso acaba estimulando uma postura independente (verticalizada) em relação ao planejamento e à execução do projeto. Lembre-se de que os projetos são por natureza **interfuncionais**. Portanto, decompô-lo em uma das duas dimensões do escopo mantém uma perspectiva interfuncional. Mas com base em que você define se o projeto deve ser decomposto em entregáveis ou em fases? Normalmente, uma delas se destacará mais do que a outra. Voltando ao termo de abertura do projeto de implantação da fábrica de Melbourne, na Tabela 5.1, acredito que os entregáveis sejam mais nítidos do que as fases. Isso tende a ocorrer na maioria dos projetos. Contudo, existem projetos em que as fases (como *design*, desenvolvimento, teste, etc.) são mais nítidas do que os entregáveis. Conclusão: deixe a equipe decidir se deve decompor o projeto em entregáveis ou em fases. Na Figura 6.1 também mostra-se que foi designado um membro da equipe para cada um dos entregáveis ou a cada uma das fases.

Algumas vezes, ao desenvolver a EDT, a equipe identifica uma fase ou um entregável não mencionado no termo de abertura. Nesses casos, as partes interessadas no projeto precisam decidir se esse novo entregável ou se nova fase está dentro do escopo do projeto. Em caso afirmativo, eles devem alterar formalmente e reaprovar o termo de abertura.

Na parte inferior da EDT, a equipe decompõe cada entregável ou fase nas atividades necessárias para produzir aquele entregável ou executar aquela fase. Como mencionado anteriormente, as atividades tornam-se elementos básicos do plano do projeto (cronograma, orçamento etc.). A sequência segundo a qual as atividades são relacionadas não é importante. A EDT **não** identifica as relações de sequência entre as atividades.

Antes de me aprofundar nas atividades, gostaria de apresentar outro formato de EDT. A Tabela 6.1 exibe o "formato de esquema de tópicos" para o mesmo exemplo genérico mostrado no formato piramidal na Figura 6.1. O formato de esquema de tópicos em geral é mais fácil de desenvolver e expor, mas os dois formatos contêm exatamente as mesmas informações.

Identificação das atividades

Uma **atividade** (ou "tarefa") é qualquer elemento do projeto que demanda tempo e 1º) tem datas de início e conclusão identificáveis e 2º) contribui diretamente para a produção dos entregáveis essenciais do projeto. Nesse caso, "elemento que demanda tempo" indica a necessidade de reservar tempo no cronograma do projeto para a execução dessa atividade.

Estrutura de Decomposição de Trabalho (EDT)
Formato de esquema de tópicos

PROJETO	Nome do gerente do projeto
ENTREGÁVEL OU FASE	Nome do gerente do entregável/fase
ATIVIDADE	Nome do gerente da atividade
ATIVIDADE	Nome do gerente da atividade
ATIVIDADE	Nome do gerente da atividade
ENTREGÁVEL OU FASE	Nome do gerente do entregável/fase
ATIVIDADE	Nome do gerente da atividade
ATIVIDADE	Nome do gerente da atividade
ATIVIDADE	Nome do gerente da atividade
ENTREGÁVEL OU FASE	Nome do gerente do entregável/fase
ATIVIDADE	Nome do gerente da atividade
ATIVIDADE	Nome do gerente da atividade
ATIVIDADE	Nome do gerente da atividade

TABELA 6.1 Estrutura de decomposição de trabalho (EDT) no formato de esquema de tópicos

Vale notar dois casos especiais, porque as equipes de projeto com frequência não reconhecem as atividades que têm uma ou as duas características a seguir:

1º) Algumas atividades consomem tempo, mas não consomem recursos produtivos (por exemplo, horas de trabalho dos funcionários) da empresa. Para a equipe de projeto, essas atividades exigem mais tempo de espera do que de execução. Alguns exemplos:
   a) Aguardar a ocorrência de um processo natural, como a secagem do concreto em um projeto de construção ou o resfriamento de uma turbina a vapor em um projeto de manutenção de uma usina hidrelétrica.
   b) Aguardar a execução de algum trabalho por alguma outra organização, como a produção ou entrega de produtos que foram pedidos a um fornecedor ou a aprovação do cliente ou de um órgão regulamentar.
2º) Algumas atividades não têm uma data de conclusão específica. Exemplos incluem a depuração de um programa de computador complexo e atividades criativas, como a elaboração de um novo logotipo para a empresa. Nesse caso, nunca se sabe com certeza quando essas atividades serão concluídas.

Veja um exemplo de atividade que têm essas duas características. Suponha que você tenha enviado um questionário a 10.000 clientes como parte de um projeto de pesquisa de *marketing*. Agora, você teria outra atividade: "receber as respostas do questionário". Essa atividade demanda tempo no cronograma do projeto, mas não consome recursos produtivos de sua empresa. Além disso, a conclusão da atividade é incerta. Se você se programar para esperar a devolução dos 10.000 questionários, terá de aguardá-los para sempre. Portanto, você precisa definir uma data ou período de conclusão: **"Aguardaremos três semanas."**

Repetindo, o motivo que me leva a evidenciar esses casos especiais é que, se você não observar cuidadosamente as atividades que têm essas características, grande será a probabilidade de elas passarem despercebidas. Nesse caso, o plano do projeto ficará incompleto e inviável.

E quanto ao nível de detalhamento?

Uma dúvida que as equipes de projeto sempre têm ao decompor o projeto em atividades básicas é saber o nível de detalhamento adequado. Embora não exista nenhuma resposta simples para essa dúvida, apresento algumas diretrizes:

- O nível de detalhamento deve ser coerente com o grau de supervisão necessário. No processo de supervisão do projeto, você acompanhará o andamento (e talvez a utilização e o custo dos recursos) de todas as atividades contempladas no plano. Portanto, para decidir se deve ou não detalhar profundamente uma atividade, pense se você de fato precisa acompanhar as atividades mais minuciosamente. Se você não tiver cuidado, pode acabar gastando grande parte do seu tempo na supervisão de uma quantidade enorme de atividades e dará pouquíssima atenção aos detalhes.
- Para cada atividade deve-se designar um membro da equipe, que ficará responsável por seu gerenciamento. Além disso, o mesmo conjunto de recursos (isto é, pessoas, equipamentos etc.) deve ser empregado do começo ao fim dessa atividade. Se em algum momento for necessário transferir a responsabilidade por essa atividade para outro membro da equipe ou se houver necessidade de recursos diferentes, essa atividade deve ser decomposta mais detalhadamente.
- Tente encontrar uma maneira de subdividir as atividades com duração superior a um mês, para que possa acompanhar o andamento confiavelmente. Nas atividades de longa duração, é muito fácil ocorrer atrasos em relação ao cronograma que só serão percebidos quando não houver mais tempo para tomar medidas corretivas. Isso equivale a deslocar a curva de ansiedade para atividades específicas.
- Tenha cuidado com as atividades de curtíssima duração — talvez de alguns minutos. Elas devem ser inseridas no cronograma como lembrete para que sejam executadas no momento apropriado. Em geral, essas atividades não influem no cronograma, **a menos** que você se esqueça de executá-las. Entretanto, se você esquecê-las, as consequências podem ser desastrosas. No estudo de caso da New Millennium Manufacturing, a reserva da sala de treinamento, que passou despercebida, é

um exemplo de atividade desse tipo. Com frequência, essas atividades exigem algum tipo de comunicação.
- Nos projetos de longa duração, em geral é mais fácil identificar mais detalhadamente as atividades próximas do início do projeto do que as atividades que ocorrerão bem mais à frente. Nesses casos, prossiga e identifique com mais detalhes as atividades de curto prazo e com menos detalhes as atividades futuras (talvez fases, em vez de atividades). Ao longo do projeto, você será e deverá ser capaz de decompor mais pormenorizadamente as atividades posteriores.
- Resista à tentação de controlar os mínimos detalhes do trabalho. Todas as atividades tendem a gerar entregáveis significativos ou uma mudança importante no andamento do projeto. Deixe que o gerente da atividade descubra uma maneira de concluir o trabalho. Seja como for, essa pessoa deve ter experiência nessa atividade. O gerente pode até abordar sua atividade como um subprojeto.
- Sempre hesito em dizer isso, mas talvez possa ajudá-lo a determinar o nível de detalhamento apropriado. Descobri que parece haver um "ponto ideal" de duração das atividades nos projetos estratégicos. O tempo de duração de grande porcentagem dessas atividades é de 3 a 15 dias úteis. Mas use esse intervalo apenas como uma referência genérica.

Tanto a insuficiência quanto o exagero de detalhes na identificação das atividades de um projeto podem gerar problemas. Minha experiência diz que a maioria das pessoas, quando elas começam a utilizar técnicas formais de planejamento de projetos, tende a **pecar por excesso**. A experiência é uma excelente mestra nesse sentido.

Percebi que dispor de um método específico para denominar as atividades ajuda a esclarecê-la e garante um nível de detalhamento apropriado. Portanto, recomendo que você utilize uma palavra que denote ação (um verbo) seguida do objeto da ação (um substantivo), ao denominar as atividades de seu projeto. Em outras palavras, o nome deve responder à seguinte pergunta: **"O que você está fazendo e para quê?"**. Por exemplo:

- Traçar o roteiro.
- Testar o código.
- Instalar os equipamentos.

É também fundamental que a descrição da atividade seja exatamente o que ela pretende ser — isto é, **descritiva**. Normalmente, os membros da equipe atribuem um nome um tanto quanto curto à atividade, que faz sentido naquele momento e depois perde o sentido. Isso ocorre porque, quando a equipe está desenvolvendo a EDT, ela está pensando no contexto; contudo, semanas ou meses depois, quando essa atividade aparece na lista de "afazeres", essa breve descrição não oferece informações suficientes para a execução da atividade. O membro responsável pela atividade ficará com uma expressão de perplexidade estampada no rosto e perguntará em voz alta: "E agora, o que isso quer dizer?". Sempre recomendo uma descrição suficientemente longa para que o membro da equipe em questão compreenda com exatidão o que é necessário fazer para concluir aquela atividade quando se deparar com um *post-it* afixado à sua mesa de trabalho três meses depois. Portanto, retomando os exemplos citados anteriormente:

- Traçar o roteiro inicial.
- Testar o código após as alterações.
- Instalar os equipamentos elétricos na sala de controle de estoque.

Uma boa maneira de verificar o grau de completude de sua lista de atividades é perguntar se foram identificadas todas as atividades necessárias para **produzir todos os entregáveis e executar todas as fases** especificadas no termo de abertura do projeto.

Designação dos gerentes de atividade

Agora, é necessário identificar qual membro da equipe do projeto assumirá a responsabilidade pela execução qual atividade. Observe que o **gerente de atividade** não é necessariamente a pessoa ou uma das pessoas (isto é, dos "recursos") que de fato executará o trabalho. Na verdade, esse gerente é a pessoa que terá a responsabilidade básica de garantir que aquela atividade seja concluída e de informar regularmente a equipe sobre seu andamento. Todo gerente de atividade deve integrar a equipe do projeto. Isso significa que ele participará diretamente dos processos de planejamento e supervisão do projeto. Em uma equipe bem desenvolvida, os membros se oferecem para gerenciar as atividades que são apropriadas ao seu perfil ou, de outra forma, concordam em gerenciá-las quando designados. No momento de identificar os gerentes de atividade, tente evitar estes dois erros comuns:

1º) Designar um recurso externo (por exemplo, um fornecedor ou prestador de serviços) para gerenciar uma determinada atividade, quando esse fornecedor ou prestador de serviços na realidade **não faz parte da equipe**, mas é apenas o recurso que executará o trabalho exigido pela atividade. É necessário designar pessoas que participem diretamente dos processos de planejamento e supervisão do projeto e sejam responsáveis pelo gerenciamento desse recurso externo.

2º) **Designar** uma pessoa para gerenciar uma atividade quando ela ainda **não foi recrutada** como membro da equipe do projeto. Em vez disso, primeiro recrute a pessoa para participar da equipe e depois peça para que assuma a responsabilidade pelo gerenciamento da atividade em questão. Enquanto não for recrutado um membro apropriado para a atividade, o gerente do projeto deve ser identificado como gerente daquela atividade, na falta de outra opção. Assim procedendo, o gerente do projeto será sempre lembrado e se sentirá sempre motivado a recrutar os membros necessários para complementar a equipe. Normalmente, as equipes de projeto ficam maiores à medida que a EDT se desdobra e a necessidade de recrutar outros membros para a equipe torna-se aparente. Os novos membros devem receber uma cópia do termo de abertura do projeto e assinar o original para comprovar que eles estão cientes da definição do projeto e comprometidos com isso. Se um novo membro identificar algum problema no termo de abertura, provavelmente será necessário alterá-lo e reaprová-lo formalmente.

EDT do Projeto de Implantação da Fábrica de Melbourne

Agora que você já conhece tudo sobre as estruturas de decomposição de trabalho de uma forma geral, examinaremos a EDT do projeto de implantação da fábrica de Melbourne, exemplo apresentado no Capítulo 5. Na página seguinte, a Tabela 6.2 exibe uma EDT no formato de esquema de tópicos.

Observe que esse exemplo mostra as seguintes características gerais de uma EDT bem elaborada:

Century Manufacturing Company
Projeto de Implantação da Fábrica de Melbourne
EDT
17 de maio de 2011

Projeto de implantação da fábrica de Melbourne	Pat Anders
Equipamentos	Victor Schmidt
Analisar os requisitos de produção	Martina Karlsson
Solicitar os equipamentos	Consuelo Garcia
Montar os equipamentos	Consuelo Garcia
Expedir os equipamentos para Sydney por via marítima	Consuelo Garcia
Instalar os equipamentos com alterações de segurança/CQ	Victor Schmidt
Expedir os equipamentos para a fábrica de Melbourne por via férrea	Victor Schmidt
Instalar/conferir os equipamentos	Martina Karlsson
Prédio	Martina Karlsson
Escolher o prédio	Taylor Baxter
Concretizar o arrendamento do prédio	Lin Chang
Desenvolver o leiaute da fábrica/equipamentos	Martina Karlsson
Instalar o sistema elétrico do prédio	Martina Karlsson
Matéria-prima	Consuelo Garcia
Solicitar matéria-prima para as operações iniciais	Consuelo Garcia
Expedir a matéria-prima para a fábrica de Melbourne por caminhão	Consuelo Garcia
Gerente de fábrica e pessoal operacional	Ian Puckett
Selecionar/aprovar o gerente de fábrica	Taylor Baxter
Transferir o gerente de fábrica	Gerente de fábrica (a ser determinado)
Publicar anúncios nos classificados de emprego	Ian Puckett
Receber solicitações de emprego	Ian Puckett
Entrevistar/selecionar pessoal	Gerente de fábrica (a ser determinado)
Tempo de espera do pessoal para começar a trabalhar	Ian Puckett
Treinar a equipe operacional	Raphael Moreno

TABELA 6.2 EDT do projeto de implantação da fábrica de Melbourne

- A EDT não identifica as relações sequenciais entre as atividades. Por exemplo, a EDT não especifica que a atividade "Treinar a equipe operacional" só poderá ser iniciada quando as atividades "Instalar/conferir os equipamentos", "Expedir a matéria-prima para a fábrica de Melbourne por caminhão" e "Tempo de espera do pessoal para começar a trabalhar" estiverem concluídas. As relações sequenciais entre as atividades serão analisadas e representadas em um tipo diferente de diagrama que será explicado no Capítulo 7. A EDT serve apenas para identificar as atividades necessárias e os gerentes de atividade.
- O projeto abrange várias atividades especiais que exigem mais tempo de espera do que de execução, do ponto de vista da equipe. Por exemplo, a atividade "Montar os equipamentos" (que será executada por um fornecedor), as três atividades de expedição e a atividade "Tempo de espera do pessoal para começar a trabalhar".
- Além disso, o projeto contém pelo menos uma atividade especial ("Receber solicitações de emprego") para a qual não se tem uma data de conclusão nítida. A equipe nunca poderá ter certeza do momento em que terá recebido todas as solicitações possíveis, mas ela pode determinar por quanto tempo essa atividade ficará em aberto.
- A EDT oferece uma visão interfuncional do projeto e é uma motivação para que se utilize uma abordagem de trabalho interfuncional. Observe que em geral cada um dos entregáveis envolve atividades gerenciadas por membros de várias áreas funcionais diferentes da empresa. Por exemplo, o entregável "equipamentos" envolve atividades que são gerenciadas por Karlsson, da área de engenharia industrial, por Garcia, de aquisição, e Schmidt, de manutenção de equipamentos. Além disso, em geral todos os membros da equipe são responsáveis pelo gerenciamento de atividades que estão relacionadas com mais de um entregável. Por exemplo, Karlsson gerenciará atividades que estão associadas tanto com os "equipamentos" quanto com o "prédio".
- Por fim, a posição do nome de uma determinada pessoa na EDT não indica a respectiva posição hierárquica dessa pessoa na empresa. Por exemplo, Taylor Baxter (que é vice-presidente de operações internacionais e patrocinador do projeto) é apresentado como gerente de atividade em duas atribuições. Hierarquicamente, Baxter está acima de todos

os demais na EDT, inclusive o gerente do projeto, mas esse fato não está evidente na EDT. O objetivo da EDT simplesmente não é mostrar a respectiva posição hierárquica.

Elaboração da estrutura de decomposição de trabalho

Do mesmo modo que todas as demais fases do PSM, a equipe do projeto desenvolve a EDT 1º) porque dessa forma ela identificará todas as atividades de uma maneira mais eficaz, 2º) porque esse processo promoverá o envolvimento e o comprometimento dos membros da equipe com um **plano deles** para um **projeto deles** e 3º) porque o trabalho em conjunto na EDT é outra oportunidade para envolver o grupo em um trabalho de equipe que possibilita o desenvolvimento de uma **equipe verdadeira**.

É óbvio que não queremos desperdiçar o tempo dos membros da equipe. Por isso, devemos aproveitar as soluções para tornar o processo de elaboração da EDT o mais eficaz possível, especialmente em projetos grandes que tenham muitas atividades e muitas pessoas na equipe. Como sempre, uma maneira de agilizar o processo é começar com um modelo ou com uma EDT de um projeto prévio semelhante. Contudo, seja cauteloso para identificar e ajustar quaisquer diferenças entre o projeto em mãos e o modelo ou projeto anterior. Outra opção para ganhar agilidade é dividir a equipe em grupos e deixar que cada um identifique as atividades relacionadas com um determinado entregável ou com uma determinada fase. Além disso, você deve pedir para que cada um dos membros da equipe realize alguns trabalhos preparativos e leve para a sessão de planejamento uma lista das atividades que ele sabe que serão gerenciadas em cada entregável ou fase. Em algum momento, a equipe deve montar uma única EDT e examinar se existem possíveis omissões e/ou duplicações.

Quando uma ou mais atividades são omitidas e/ou quando não se estabelece claramente qual membro da equipe ficará responsável pelo gerenciamento de qual atividade, isso prejudica o projeto, acaba com o moral da equipe e pode até levar o projeto ao fracasso. Deixar a equipe desenvolver a estrutura de decomposição de trabalho, para que todas as atividades essenciais sejam identificadas e cada membro da equipe aceite a responsabilidade de gerenciar a atividade que lhe foi delegada, é o **jeito mais fácil**.

> **Para uma discussão mais aprofundada**
>
> **EXEMPLO DE RESOLUÇÃO DE PROBLEMAS EM PROJETOS QUE ENVOLVEM VÁRIAS ORGANIZAÇÕES**
>
> Uma das dificuldades no gerenciamento projetos que envolvem várias (talvez inúmeras) organizações é que o grupo não dispõe de procedimentos preestabelecidos para lidar com medidas que ultrapassam as fronteiras organizacionais. Essas ações normalmente incluem:
>
> - Decisões técnicas (por exemplo, mudanças de especificação ou de estrutura).
> - Decisões gerenciais (por exemplo, mudanças no cronograma).
> - Processos administrativos (por exemplo, providenciar o pagamento dos trabalhos).
> - Atividades do projeto que envolvem mais de uma organização (por exemplo, aprovações ou inspeções, colocação de ordens de compra).
>
> Se essas medidas interorganizacionais não forem previstas e se nenhum procedimento for implantado para orientar sua execução, provavelmente haverá confusões e erros de comunicação, o que, por sua vez, provocará atrasos desnecessários, desperdício de recursos e possíveis conflitos entre as organizações.
>
> O desenvolvimento de procedimentos operacionais para projetos multiorganizacionais pode ser facilitado por uma ferramenta denominada **organograma linear de responsabilidade** (ou OLR). A utilização do OLR no desenvolvimento de procedimentos para projetos que envolvem várias organizações é explicada e demonstrada no Apêndice A.

Pontos-chave

- O objetivo da elaboração da EDT é dividir o trabalho em atividades gerenciáveis e identificar qual membro da equipe ficará responsável por gerenciar qual atividade.
- Adote um ponto de vista interfuncional ao decompor o projeto. Não divida o projeto de acordo com os moldes funcionais. Em vez disso,

divida-o primeiro com base nas fases ou nos entregáveis identificados na seção de escopo do termo de abertura.
- A EDT pode ser exibida no formato piramidal ou no formato de esquema de tópicos.
- Confirme se a equipe do projeto identificou todas as atividades necessárias para **executar todas as fases** ou **produzir todos os entregáveis** especificados no termo de abertura.
- Observe com cuidado as atividades que envolvem tempo de espera, em vez de execução, e as atividades que não têm datas de conclusão evidentes.
- Utilize as orientações oferecidas neste capítulo para determinar o nível de detalhamento apropriado na identificação das atividades.
- Na denominação das atividades, utilize uma palavra que denote ação (verbo) seguida do objeto da ação (substantivo).
- No momento em que você identificar qual membro ficará responsável por gerenciar qual atividade, talvez seja necessário acrescentar outras pessoas à equipe.
- Possibilite que a equipe elabore a estrutura de decomposição de trabalho do respectivo projeto, mas tente tornar esse processo o mais eficaz possível.

7

Criando um diagrama de rede em prol do sucesso do projeto

Mesmo os gerentes de projeto com pouca experiência reconhecem que a divulgação do cronograma é vital no gerenciamento de qualquer projeto. Um método comum — mas em **grande medida imperfeito** — de criar e divulgar o cronograma de um projeto é inserir o nome de cada atividade em um programa de gerenciamento de projetos com a data de início e duração previstas de cada atividade. À medida que as atividades são inseridas, o programa elabora o cronograma do projeto no formato de gráfico de barras (ou gráfico de Gantt), no qual as atividades são exibidas como barras ao longo de uma escala de tempo. Infelizmente, esse **método falho** é amplamente empregado por gerentes de projeto experientes, e também pelos novatos.

O que há de errado com esse método direto e objetivo e aparentemente eficaz? Vejamos isso na prática, no estudo de caso da OmniEnergy Enterprises, apresentado a seguir.

Evidentemente, Charlene sempre tem uma pilha de trabalhos a fazer — e sempre terá — toda vez que o cronograma sofre alguma mudança.

Para inserir a data de início e a duração de cada atividade do projeto, Charlene precisa refletir sobre as necessidades de sequenciamento entre uma atividade e outra. Entretanto, ela não representa

Estudo de caso: OminiEnergy Enterprises*

A OmniEnergy Enterprises (OEE) assinou um contrato para comprar a Spirit Mountain Power Company e a data de fechamento dessa transação foi estabelecida. Charlene Jackson, advogada sênior da OEE, gerenciará o projeto de compra dessa empresa. Ela está em uma reunião com Tony Castilla, vice-presidente executivo da OEE (que é cliente e patrocinador do projeto), sobre o andamento desse projeto.

"Charlene, estou de fato muito contente em ver que você está gerenciando essa aquisição como um projeto. Este cronograma em gráfico de barras que você criou está claro e mostra exatamente o rumo que estamos seguindo", disse Tony.

"Obrigada. Eu elaborei esse gráfico de barras com o programa Project Pilot. Na verdade, ele é chamado de gráfico de Gantt. É muito fácil criá-lo. Basta inserir a data de início e a duração de cada atividade para que o programa crie esse gráfico de barras. Além disso, há várias opções de formatação", acrescentou Charlene.

"E em que pé as coisas estão no presente momento?"

"Para ser franca, não tenho muita certeza", respondeu Charlene, encolhendo levemente os ombros. "Preciso acrescentar uma nova atividade ao cronograma. Como o senhor sabe, o conselho decidiu que devemos realizar uma investigação prévia especial sobre a participação acionária da usina de energia nuclear da Spirit Mountain na França. É uma exigência apropriada, e deveríamos ter pensado nisso mais cedo. Além do mais, várias atividades foram concluídas após a data prevista."

Tony arregalou os olhos. "Nossa! Essas mudanças vão atrasar a data de fechamento?"

* Este caso é fictício. Qualquer semelhança com empresas, indivíduos ou projetos reais é mera coincidência.

"Não sei ainda. Sei que elas vão atrasar algumas das atividades remanescentes, mas não necessariamente todas elas. Preciso refletir novamente a respeito do projeto, ajustar as datas de início das atividades e verificar até que ponto essa nova atividade e as atividades atrasadas influirão na data de fechamento", disse ela, movendo a cabeça. "Levará algum tempo para eu verificar isso."

"O programa Project Pilot não consegue realizar esses ajustes automaticamente?", perguntou Tony.

"Acho que sim, mas para ser honesta não sei como fazer isso. Estou começando a crer que não estou usando todos os recursos que essa ferramenta oferece. Por mais bacana que este gráfico de Gantt pareça, manter o cronograma atualizado à medida que as mudanças ocorrem será um tanto quanto complicado."

Perguntas
1. Se Charlene está usando um programa de gerenciamento de projetos razoavelmente bom, por que esse programa não consegue determinar automaticamente o impacto da inserção de uma nova atividade e/ou de atividades atrasadas sobre o cronograma e a data de conclusão do projeto?
2. Levando em conta a técnica que Charlene está utilizando, você acha que ela conseguirá manter o cronograma do projeto atualizado ao longo de um projeto razoavelmente grande e dinâmico?
3. Quais serão as prováveis consequências se Charlene não conseguir manter o cronograma atualizado?

explicitamente essas necessidades de sequenciamento no banco de dados do projeto. Portanto, sempre que ocorre uma mudança no cronograma (por exemplo, a inserção ou exclusão de uma atividade ou a alteração de uma atividade que foi concluída mais cedo ou mais tarde em relação à data de conclusão programada), ela precisa analisar novamente as relações sequenciais entre as atividades e ajustar manualmente o cronograma para determinar que impacto essa mudança terá sobre o todo.

Como essas mudanças ocorrem com muita frequência e esse método de alteração do cronograma é um tanto quanto trabalhoso e ineficiente, os gerentes de projeto normalmente não fazem as alterações necessárias. Consequentemente, em pouco tempo o cronograma perde credibilidade e função. O gráfico de Gantt passa a ser não mais que um quadro decorativo afixado à parede. Ele parece bonito, mas ninguém o nota. Desse ponto em diante, o gerente e a equipe do projeto não conseguem gerenciar a dimensão tempo do projeto. Além disso, lembre-se de que o gerenciamento da dimensão tempo é fundamental para o sucesso global do projeto. Se você deseja algo para decorar a parede do escritório, sugiro que você obtenha algum pôster turístico ou cinematográfico. Eles custam bem menos que o tempo necessário para desenvolver um cronograma de projeto cuja atualização exija um tremendo trabalho.

Outro problema menos óbvio nesse método é que não é possível identificar automaticamente o caminho crítico do projeto, um conceito extremamente importante, explicado no Capítulo 9.

Elaboração do diagrama de rede do projeto

Uma abordagem bem mais eficaz (e **mais fácil**) é representar explicitamente as relações sequenciais entre as atividades em um **diagrama de rede de projeto**, também conhecido como diagrama de nós. Assim que você traçar esse diagrama e desenvolvê-lo no programa de gerenciamento de projetos, o próprio *software* atualizará automaticamente o cronograma quando houver alguma mudança.

As atividades que identificamos na estrutura de decomposição de trabalho são os elementos básicos do diagrama de rede. Utilizamos retângulinhos (chamados de **"nós"**) para representar as atividades. Todos os quadros são do mesmo tamanho; em outras palavras, eles não são ampliados ou diminuídos de acordo com a duração das atividades. À medida que analisamos as relações sequenciais (ou de "precedência") entre as atividades, acrescentamos setas entre os retângulos para retratar essas relações. A Figura 7.1 mostra um tipo de relação de precedência. O "I" e o "F" acima de cada nó de atividade significa que consideramos o lado esquerdo de cada nó o início da atividade e o lado direito o fim da atividade. Essa ideia já está implícita e consagrada. Portanto, não precisamos acrescentar o "I" nem o "F" no diagrama de rede real do projeto. A relação de precedência significa exatamente o que parece significar, isto é, que a atividade B **não pode começar** enquanto a atividade A não estiver concluída.

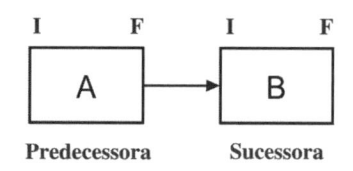

FIGURA 7.1 Relação de precedência de fim e início (FI)

Não há nenhuma duração associada à relação de **precedência**. Portanto, a atividade B poder começar imediatamente depois que a atividade A for concluída. A atividade A seria então chamada de **"predecessora"** e a B de **"sucessora"**.

Esse tipo de relação de precedência, que é o mais simples e comum, é chamado de relação de "fim-início ou "FI". Existem outros tipos mais complexos de relação de precedência, como "início-início" e "fim-fim". Todos os *softwares* de gerenciamento de projetos populares já trabalham com essas relações. Se tiver interesse, no Apêndice B explico essas relações mais complexas, mas recomendo veementemente que você utilize sempre que possível apenas as relações de fim-início, mesmo que isso exija um nível maior de detalhamento na decomposição das atividades.

A Figura 7.2 mostra um diagrama de rede completo que utiliza somente as relações de precedência de fim-início para um projeto bem pequeno. A lógica desse diagrama é que, antes do início de qualquer atividade, todas as atividades predecessoras devem estar concluídas. Por exemplo, a atividade E não pode ser iniciada enquanto a B e a D não estiverem concluídas. Observe duas características no traçado do diagrama da Figura 7.2:

1. Todas as setas conectam uma atividade predecessora a uma sucessora. Não existem setas subdivididas nem unidas. Por exemplo, as

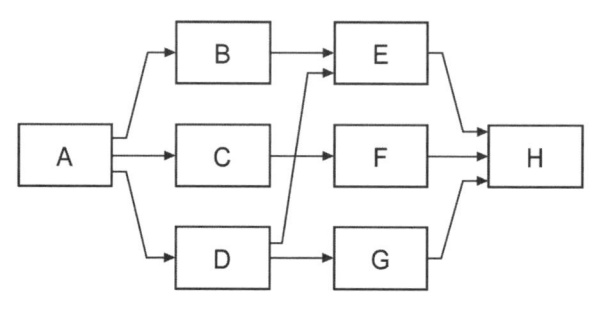

FIGURA 7.2 Exemplo de diagrama de rede

setas da atividade A para as atividades B, C e D são três setas distintas, e não uma seta que se inicia em A e então se divide em três. De modo semelhante, as três setas das atividades E, F e G não se fundem para formar uma seta para a atividade H. Se você utilizar setas subdivididas ou de união, o significado das setas de interseção (como a interseção entre a seta de C para F e da seta de D para E) torna-se ambíguo, isto é, não se sabe se as setas estão fazendo uma interseção lógica ou se estão simplesmente se cruzando. A atividade E é precedida por B, C e D ou é precedida apenas por B e D. Se você sempre seguir a regra de que toda seta conecta apenas uma predecessora a apenas uma sucessora, eliminará essa ambiguidade. Obviamente, E é precedida apenas por B e D. Além disso, F é precedida somente por C (e não por C e D). As duas setas apenas se cruzam. Não é uma interseção lógica.
2. Todas as setas são evidentemente traçadas do lado direito (fim) do nó predecessor para o lado esquerdo (início) do nó sucessor. São sem dúvida relações de precedência de fim-início. Se você traçar as setas de qualquer outra forma (por exemplo, do ou para a parte superior de um nó ou do ou para a parte inferior de um nó), as setas poderão retratar um dos outros tipos mais complexos de relação de precedência (como a de início-início). De outra forma, o significado talvez se torne totalmente obscuro.

Embora no diagrama de rede de projeto o tempo flua da esquerda para a direita, não cometa o erro de imaginar o diagrama de rede com uma representação em escala de tempo do projeto. Por exemplo, só porque dois ou mais nós de atividade por acaso alinham-se verticalmente no diagrama (como E, F e G, na Figura 7.2), isso não significa que as atividades são iniciadas e concluídas ao mesmo tempo. O diagrama representa apenas o sequenciamento lógico entre as atividades.

As Figuras 7.3a e 7.3b mostra outra característica importante dos diagramas de rede. Quando um projeto tem duas ou mais atividades que podem ser começadas imediatamente no início do projeto (atividades A e B na Figura 7.3a), é aconselhável criar um nó de atividade de "início" (duração zero) e associá-lo com relações de precedência às primeiras atividades reais do projeto, como mostra a Figura 7.3b. De modo semelhante, se seu diagrama de rede terminar com várias atividades que não têm nenhuma

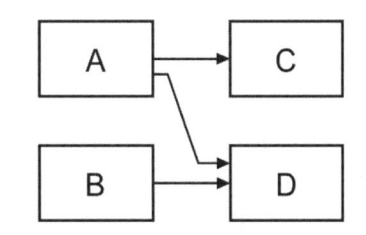

FIGURA 7.3a Rede sem os nós de início e fim

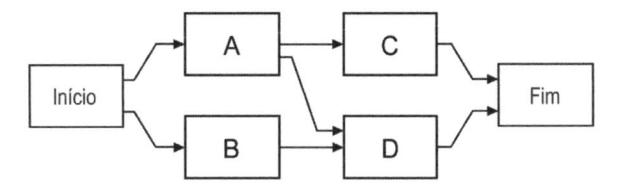

FIGURA 7.3b Rede com os nós de início e fim anexados

sucessora, é aconselhável simular um nó de **"fim fantasma"** e conectar todas as atividades finais reais a esse nó com relações de precedência. Em outras palavras, seu diagrama de rede deve ter um único nó sem nenhuma atividade predecessora e um único nó sem nenhuma atividade sucessora. A maioria dos *softwares* de gerenciamento de projetos chama a atividade com duração zero de **"marco"** e exibe esse marco como um losango (e não como uma barra) no cronograma representado pelo gráfico de Gantt.

O processo de elaboração do diagrama de rede requer uma simulação mental do projeto, e isso sempre é mais eficaz quando realizado em conjunto por uma equipe interfuncional. Essa análise parte do início do projeto e prossegue até o fim e funciona como descrevo logo a seguir. A equipe identifica quais atividades podem ser iniciadas logo no princípio do projeto; isto é, quais atividades não têm nenhuma predecessora. Essas atividades são posicionadas na extremidade esquerda do diagrama. (Utilizo uma nota adesiva para representar cada atividade e facilitar sua mudança em uma grande folha de papel ou em um quadro branco à medida que construímos o diagrama.) Assim que um nó de atividade é inserido no diagrama de rede, a equipe passa a considerar que aquela atividade já foi concluída, isso porque ela está fazendo uma simulação mental. Depois que todas as atividades que já estão no diagrama forem concluídas, a equipe deve verificar se existe ainda alguma atividade que possa ser iniciada. Assim que a equipe acrescentar uma atividade ao diagrama, tentará identificar quais das atividades que já estão no diagrama devem ser concluídas para que essa nova atividade possa ser iniciada, traçando então uma seta de precedência de cada predecessora em direção à nova atividade. Esse processo imaginário é repetido até o momento em que todas as atividades que aparecem na estrutura de decomposição de trabalho forem inseridas no diagrama de rede. Esse processo exige que a equipe visualize de que forma o projeto se desdobrará e com frequência a leva a identificar atividades que foram omitidas na elaboração da estrutura de decomposição.

A equipe de projeto deve estar ciente de que existem três motivos diferentes que justificam as relações de precedência entre as atividades de um projeto.

- **Motivo técnico.** É fisicamente impossível executar atividades na sequência oposta ou simultaneamente. Por exemplo, é impossível testar um código de computador antes de desenvolvê-lo. Esse tipo de motivo justifica a maior parte das relações de precedência na maioria dos projetos.
- **Motivo de critério/preferência.** Embora as atividades possam ser executadas na sequência oposta ou simultaneamente, a equipe é solicitada por critério ou opta por executá-las em determinada sequência por algum motivo justificável. Esse motivo subjacente com frequência está relacionado à **qualidade, eficácia, velocidade, segurança** ou **proteção**. Por exemplo, se você tivesse de pintar o teto e instalar o carpete em uma sala, seria fisicamente possível executar as duas atividades em ambas as ordens. Contudo, você poderia optar por pintar primeiro o teto. Nesse caso, a gravidade seria o motivo justificável.
- **Motivo de restrição de recursos.** Embora as duas atividades possam ser executadas simultaneamente, tendo em vista as considerações de critério/preferência, as duas atividades exigem exatamente os mesmos recursos (por exemplo, uma determinada pessoa ou um determinado equipamento), e esse recurso pode ser alocado a uma única atividade por vez.

O diagrama de rede do projeto de implantação da fábrica Melbourne é apresentado na Figura 7.4, na página seguinte. Todas as atividades identificadas na estrutura de decomposição de trabalho (Tabela 6.2) aparecem no diagrama. Observe que o diagrama tem um nó de **"início"** logo no princípio, porque tanto a atividade "Analisar os requisitos de produção" quanto a atividade "Selecionar/aprovar o gerente de fábrica" podem começar logo no início do projeto. Não há necessidade de um nó de **"fim"** fictício, porque "Treinar a equipe operacional" é a única atividade que não tem nenhuma sucessora.

Se você ler a descrição narrativa do projeto na Figura 7.5, na página 91, verá que o diagrama de rede representa os requisitos de sequenciamento descritos na narrativa. É claro que normalmente não se desenvolve uma narrativa de projeto por escrito — nem seria necessário desenvolvê-la — para um projeto real, visto que essas informações repousam nas experiências dos membros da equipe. Entretanto, a narrativa mostra o processo de raciocínio ao longo do projeto para desenvolver a lógica sequencial identificada no diagrama de rede.

À medida que eu descrever os passos remanescentes do PSM, você perceberá o quanto o diagrama de rede é **importante**. Ele facilita tanto o processo de planejamento quanto de supervisão. A elaboração do diagrama de rede é definitivamente o **jeito mais fácil**.

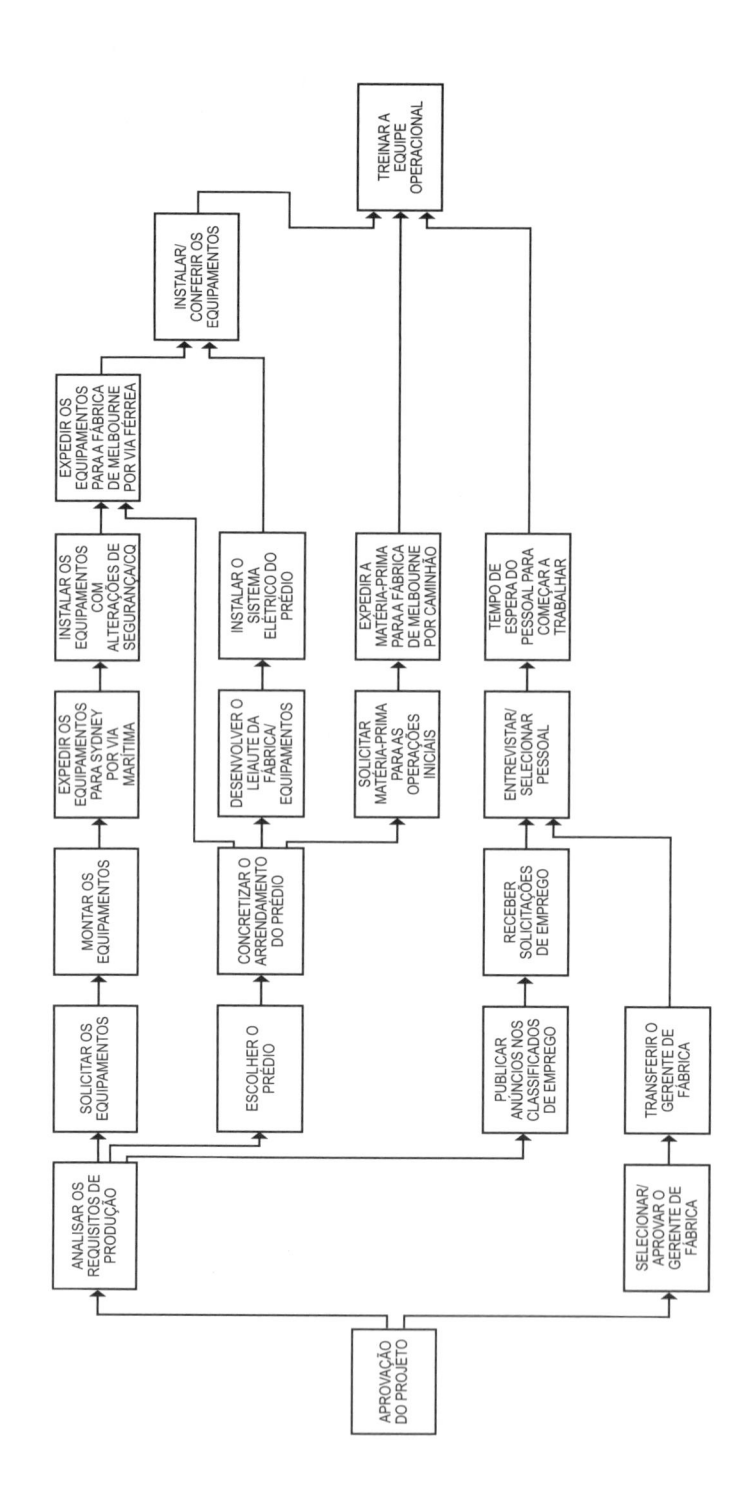

FIGURA 7.4 Diagrama de rede para o projeto de implantação da fábrica de Melbourne

Projeto de implantação da fábrica de Melbourne
Narrativa do Projeto

A equipe de engenharia industrial preparará imediatamente uma "análise dos requisitos de produção", que identifica os equipamentos e também a área de ocupação e o pessoal necessários. Nesse meio-tempo, o vice-presidente de operações internacionais iniciará imediatamente o processo de seleção e aprovação de um dos gerentes de fábrica mais experientes da CMC para gerenciar a nova fábrica.

Assim que a análise dos requisitos de produção for concluída, será emitida uma ordem de compra dos equipamentos necessários. Tão logo o fornecedor receba a ordem de compra da CMC, será iniciada a atividade de montagem dos equipamentos. Em seguida, o fornecedor expedirá os equipamentos por via marítima para as instalações do escritório regional da CMC em Sydney. Enquanto os equipamentos permanecerem em Sydney, o departamento de Manutenção Corporativo instalará as alterações de segurança e de controle de qualidade padrão da CMC.

O processo de escolha e arrendamento do prédio da nova fábrica pode ser iniciado imediatamente após a conclusão da análise de requisitos de produção. A equipe jurídica internacional terá a responsabilidade de garantir uma operação de arrendamento aceitável do prédio assim que ele for finalmente escolhido. Imediatamente após a operação de arrendamento, um engenheiro industrial desenvolverá um leiaute de fábrica/equipamentos. Em seguida, um prestador de serviços autorizado instalará o sistema elétrico do prédio para que os equipamentos de produção sejam instalados.

Assim que o arrendamento do prédio for concluído e as alterações de segurança e de controle de qualidade dos equipamentos forem concluídas, os equipamentos alterados serão expedidos por trem de Sydney para a fábrica de Melbourne. Entretanto, a instalação e a conferência final dos equipamentos não podem ser iniciadas enquanto o sistema elétrico do prédio não estiver instalado.

As ordens de compra de matéria-prima para as operações iniciais serão emitidas depois da operação de arrendamento. As matérias-primas serão expedidas diretamente por caminhão de vários fornecedores australianos para a nova fábrica.

Com base na análise de requisitos de produção, o departamento de Recursos Humanos veiculará anúncios nos classificados de emprego dos jornais de Melbourne para recrutar a equipe operacional. Os anúncios especificarão a data-limite para o recebimento de solicitações de emprego.

FIGURA 7.5 Descrição narrativa do projeto de implantação da fábrica de Melbourne

Assim que escolhido, o gerente da nova fábrica será transferido para Melbourne. Ao chegar a Melbourne, ele entrevistará e selecionará a equipe operacional. Todos os membros selecionados para a mesma terão de se apresentar para trabalhar três semanas após a conclusão do período de seleção.

Tão logo: a) a equipe operacional se apresentar para trabalhar; b) os equipamentos estiverem instalados e conferidos e c) as matérias-primas forem recebidas, o treinador corporativo treinará a equipe operacional. Ao término desse treinamento, o projeto estará concluído e o gerente de fábrica poderá então iniciar as operações de produção.

FIGURA 7.5 (Continuação)

Pontos-chave

- Nos projetos estratégicos, tentar manter o cronograma atualizado é praticamente impossível, a menos que o cronograma baseie-se em um diagrama de rede de projeto.
- É aconselhável que a equipe do projeto trabalhe em conjunto e interfuncionalmente na elaboração do diagrama de rede.
- A elaboração do diagrama de rede exige que a equipe pense no projeto do começo ao fim e acrescente os nós de atividade e as setas de precedência à medida que fizer essa simulação mental.
- Existem três motivos que justificam as relações de precedência entre as atividades.
- Para que a lógica do diagrama de rede não contenha nenhuma ambiguidade, siga as regras de formatação explicadas neste capítulo.

8

Tentando ser normal

O passo seguinte do processo de planejamento é prever a **duração das atividades**. Esse é o primeiro momento em que começamos a quantificar o plano, e isso pode deixar a equipe um pouco exaltada. Falarei mais a esse respeito ainda neste capítulo.

Na maioria dos projetos estratégicos, estima-se a duração das atividades em dias úteis. Entretanto, se você estiver planejando um projeto em que a maior parte das atividades será executada em menos de um dia (como em um projeto de manutenção industrial no qual se trabalha em um turno de 24 horas por dia), a previsão da duração seria calculada em horas de trabalho. Observe que a questão é saber quanto tempo levará no calendário ou no relógio para concluir uma determinada atividade, e **não** o número de horas de trabalho da equipe.

Algumas atividades prolongam-se para os fins de semana. Um exemplo é a secagem do concreto. Nesse caso, se um determinado dia é ou não um dia útil não é importante para a secagem do concreto. Com relação a esses tipos de atividade, basta informar ao *software* de gerenciamento de projetos que a estimativa deve ser feita com base em todos os dias do calendário, e não em dias úteis. Os programas de gerenciamento mais comuns permitem que você defina calendários especiais de dias úteis em contraste com fins de semana e feriados para atividades nas quais os cinco dias úteis normais da semana não se aplicam.

Método geral de programação de prazos

Vejamos agora um método empregado pela maioria das pessoas para elaborar o cronograma do projeto e, portanto, a duração das respectivas atividades. **É esse o método que você utiliza?**

Estudo de caso: Mediterranean Pasta Delights*

A Mediterranean Pasta Delights é uma cadeia de restaurantes *fast-food* franqueados e especializados em massa. A data da conferência anual destinada aos franqueados foi anunciada. Esse encontro de quatro dias reunirá 1,5 mil participantes e abrangerá sessões de treinamento, atualidades executivas e uma palestra motivacional, bem como atividades sociais e recreativas. Salvatore Francona, gerente de projeto responsável pelo evento, está conversando com Annette Domingo, diretora de relações com os franqueados.

"Sal, a conferência para os franqueados nos pegou de surpresa este ano. Acho que estávamos muito absorvidos no lançamento do nosso novo programa de *marketing*. Em que pé está sua equipe para os preparativos da conferência?", perguntou Annette.

"Está bem, eu acho", respondeu Sal, "mas com certeza gostaria que tivéssemos começado bem antes. Elaboramos um cronograma para o projeto que atende ao prazo final, mas acho que nenhum de nós está muito confiante."

"De que forma você elaborou o cronograma?"

"Do único jeito que sei elaborar um cronograma para um projeto que tem data predeterminada", explicou ele. "Partimos da data final e programamos as atividades retroativamente, especificando quando cada uma delas teria de ser concluída. Acho que de certa forma demos uma forçada no cronograma para encaixar as atividades. Espero que ele não seja apenas uma promessa inviável."

*Este caso é fictício. Qualquer semelhança com empresas, indivíduos ou projetos reais é mera coincidência.

> **Perguntas**
> 1. Por quais motivos específicos você acredita que Sal e os membros da equipe não estão confiantes no cronograma do projeto?
> 2. Que consequências provavelmente essa falta de confiança da equipe no cronograma terá sobre o desempenho do projeto?
> 3. Você conseguiria imaginar um método mais adequado para elaborar um cronograma para um projeto que tem uma data final predeterminada?

Costumo chamar o método de adequação forçada usado por Salvatore de **"programação retroativa a partir do prazo final"**. Inúmeras pessoas utilizam esse método, mas com pouco sucesso. Isso me parece lógico. É sempre possível elaborar um cronograma que atenda ao prazo final. Lamentavelmente, esse cronograma quase nunca funciona. Por esse motivo, o projeto atrasa. Felizmente, o PSM oferece uma solução melhor e mais fácil.

Primeiro, tentaremos compreender os quatro problemas encontrados quando utilizamos a **programação retroativa** ou de **adequação forçada**.

1º) O problema mais óbvio para os membros da equipe é que a esse método simplesmente aloca uma determinada quantidade de tempo para cada atividade sem especificar de que forma a atividade será executada nesse prazo. Na verdade, não há nenhuma evidência nem garantia de que será possível executar cada atividade no espaço de tempo especificado. Até certo ponto, o processo torna-se uma loteria e tem pouca relação com o trabalho real a ser executado.

2º) O segundo problema é uma consequência direta do primeiro. Como os integrantes da equipe têm sérias dúvidas quanto à viabilidade dos prazos estipulados para as atividades, eles ficam menos inclinados a se comprometer com o cronograma. Eles tendem a ver o cronograma como uma **promessa inviável** e o sentimento de responsabilidade mútua com relação à execução do trabalho dentro do prazo diminui em decorrência disso. Na realidade, eles assumem que de qualquer forma o projeto atrasará!

3º) É bem provável que algumas atividades tenham sido demasiadamente comprimidas e que outras precisem ser comprimidas ainda mais. Como veremos no Capítulo 10, as atividades adequadas à compressão tendem a ter características específicas, ao passo que outras nunca devem ser comprimidas. Contudo, na abordagem de programação retroativa, em geral a **compressão** é vista como uma boa opção para todas as atividades. Parece satisfatório tratar todas essas atividades de maneira idêntica.

4º) O último problema talvez seja o menos óbvio, mas o mais perigoso. A abordagem de programação retroativa especifica o prazo **máximo admissível** no qual cada atividade pode ser concluída, e não o prazo **mínimo possível** para concluí-la. Quando as atividades são programadas para serem concluídas no prazo máximo admissível, praticamente não existe nenhuma margem para deslizes em nenhuma delas. Em outras palavras, não há nenhuma "folga" no cronograma. Portanto, a probabilidade de concretizar verdadeiramente o projeto dentro do prazo é pequena, ainda que o cronograma cumpra o prazo, ao menos no papel.

Um método bem mais eficaz é o de **programação progressiva e compressão estratégica**. É essa a abordagem que utilizamos em todos os projetos que ajudamos nossos clientes a planejar. Veja como esse método funciona:

1º) Elabore o diagrama de rede do projeto, como explicado no Capítulo 7. Esse método de programação não poderá ser utilizado se o cronograma não se basear em um diagrama de rede.
2º) Estime a **"duração normal"** de cada atividade, isto é, a duração relacionada com a abordagem de custo mais baixo (e não com a abordagem mais rápida) para executar a atividade. Ainda neste capítulo, examinaremos detalhadamente o processo de raciocínio empregado para prever a duração normal das atividades. Nessa abordagem de programação, é indispensável que o membro da equipe responsável pelo gerenciamento de uma determinada atividade esteja convicto e comprometido com a previsão de duração normal daquela atividade.
3º) Se você utilizar as estimativas de duração normal associadas ao diagrama de rede do projeto, o *software* de gerenciamento realizará os cálculos de programação (tal como explicado no Capítulo 9) para determinar a duração e a data de conclusão iniciais do projeto. A data de conclusão inicial normalmente ultrapassará o prazo final — na maioria das vezes, ultrapassa essa data de maneira significativa. Esses cálculos também

identificam o caminho ou os caminhos críticos iniciais, que são os caminhos das atividades que determinam a duração do projeto.

4º) Comprima seletivamente uma atividade por vez, até que o projeto seja comprimido em relação ao prazo final ou talvez até a uma data anterior a esse prazo final. O **processo de compressão** é explicado no Capítulo 10. Nesse caso, é necessário avaliar as compensações entre os custos decorrentes da compressão das atividades e as economias associadas à redução do tempo do projeto.

Como você verá no Capítulo 10, essa abordagem de "programação progressiva e compressão estratégica" na elaboração do cronograma do projeto evita todos os quatro problemas apontados anteriormente com relação à abordagem **retroativa** ou de **adequação forçada**. Além disso, é possível elaborar um cronograma que cumpra ou mesmo se antecipe ao prazo final. Melhor ainda, com esse método é possível economizar uma bolada de dinheiro!

A "duração normal"

Voltemos novamente ao desafio de estimar a duração normal de cada atividade. Primeiro, precisamos compreender exatamente o significado de **duração**

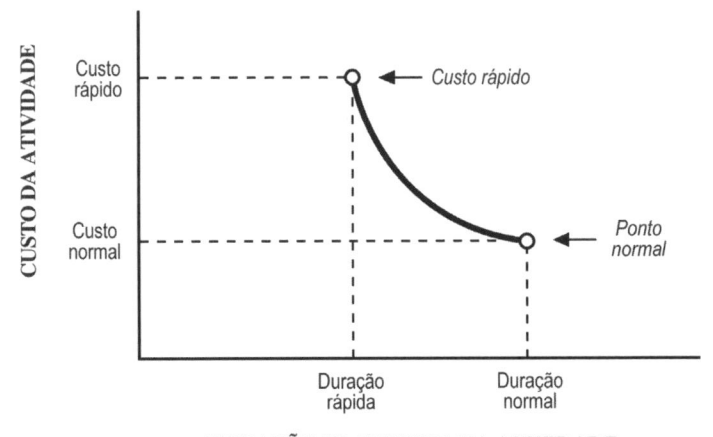

FIGURA 8.1 Relação geral entre a duração planejada de uma atividade e o respectivo custo

normal. A Figura 8.1 mostra a relação geral entre a duração planejada de uma atividade e o custo (mão de obra, matéria-prima etc.) de execução da atividade.Existe uma forma mais econômica de executar a atividade, que é chamada de **ponto normal** nessa relação. Estão relacionados com esse ponto a duração normal e o custo normal (mínimo possível). Na maioria das atividades, é possível diminuir a duração, se você estiver disposto a gastar mais dinheiro (com horas extras, trabalhadores ou equipamentos complementares, prestadores de serviço etc.) naquela atividade. Em geral, quanto mais comprimimos a duração, mais caro se torna sua compressão adicional, até o momento em que atingimos o ponto de duração mínima. Muitas pessoas chamam esse ponto de **ponto de ruptura**. Não obstante, trabalhamos com clientes tanto no setor aeroespacial quanto de *software*, que discordam veementemente do termo **ruptura**. Por isso, chamo o ponto de duração mínima de **ponto rápido**. Estão relacionados com esse ponto a duração rápida (mínima) e o custo rápido.

Quando estou ministrando cursos sobre o PSM, ocasionalmente um ou outro participante costuma dizer o seguinte: "Eu consigo entender o conceito de ponto normal, mas como na minha empresa sofremos muita pressão para concluir o projeto o mais rápido possível, simplesmente o tocamos adiante e prevemos a duração rápida de todas as atividades." Em outras palavras, eles minimizam a duração e não o custo de todas as atividades. Outros participantes com frequência acenam afirmativamente com a cabeça. Pode soar um tanto audacioso o que vou dizer, mas ninguém na realidade planeja um projeto especificando a menor duração possível para todas as atividades. Se alguém fizesse isso, seria inacreditavelmente uma **estupidez**! Por que alguém seria levado a comprimir a duração normal de uma atividade se ainda não tivesse concluído 1º) que é necessário comprimir a duração do projeto, 2º) que a compressão da atividade em questão na verdade diminuirá a duração do projeto e 3º) que o melhor a fazer é comprimir todas as atividades que estão determinando a duração do projeto? Enquanto você não comprovar que esses três fatores são de fato verdadeiros, talvez você comprima uma atividade que não deve ser comprimida. Além disso, se você agir assim, empurrará os custos do projeto para cima, aumentando o estresse da equipe e, possivelmente, colocando em risco a qualidade e/ou a segurança do projeto, sem ganhar nada em troca!

O processo de previsão

Quando você ou um dos membros de sua equipe estimam a duração normal de uma atividade, o processo de raciocínio de **sete passos** apresentado a seguir normalmente produz estimativas adequadas:

1º) Qual o **escopo da atividade** e quais são as expectativas de qualidade? Veja a seguir uma história curtinha que eu adoro e que ilustra perfeitamente essa questão.

> Bubba adorava pescar e adorava também todos os tipos de peixe. Porém, ele nunca havia pescado no gelo, porque ele vivia na Flórida. Por fim, em um determinado inverno, ele passou algum tempo de férias no norte do país e teve a primeira oportunidade de pescar no gelo. Quando de volta à Flórida, seus colegas de pescaria, que também nunca haviam pescado no gelo, ficaram interessados em ouvir tudo o que ele havia experimentado nessa tal pescaria.
> "Você gostou?", perguntaram eles.
> "Não", respondeu Bubba. "Para dizer a verdade, é o único tipo de pescaria que já fiz e que não gostei."
> "Por que não?", perguntaram os amigos de Bubba. "Estava muito frio?"
> "Na verdade nem me lembro do quanto estava frio", disse Bubba. "Deu um trabalho desgraçado. Levou quase meio dia para perfurar um buraco no gelo que fosse grande o suficiente para colocar o barco!"

Portanto, antes de tentar prever quanto tempo será necessário para fazer um buraco no gelo, você precisa saber de que tamanho esse buraco de fato deve ser.

2º) Que **abordagem tecnológica** será usada para executar essa atividade? Repetindo, na estimativa da duração normal, a abordagem tecnológica deve ser a forma mais econômica de realizar o trabalho. Bubba deveria ter usado um quebrador de gelo, um machado, uma serra fina de ponta, uma serra de cadeia, um escavador ou alguma outra tecnologia para fazer o buraco no gelo?

3º) Quais **recursos específicos** (pessoas, equipamentos, prestadores de serviço etc.) serão empregados para executar a atividade? A resposta a essa pergunta pode influenciar as respostas às duas perguntas seguintes.

4º) Qual será o **nível de esforço** (normalmente avaliado em horas de trabalho) dessa atividade?

5º) Considerando todos os compromissos preexistentes dos recursos necessários para o projeto e outros trabalhos que não fazem parte do projeto, qual é a **disponibilidade média** (em geral avaliada como porcentagem do tempo de trabalho ou em horas/dia de trabalho) dos recursos para trabalhar nessa atividade?
6º) Com base nas respostas às questões acima, quantos **dias de trabalho** serão necessários para executar essa atividade, supondo que não haja nenhum problema?
7º) A **duração** estimada deve ser **ajustada para cima** a fim de avaliar o impacto médio de problemas comuns e de fatores incontroláveis que podem interromper ou atrasar essa atividade (por exemplo, condições climáticas rigorosas, faltas ao trabalho, defeitos nos equipamentos, etc.)? Essa é uma técnica de gerenciamento de riscos. Queremos uma estimativa que reflita as condições do mundo real, e não uma estimativa que presume um mundo perfeito e sempre cooperativo.

Veja um exemplo. Suponha que você esteja fazendo uma estimativa da duração de uma atividade que será executada por **duas pessoas específicas**. Ambas trabalham oito horas por dia e cinco dias por semana. Com base no escopo da atividade, na abordagem tecnológica que está sendo empregada e no nível de habilidade das pessoas que realizarão o trabalho, você avalia que a atividade exigirá em torno de 40 horas de trabalho. Visto que os dois recursos estão também envolvidos em outras atividades e em outros projetos, e também com trabalhos à parte dos projetos (o qual algumas pessoas chamam de **trabalho diário**), você avalia que eles dedicarão apenas 25% do tempo para trabalhar nessa atividade. Isso significa duas horas de trabalho por dia de cada uma ou um total de quatro horas de trabalho por dia. Portanto, seriam necessários 10 dias de trabalho para executar esse trabalho de 40 horas. Contudo, suponha que, além disso, você acredite que alguns problemas comuns e fatores incontroláveis provavelmente provocarão um atraso de 20% em média nessa atividade. Diante disso, você ajusta a estimativa de duração de 10 para 12 dias de trabalho.

Perceba que não estou propondo que você deva realizar uma análise detalhada desse tipo para todas as atividades. Entretanto, estou propondo que os fatores mostrados nesse exemplo devem ser levados em conta nesse processo mental de previsão.

De longe, a melhor pessoa para estimar a duração normal de uma determinada atividade é o integrante da equipe responsável pelo gerenciamento daquela atividade. Às vezes, o gerente da atividade precisa consultar alguma outra fonte de informação para fazer essa estimativa. Por exemplo, se o gerente da atividade não for a pessoa que de fato executará a atividade, provavelmente precisará conversar com o recurso que a executará. Os recursos podem ser pessoal interno ou fornecedores externos, prestadores de serviços, autoridades de aprovação etc. O gerente da atividade talvez precise examinar o histórico de duração real de atividades semelhantes em projetos anteriores ou consultar um colega que já gerenciou esse tipo de atividade em projetos prévios.

Examinemos agora uma abordagem extremamente comum e em grande medida disfuncional de envolver os membros da equipe no processo de previsão de duração das atividades.

Estudo de caso: GMB Pharmaceuticals*

A GMB Pharmaceuticals está realizando um levantamento sobre o nível de satisfação dos funcionários no trabalho. Michael O'Brien, do departamento de Recursos Humanos, é o gerente desse projeto. Ele coletará e analisará dados de aproximadamente 3,5 mil funcionários. Michael está liderando a equipe no processo de planejamento do projeto e no momento está pedindo a cada um dos membros para fazer uma estimativa da duração normal de cada atividade cujo gerenciamento estará sob sua responsabilidade. Shannon Murphy, do departamento de Pesquisa, é estatística e um dos membros da equipe do projeto.

"Shannon, qual é sua estimativa da duração normal da atividade de análise dos dados de pesquisa?", perguntou Michael.

"Não tenho ideia, Mike. Isso depende de muitas coisas sobre as quais eu não tenho controle", disse Shannon.

* Este caso é fictício. Qualquer semelhança com empresas, indivíduos ou projetos reais é mera coincidência.

"Eu compreendo que há certo grau de incerteza sobre todas essas estimativas de duração, mas eu só preciso que você me dê uma estimativa mais provável.

Do contrário, não poderemos desenvolver o cronograma do projeto. Dê-me apenas uma estimativa com a qual você se sinta tranquila", afirmou ele. "Bem, então está bem", disse ela, parando um momento para pensar. "Acho que eu ficaria tranquila com uma duração de duas semanas ou de dez dias de trabalho."

"Duas semanas! O que é isso, Shannon? Por que tanto tempo?, perguntou Michael. "Você tem um computador, não tem? Quero dizer, você não vai fazer essa análise com um ábaco!"

"Isso não se resume a um processamento de números no computador, Mike, pelo menos se você de fato quiser extrair alguma informação útil desse levantamento. Além disso, estou pensando em todos os outros projetos com os quais estou envolvida neste exato momento, inclusive alguns projetos de P&D (pesquisa e desenvolvimento), que para dizer a verdade são mais prioritários do que esse levantamento. Simplesmente não tenho certeza de que possa me comprometer com um prazo inferior a dez dias nessa atividade", respondeu ela.

"Todos nós estamos ocupados, Shannon. Veja, acho que cinco dias de trabalho é mais do que suficiente para essa atividade. Que tal usarmos cinco dias de duração como estimativa?", perguntou Michael.

"Use o que você achar melhor", disse Shannon. "Essa é a sua programação; não a minha. E a propósito, Michael, na verdade por que você me pediu para dar uma estimativa para essa atividade?"

Perguntas
1. Quais os problemas que Michael provavelmente criou em decorrência da forma como abordou essa situação?
2. Quanto tempo você acha que a atividade de Shannon de fato tomará?
3. Se Michael pudesse ter essa conversa novamente, que mudanças você sugeriria em relação à postura que ele assumiu?

Michael começou bem, mas depois cometeu um erro clássico que poderia assombrá-lo em questões que estão além da atividade em pauta. Ele merece crédito por solicitar à gerente da atividade para fazer uma estimativa da duração da atividade, por reconhecer explicitamente a incerteza relacionada com o processo de previsão e por propor que a gerente da atividade lhe passasse uma estimativa com a qual ela se sentisse tranquila.

Entretanto, Michael pisou na bola ao contestar que a previsão de duração dada por Shannon era muito longa — uma insinuação de que ela não estava dando o melhor de si — e ao diminuir arbitrariamente sua estimativa. O erro de Michael foi ter enfatizado a previsão de duração, e não o **comprometimento** da gerente da atividade com essa estimativa.

Esse erro pode ter consequências prejudiciais e de amplo alcance sobre as iniciativas de Michael enquanto gerente do projeto. Primeiro, ele não obteve o comprometimento de Shannon com a previsão de duração da atividade em questão e também para com qualquer outra atividade cujo gerenciamento ela venha a ser responsável ao longo desse projeto. Ela pode até, consciente ou inconscientemente, retardar suas atividades no projeto como retaliação em virtude da forma como foi tratada e provar que sua previsão de fato estava correta — o famoso **"Eu não lhe disse?"**.

É também provável que sua atitude negativa em relação a Michael se arraste para outros projetos dos quais ela venha a participar e nos quais Michael seja o gerente. Shannon provavelmente imaginará que, se Michael não gostar de nenhuma outra estimativa que ela lhe passar, ele diminuirá sua previsão arbitrariamente. Portanto, no futuro, ela aumentará ainda mais suas previsões. Desse modo, quando Michael por acaso diminuir a duração de uma determinada atividade, ainda assim ela terá tempo razoável para executar o trabalho. Michael deu margem para o que chamamos de "jogo crescente de encheção de linguiça e de cortes nas estimativas", e o primeiro infortúnio disso é a perda de confiança mútua.

Talvez mais importante do que isso seja o fato de Shannon não ser a única pessoa afetada por essa conversa. Todos os membros da equipe que participaram da reunião ouviram o que Michael disse, e suas reações provavelmente podem ser semelhantes às de Shannon. Portanto, o erro de Michael tende a provocar um sério impacto negativo, não apenas em relação ao comprometimento de Shannon, mas ao comprometimento de todos os membros da equipe para com o plano e também para com o processo de gerenciamento do projeto. Michael simplesmente minou a responsabilidade mútua e o apoio que poderia receber de uma verdadeira equipe. É bem provável que as consequências desse erro de Michael o persigam em outros projetos. Seu erro poderia até contribuir para uma atitude negativa geral em relação à gerência de projetos na organização como um todo.

Quando pedimos para um membro da equipe dar uma previsão de duração de uma determinada atividade cujo gerenciamento está sob sua responsabilidade, queremos obter duas coisas: **a previsão de duração** e **o comprometimento do membro da equipe** para com todo e qualquer fator ao seu alcance, no sentido de executar aquela atividade no tempo previsto. Dentre esses dois fatores, o comprometimento é muito mais importante do que a previsão em si. Sem o comprometimento, a previsão de duração não tem nenhum valor real. É apenas um número que podemos inserir em nosso plano, mas não há nenhum motivo para acreditar nele. Contudo, se houver comprometimento, a grandeza dessa estimativa talvez não seja tão importante, e aqui explicamos por quê.

Quando inserimos a previsão no diagrama de rede do projeto e realizamos os cálculos de programação, pode ocorrer uma das seguintes consequências:

- A data de conclusão calculada para o projeto é **aceitável**.
- A data de conclusão calculada para o projeto é **inaceitável** por ser demorada, mas a atividade em questão não é o caminho crítico; isto é, a sequência das atividades que estão determinando a data de conclusão do projeto.
- A data de conclusão calculada para o projeto é inaceitável por ser demorada e a atividade em questão é o caminho crítico.

Somente no terceiro caso você teria motivo para ficar preocupado com a previsão de duração da atividade. Nesse caso, você conseguiria procurar novamente o gerente da atividade (conforme o processo de compressão do cronograma descrito no Capítulo 10) e lhe perguntar se seria possível comprimir a atividade. Se sim, como isso poderia ser feito, o quanto a duração poderia ser comprimida sem provocar nenhum problema e o quanto isso custaria? De acordo com minha experiência, muitos gerentes de atividade comprimirão voluntariamente a atividade pela qual são responsáveis, sem nenhum custo, dizendo algo do tipo: "Como estou vendo que essa atividade está no caminho crítico, vou fazer o possível para executá-la em apenas cinco dias." Em outros casos, o gerente de atividade pode sugerir um método de compressão da atividade que aumentará o respectivo custo (por exemplo, pagar hora extra) ou então ele afirmará que a atividade não pode ser comprimida. Independentemente do resultado dessa consulta ao gerente de atividade, você não perdeu o comprometimento e a confiança desse membro nem de outros membros da equipe. Repetindo, **sem o comprometimento da equipe, o cronograma do projeto é pura fantasia!**

Possíveis problemas na estimativa de duração das atividades

Ao longo dos anos, percebi vários problemas que às vezes surgem no processo de previsão da duração normal das atividades.

Primeiro, embora a maioria dos gerentes de projeto preocupe-se com a possibilidade de os membros da equipe **"inflarem"** as estimativas, minha experiência diz que os gerentes de atividade tendem a subestimar significativamente a duração das atividades. Eles são levados a subestimar a duração porque

- não percebem todo o escopo da atividade (primeiro passo do processo de estimativa de sete passos) e/ou
- não consideram que as pessoas que executarão a atividade não terão disponibilidade para trabalhar em tempo integral naquela atividade (quinto passo) e/ou
- não levam em conta que problemas comuns e fatores incontroláveis podem atrasar ou interromper a atividade (sétimo passo).

Portanto, dificilmente recomendaria a um gerente para contestar uma estimativa exageradamente longa. Na verdade, em geral contesto as estimativas demasiadamente curtas por um desses motivos apontados.

Outro problema está relacionado com uma possível confusão entre o nível de esforço exigido pela atividade e sua duração. Suponhamos que você peça uma estimativa para um gerente de atividade e ele lhe diga: "Essa atividade exigirá em torno de 40 horas." Você não deve presumir que a atividade será realizada em cinco dias úteis e oito horas por dia. O gerente da atividade provavelmente está se referindo a um trabalho que tomará 40 horas. E como vimos no exemplo anterior, neste capítulo, a atividade que requer 40 horas de trabalho pode muito bem exigir mais (ou menos) de cinco dias úteis para ser executada. Por isso, sempre pergunte: "De quantos dias de trabalho você precisará para concluir essa atividade?".

Um terceiro problema tem a ver com a possibilidade de confusão entre dias de trabalho (ou dias úteis) e dias do calendário. Suponhamos que você peça a um gerente de atividade para lhe dar uma estimativa de duração e ele lhe diga: "Preciso de 30 dias para executá-la." Sempre que a estimativa é de 30 dias, (ou mesmo um múltiplo de 30 dias), eu costumo perguntar: "Você quer dizer que precisa de 30 dias de trabalho ou de um mês?". Se você inserir 30 no *software* de gerenciamento de projetos como previsão de duração, o programa interpretará esse dado como 30 dias úteis ou seis semanas. Se, entretanto, o gerente da atividade estiver querendo dizer que ele precisa de mais ou menos um mês, você deve inserir como previsão de duração no programa 21 dias úteis.

O último problema tem a ver com o que mencionei logo no início deste capítulo. Alguns membros da equipe ficam ansiosos quando o gerente do projeto solicita uma estimativa de duração. Eles percebem que estão sendo solicitados a se comprometer com a estimativa que apresentam, mas eles não sabem a **resposta correta**; isto é, não têm uma estimativa precisa. Acredite-me, ninguém sabe indicar a estimativa de duração **correta** da grande maioria das atividades. O melhor que podemos fazer é dar um palpite razoável e sensato, para que possamos tocar adiante o processo de planejamento. Para tranquilizar os membros da equipe, eu incentivo os gerentes de projeto a lhes dizer explicitamente que a **incerteza** é um fator inevitável no processo de previsão e a estimular os gerentes de atividade a oferecer estimativas com as quais eles se sintam seguros. Caso haja estimativas muito longas, provavelmente elas serão compensadas por outras muito curtas. Além disso, lembre-se de que, de qualquer forma, algumas estimativas de duração posteriormente mudarão no processo de planejamento. Em geral digo algo do tipo: "Em vez de vocês se preocuparem com a **imprecisão** das estimativas, vocês devem se preocupar com as atividades que vocês ainda não identificaram."

Duração das atividades do projeto de implantação da fábrica de Melbourne

Na Tabela 8.1 mostra-se as estimativas de duração normal do projeto de Implantação da Fábrica de Melbourne. Para recapitular algumas questões apresentadas antes neste capítulo, é necessário ressaltar alguns fatores a respeito das estimativas mostradas nessa figura.

Primeiro, observe quantas estimativas são múltiplos de cinco dias úteis. Isso é extremamente comum. Os gerentes de atividade com frequência

Projeto de implantação da fábrica de Melbourne
Estimativas de duração normal

Atividade	Dias úteis
Analisar os requisitos de produção	3
Solicitar os equipamentos	3
Montar os equipamentos	20
Expedir os equipamentos para Sydney por via marítima	40
Instalar os equipamentos de segurança/alterações no controle de qualidade	10
Expedir os equipamentos para a fábrica de Melbourne por via férrea	5
Instalar/conferir os equipamentos	5
Escolher o prédio	30
Concretizar o arrendamento do prédio	10
Desenvolver o leiaute da fábrica/equipamentos	5
Instalar o sistema elétrico do prédio	10
Solicitar matéria-prima para as operações iniciais	3
Expedir a matéria-prima para a fábrica de Melbourne por caminhão	10
Selecionar/aprovar o gerente de fábrica	5
Transferir o gerente de fábrica	30
Publicar anúncios nos classificados de emprego	10
Receber solicitações de emprego	10

Entrevistar/selecionar pessoal	10
Tempo de espera do pessoal para começar a trabalhar	15
Treinar a equipe operacional	10

TABELA 8.1 Estimativas de duração normal do projeto de implantação da fábrica de Melbourne

fazem as estimativas em semanas e depois as convertem em dias úteis. Não há nenhum problema com essa abordagem. Além disso, observe que 16 das 20 estimativas estão de acordo com o **ponto ideal** (de 3 a 15 dias úteis) que mencionei no Capítulo 6.

Segundo, o escopo de cada atividade é considerado na estimativa de sua duração normal. Lembro-me de quando estávamos planejando o projeto real no qual esse estudo de caso se baseia. Pedimos ao executivo responsável pela atividade de seleção e aprovação do gerente de fábrica para nos dar uma estimativa para essa atividade e ele respondeu: "Ah, eu posso fazer isso em 5 minutos." Ele estava pensando no tempo que seria necessário para ele decidir qual dos gerentes de fábrica veteranos ele gostaria de transferir para Melbourne. Na verdade, acho que ele já havia tomado essa decisão. Entretanto, o escopo da atividade abrange negociações com a pessoa selecionada para confirmar a seleção. E se as negociações não derem em nada, será necessário procurar a segunda opção e assim por diante. Depois de discutir o escopo da atividade, o respectivo gerente mudou sua estimativa para cinco dias úteis.

Terceiro, as estimativas levam em conta que os recursos humanos que executarão cada atividade talvez tenham outro projeto ou outras atribuições não relacionadas com projetos que restringirão sua disponibilidade de trabalhar naquela atividade. Portanto, por exemplo, a estimativa de três dias para a atividade de solicitação de equipamentos não significa que ela exigirá que a pessoa trabalhe três dias em tempo integral para solicitá-los. Na verdade, significa que estamos dando três dias para que essa atividade seja executada após a conclusão de sua predecessora (que é a análise dos requisitos de produção).

Em conclusão, algumas das atividades, particularmente a montagem dos equipamentos e a instalação do sistema elétrico do prédio, serão executadas por recursos externos (um fornecedor ou prestador de serviços) à CMC. O gerente de cada uma dessas atividades com certeza precisaria consultar o recurso externo para ter uma estimativa de duração de cada atividade. Além disso, observe que, do ponto de vista do recurso externo, a montagem dos equipamentos e a instalação do sistema elétrico do prédio na realidade são em si um projeto, embora nós as estejamos tratando como atividade dentro do projeto de implantação da fábrica.

Pontos-chave

- Nunca force a adequação de um cronograma usando a programação retroativa a partir do prazo final. Em vez disso, utilize a abordagem de programação progressiva e compressão estratégica para desenvolver um cronograma que cumpra ou se antecipe ao prazo final.
- Estime a duração normal de cada atividade; isto é, a duração segundo a qual a atividade seria executada da forma mais econômica possível.
- Estimule os membros da equipe a empregar o processo de raciocínio de sete passos apresentado neste capítulo para estimar a duração normal das atividades. As estimativas devem levar em consideração o escopo da atividade, a abordagem tecnológica para executar o trabalho, a disponibilidade de recursos e os problemas/fatores comuns que podem retardar ou interromper o trabalho.
- Procure obter comprometimento para com as estimativas de duração. O comprometimento é de longe mais importante do que a estimativa em si, particularmente nesse estágio do processo de planejamento. Nunca conteste que uma estimativa de duração está demasiadamente longa.
- Acalme os ânimos dos membros da equipe com relação à incerteza na previsão da duração das atividades incentivando-os a fazer estimativas com as quais eles se sintam tranquilos.
- Esteja atento à tendência dos gerentes de atividade de subestimar a duração normal das atividades.

9

Identificando o que é crítico

Assim que a equipe do projeto desenvolver o diagrama de rede e estimar a duração normal das atividades, ela estará pronta para realizar os cálculos do cronograma e determinar a duração inicial do projeto e o(s) caminho(s) crítico(s) inicial(is). Essa é a fase da metodologia em que o *software* finalmente começa a trabalhar. O programa fará esses cálculos rápida e corretamente sempre que necessário, tanto durante o planejamento quando nas etapas de supervisão do projeto.

Neste capítulo, explicarei apenas os cálculos de **passe progressivo** que determinam a data de início mais antecipada possível e a data de conclusão mais antecipada possível de cada atividade. Essas informações permitem que você determine a duração inicial do projeto e os caminhos críticos iniciais. Se estiver interessado em outros cálculos de programação, como o cálculo e a interpretação de valores de **folga**, ofereço uma explicação abrangente no Apêndice C.

A maneira mais fácil de compreender os cálculos no método de programação progressiva é examinar um exemplo. A Figura 9.1 mostra um exemplo no qual os cálculos de passe progressivo já foram realizados.

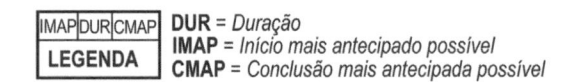

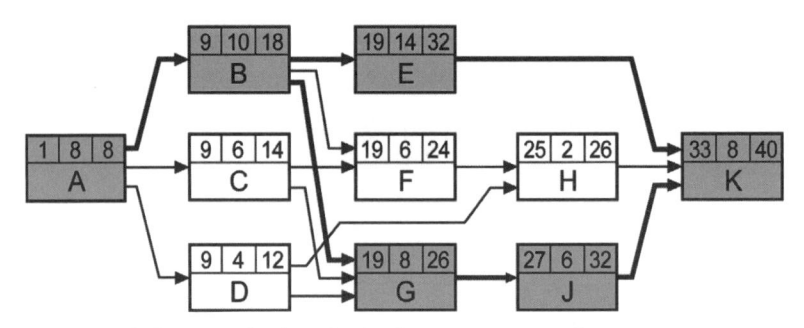

FIGURA 9.1 Exemplo de cálculo de programação de passe progressivo

Como indicado na legenda, a duração das atividades (DUR) é mostrada no quadrado central superior dentro dos nós de atividade.

Presumirei que as durações são expressas em dias úteis. O início mais antecipado possível (IMAP) é mostrado nos quadrados da extrema esquerda de cada nó e a conclusão mais antecipada possível (CMAP) é mostrada no quadrado da extrema direita.

Primeiro, especificamos a data de início do projeto ou a IMAP da atividade A. Para realizar esses cálculos, consideramos a data de início como o primeiro dia do projeto. Se a atividade A for iniciada no primeiro dia e tiver oito dias úteis de duração, ela deverá ser concluída no oitavo dia útil.

Como a atividade A é a única que precede a B, a atividade B pode começar no dia útil seguinte à conclusão de A. Portanto, a B pode ser iniciada no nono dia. Se B for iniciada no nono dia e durar dez dias, ela deverá ser concluída no 18º dia.

Em seguida, devemos trabalhar nas colunas de atividade, à medida que nos movermos pelo diagrama de nós. Em geral, não podemos realizar todos os cálculos de um caminho completo (por exemplo, A-B-E-K) até o final do projeto.

Então, passamos para a atividade C. Visto que A é a única atividade que precede a C, a atividade C também pode ser iniciada no nono dia útil. E como a duração de C são seis dias úteis, ela deve ser concluída no 14º dia.

De modo semelhante, calculamos os valores de IMAP e CMAP das atividades D e E, tal como mostrado na Figura 9.1.

Quando chegarmos à atividade F, encontraremos o primeiro caso em que há mais de uma atividade predecessora. A atividade F não pode ser iniciada enquanto a B e a C não estiverem concluídas. Embora a C deva ser concluída no 14º dia, a B não pode ser concluída antes do 18º dia. E como a B será concluída mais tarde do que a C, a atividade B determina a data de início mais antecipada possível de F, que é no 19º dia. Se F ser iniciada no 19º dia e durar seis dias, ela será concluída no 24º dia.

A atividade G tem três predecessoras. Novamente, considerando a CMAP das três predecessoras, a conclusão da atividade B é a mais tardia. Por esse motivo, ela determina o IMAP de G. E assim por diante.

Agora, basta dar sequência a essa lógica até o final do projeto. Determinamos que a CMAP da última atividade (K) será no 40º dia. Portanto, a duração inicial do projeto será de 40 dias úteis. Essa estimativa de duração não era óbvia quando começamos a fazer os cálculos, mas não foi fácil identificá-la? E o que foi que facilitou esses cálculos? O diagrama de rede foi o que tornou esse processo tão fácil!

Obviamente, seu *software* de gerenciamento de projetos converterá em datas do calendário os valores de IMAP e CMAP representados pelo número de dias úteis.

Agora, suponha que você identifique outra atividade que você deveria ter acrescentado ao plano do projeto. Está vendo como seria fácil inserir esse novo nó de atividade no diagrama de rede, associá-lo da forma apropriada aos outros nós de atividade com setas de precedência e fazer novos cálculos? É realmente fácil!

Antes de passar para a discussão dos caminhos críticos, observe que o diagrama de rede apresentado na Figura 9.1 contém apenas as relações de fim-início sem nenhuma indicação de defasagem. Se essa rede apresentasse tipos de precedência mais complexos (como explicado no Apêndice B), os procedimentos de cálculo teriam sido bem mais complexos.

Existe outro fator que também tornaria o procedimento de cálculo mais complexo. Se você inserisse no *software* de gerenciamento de projetos restrições de data de início ou conclusão das atividades dentro do diagrama de rede (por exemplo, se você informasse que a atividade F não pode ser iniciada antes do 28º dia, por algum motivo), os procedimentos de cálculo seriam mais complexos.

Os *softwares* de gerenciamento de projetos populares certamente podem processar cálculos mais complexos, mas é mais difícil interpretar os resultados desses cálculos.

Definição e identificação dos caminhos críticos

Agora temos todas as informações necessárias para determinar em que ponto estão os caminhos críticos. **Caminho crítico** é uma sequência de atividades do início ao fim do projeto com duração total mais longa do que qualquer caminho de atividades ao longo do projeto. Um projeto pode ter mais de um caminho crítico. Como os caminhos críticos têm a duração total mais longa, eles determinam a data de conclusão do projeto.

Infelizmente, acho que alguns programas de gerenciamento de projetos populares identificam incorretamente os caminhos críticos. No Apêndice C explico o erro que esses programas cometem. Esse erro não é fatal, porque ele não levará seu projeto a fracassar, mas às vezes confunde os usuários desses programas e os levam a duvidar do que eles de fato entendem por "caminho crítico".

Apresento aqui um método infalível para identificar os caminhos críticos. Comece pelo fim do projeto e concentre-se no início mais antecipado possível (IMAP) do nó da última atividade no diagrama de rede. Na Figura 9.1, o IMAP da atividade K é 33. Agora pergunte de onde provém o valor de CMAP. Qual ou quais predecessoras determinaram esse IMAP de 33? Em outras palavras, qual ou quais predecessoras têm uma CMAP de 32? Nesse caso as atividades E e J (mas não a H) tinham uma CMAP de 32. Portanto, temos pelo menos dois caminhos críticos — um que provém da atividade E e outro que provém da atividade J. Precisamos traçar retroativamente ambos os caminhos até o início do projeto. Ao fazê-lo, eles devem se dividir novamente.

Acompanhando o caminho até a atividade E, observamos que o IMAP de E (19) obviamente era determinado por B (sua única predecessora) e o IMAP de B (9) era determinado por A. Portanto, um caminho crítico contém as atividades *A-B-E-K*. Se esse caminho for um caminho crítico, a duração total do caminho deverá ser 40 dias úteis, e de fato é.

Acompanhando o caminho até a atividade J, observamos que o IMAP de J (27) era determinado por G. O IMAP de G (19) era determinado por B (e não por C nem D) e o IMAP de B (9) era determinado por A. Portanto, o segundo caminho crítico é *A-B-G-J-K* e a duração total do caminho é também de 40 dias úteis.

Desse modo, temos dois caminhos críticos. Do mesmo modo, os caminhos críticos não eram óbvios antes de executarmos os cálculos, mas foram fáceis de identificar em virtude do diagrama de rede.

Agora que conhecemos a definição de **caminho crítico** e de que forma podemos identificá-lo em um projeto, você poderia perguntar com razão: "E daí, por que preciso conhecer a posição dos caminhos críticos no meu projeto?". Por dois motivos fundamentais — um deles está relacionado com o processo de planejamento do projeto e o segundo com o processo de supervisão.

1º) O motivo relacionado com o processo de planejamento é que, para comprimir a duração de seu projeto, você deve comprimir todos os caminhos críticos.
2º) O motivo relacionado com a supervisão do projeto é que qualquer deslize no cronograma, ao longo de **qualquer** caminho crítico, atrasará a conclusão do projeto.

Desse modo, identificar os caminhos críticos de um projeto é essencial para tomar decisões de gerenciamento adequadas com respeito à dimensão tempo do desempenho do projeto. Além disso, lembre-se de que o gerenciamento da dimensão tempo do desempenho é o segredo para o sucesso global do projeto.

Não pense no caminho crítico como algo estático. Ele tende a mudar, tanto quando você planeja e comprime o projeto quanto quando o executa e supervisiona. Por exemplo, se você comprimisse a duração da atividade B de dez para cinco dias úteis, o caminho crítico mudaria. Em vez dos dois caminhos críticos que passam por B, haveria apenas o caminho crítico que passa por C (o caminho A-C-G-J-K). De modo semelhante, se a atividade C sofresse algum atraso e levasse 11 dias, o caminho crítico mudaria da mesma forma. Visto que esses tipos de mudança ocorrem com frequência ao longo de um projeto, sempre atualizamos os cálculos para determinar como o cronograma e particularmente a duração e os caminhos críticos mudaram. Graças à qualidade do programa de gerenciamento de projetos!

Como mencionei antes, com respeito aos cálculos, a identificação dos caminhos críticos também seria mais complexa se o diagrama de rede contivesse relações de precedência diferentes das relações de início-fim sem defasagem.

Cálculos de programação e caminho crítico no projeto de implantação da fábrica de Melbourne

A Figura 9.2 mostra os cálculos de programação de passe progressivo do projeto de implantação da fábrica de Melbourne com base na duração normal das atividades. A duração inicial de 96 dias úteis do projeto é significativamente mais longa que o limite de 70 dias úteis especificado no termo de abertura (Tabela 5.1). Esse resultado é comum nos projetos reais. Não raro vemos situações em que a duração inicial do projeto é mais de duas vezes superior à duração tolerada. Mas não se afobe. No capítulo seguinte, aprenderemos a comprimir o projeto para cumprir ou antecipar sua conclusão em relação ao prazo final especificado e conseguiremos fazer isso sem minar o comprometimento da equipe para com o cronograma.

Existe apenas um caminho crítico, e ele passa pelas atividades relacionadas com os equipamentos. Isso não deve ser nenhuma surpresa para você, visto que existem muitas atividades no caminho dos equipamentos e algumas delas são de longa duração.

Portanto, agora conhecemos o desafio que devemos enfrentar. Precisamos comprimir o caminho dos equipamentos em pelo menos 26 dias. Contudo, ao fazê-lo, outros caminhos podem tornar-se críticos. Nesse caso, será necessário comprimi-los também. O segredo é empregar um método que avalie as compensações entre tempo e dinheiro e que não mine o comprometimento da equipe para com o cronograma. Explicarei no Capítulo 10 de que forma podemos enfrentar esse desafio.

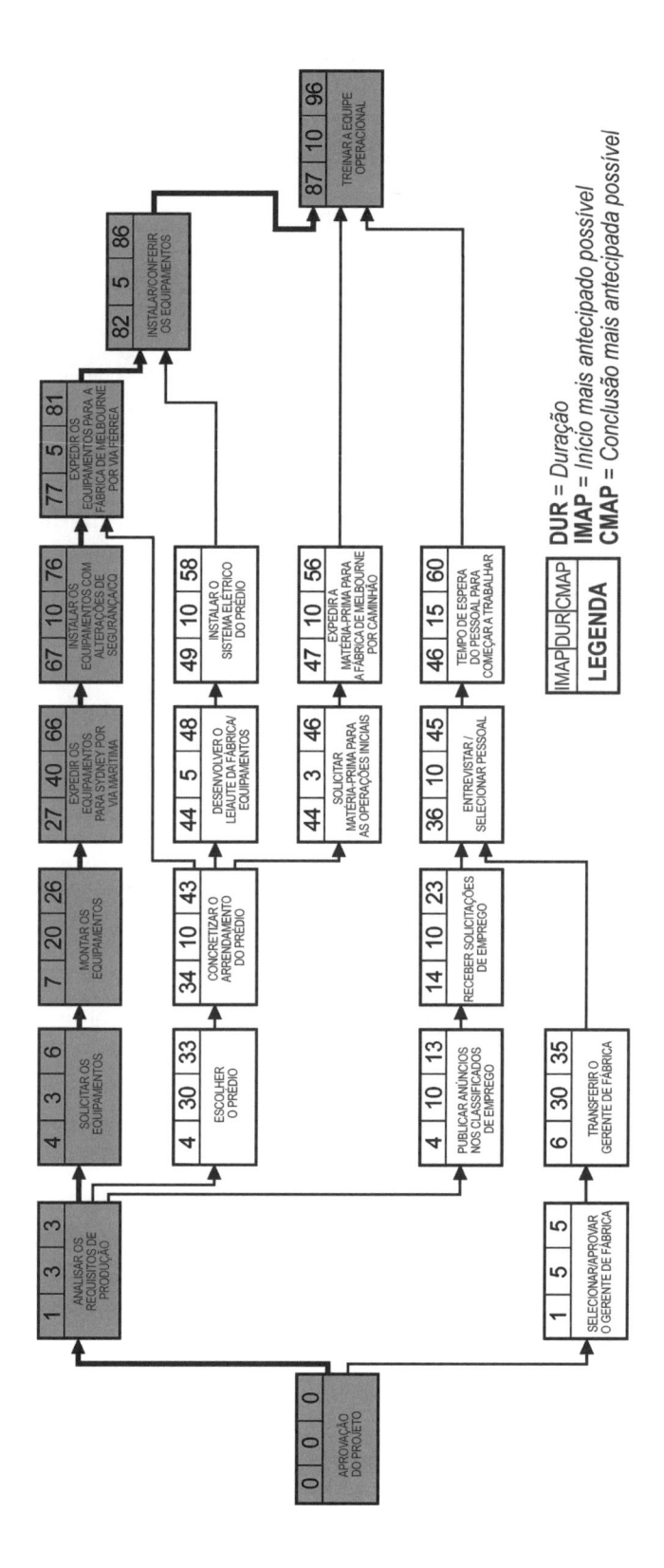

FIGURA 9.2 Cálculos iniciais para o projeto de implantação da fábrica de Melbourne

LEGENDA | IMAP | DUR | CMAP |
DUR = *Duração*
IMAP = *Início mais antecipado possível*
CMAP = *Conclusão mais antecipada possível*

Validação e revisão do cronograma

A essa altura do processo de planejamento, a equipe deve examinar aprofundadamente os resultados dos cálculos de programação com respeito a dois fatores:

1. **Validação do cronograma**, para determinar se os resultados parecem válidos.
2. **Revisão do cronograma**, para determinar se é possível fazer ajustes no cronograma que possam:
   a) comprimir sua duração sem aumentar os custos em decorrência da compressão das atividades e/ou
   b) torná-lo mais viável para a equipe e os recursos que executarão os trabalhos.

A revisão do cronograma tem prioridade. Para determinar se os resultados do cronograma parecem válidos, é recomendável formular duas outras perguntas:

1º) A duração inicial do projeto parece correta?
2º) Os caminhos críticos iniciais passam pelas atividades que suponho que estejam nos caminhos críticos?

Temos algumas intuições sobre nossos projetos. Portanto, quanto mais utilizarmos o PSM, mais válidas essas intuições se tornarão. Confie em sua intuição. Se os resultados do cronograma não lhe parecerem corretos, provavelmente há alguma coisa errada e você deve identificar esse erro e corrigi-lo antes de passar para a fase seguinte.

Suponha que você estivesse planejando a construção de uma casa de quatro quartos empregando atividades com duração normal e a essa altura do processo de planejamento os cálculos de programação lhe indicassem que o projeto duraria 20 dias úteis e que o caminho crítico não passa pelas atividades de escavação, fundação, estrutura, telhado e vedação. Entretanto, o caminho crítico passa pela atividade denominada "Instalar a caixa de correio". Mesmo que você não tivesse nenhuma experiência com construção, é provável que teria intuição suficiente para saber que esses resultados possivelmente estariam incorretos. Portanto, o que poderia estar errado? Veja algumas questões que devem ser verificadas:

- **Atividades omitidas.** As atividades que mais tendem a ser negligenciadas são aquelas que envolvem tempo de espera e não de execução dos trabalhos, do ponto de vista da equipe. Por exemplo, aguardar a secagem do concreto ou a entrega de material. Se você identificar uma atividade a princípio omitida, deverá acrescentá-la à estrutura de decomposição de trabalho, inseri-la no diagrama de rede e estimar sua duração normal.
- **Diagrama de rede incorreto.** Repita a simulação mental que você empreendeu na elaboração do diagrama de rede para ter certeza de que identificou corretamente as relações de precedência. Talvez o diagrama de rede mostre que você pode iniciar a instalação da plataforma do telhado antes de construir a estrutura da casa!
Erros de estimativa de duração, como:
    - Estimar a duração rápida e não a duração normal.
    - Não reconhecer o escopo total das atividades.
    - Supor que os recursos estarão disponíveis em tempo integral.
    - Confundir dias úteis com dias do calendário.
    - Não perceber o impacto esperado de problemas e fatores incontroláveis que podem retardar ou interromper as atividades.
- **Erros na inserção de dados** (relações de precedência e/ou duração).

Agora, examinemos a revisão do cronograma. Repetindo, um dos objetivos da revisão do cronograma é comprimir a duração do projeto sem despender dinheiro na compressão da duração normal das atividades. A maneira mais comum de fazer isso é encontrar soluções criativas para tornar a lógica de precedência ao longo de um ou mais caminhos críticos mais contundente. No projeto de implantação da fábrica de Melbourne, por exemplo, você deve se lembrar de que a análise dos requisitos de produção indica exatamente os equipamentos que devem ser comprados. Porém, talvez devêssemos saber que qualquer nova fábrica exige pelo menos uma unidade de cada um dos vários equipamentos convencionais. Portanto, prosseguimos e solicitamos esse conjunto convencional de equipamentos enquanto a análise de requisitos de produção é elaborada. Isso daria ao fornecedor dos equipamentos uma vantagem inicial na montagem dos equipamentos. Em seguida, conhecendo os resultados da análise dos requisitos de produção, solicitaríamos os equipamentos remanescentes. Isso poderia encurtar o caminho crítico em vários dias e não custaria um centavo! O Apêndice B mostra de que forma você pode dividir as atividades e alterar o diagrama de rede para conseguir uma lógica de precedência mais contundente.

Outro objetivo da revisão do cronograma é torná-lo mais viável. A melhor forma de identificar oportunidades para tornar o cronograma mais viável é distribuí-lo a todos os membros da equipe e pedir para que eles o revisem e indiquem abertamente os problemas que por acaso encontrarem com relação a executar o projeto dentro do cronograma. Vejamos dois exemplos extraídos de projetos reais:

1. Uma empresa com sede em Atlanta estava desenvolvendo um novo aplicativo de TI. Uma das atividades exigia que um membro da equipe viajasse à Califórnia para ministrar um curso de treinamento de dois dias nesse novo aplicativo ao pessoal do escritório de Los Angeles. O cronograma mostrava que o primeiro dia do programa de treinamento cairia na quarta-feira anterior ao Dia de Ação de Graças e o segundo na segunda-feira seguinte. Obviamente, foi o membro responsável por essa atividade que ressaltou esse problema e reconheceu a falta de lógica no cronograma dessa atividade. O cronograma foi então revisto para que o treinamento começasse na segunda-feira após esse feriadão de quatro dias.
2. Uma organização de serviços sem fins lucrativos estava planejando um evento importante de arrecadação de recursos a ser realizado no Dia dos Namorados. Os membros da equipe do projeto eram em sua maioria voluntários. O cronograma mostrava que várias atividades seriam executadas nas três últimas semanas de dezembro, época em que a maioria dos componentes da equipe não estaria disponível em virtude dos feriados e de outras atividades de fim de ano. O cronograma do projeto foi revisto para tratar as três últimas semanas de dezembro como dias de folga para aquele projeto específico.

Não me é possível oferecer uma lista exaustiva de problemas que podem surgir ou de soluções que podem ser encontradas com respeito à viabilidade do cronograma. A experiência é nossa melhor mestra. A principal lição e recomendação é pedir à equipe para rever o cronograma do projeto e identificar qualquer possível problema relacionado com as atividades pelas quais cada um dos membros é responsável.

Pontos-chave

- Os cálculos de programação de passe progressivo determinam o início mais antecipado possível e a conclusão mais antecipada possível para cada atividade, a duração do projeto e a localização dos caminhos críticos.
- O caminho crítico é o mais longo do projeto com relação à duração total. Portanto, ele determina a duração do projeto. Pode haver mais de um caminho crítico em um projeto.
- Uma técnica infalível para identificar os caminhos críticos de um projeto é traçar retroativamente a data inicial mais antecipada possível das atividades desde a conclusão ao início do projeto.
- É indispensável identificar os caminhos críticos do projeto para tomar decisões de gerenciamento adequadas.
- Os caminhos críticos provavelmente mudarão à medida que você planejar e supervisionar o projeto.
- Para validar o cronograma, você deve utilizar sua intuição para determinar se ele parece correto com respeito à duração do projeto e aos caminhos críticos. Se o cronograma não lhe parecer correto, será necessário identificar e corrigir o problema.
- Na revisão do cronograma, você deve usar a criatividade para encontrar soluções que o ajudem a diminuir a duração do projeto sem gastar dinheiro na compressão das atividades ou para tornar o cronograma mais viável à equipe e a outros recursos envolvidos no projeto.

10

Comprimindo em prol do lucro

Lembre-se de que eu chamo de método de elaboração do cronograma que recomendo e exemplifico neste livro como **programação progressiva e compressão estratégica**. Nos Capítulos 8 e 9, concluímos a programação progressiva por meio das estimativas de duração normal das atividades e dos cálculos de programação de passe progressivo. No projeto de implantação da fábrica de Melbourne, obtivemos uma data de conclusão (96º dia útil) que ultrapassa em muito o prazo final do projeto (70º dia útil), uma consequência comum. Agora, precisamos comprimir o projeto para cumprir ou concluir o projeto antes desse prazo final. Em minha opinião, esse é o passo **mais estratégico** no processo de planejamento de projetos. Se o objetivo é economizar dinheiro empregando o PSM, esse é o passo em que você economizará mais, e existe a possibilidade de economizar uma bolada de dinheiro.

O conceito de compensação: tempo *versus* custo

Antes de abordar o processo de compressão em si, preciso explicar o conceito fundamental de compensação subjacente à etapa de planejamento.

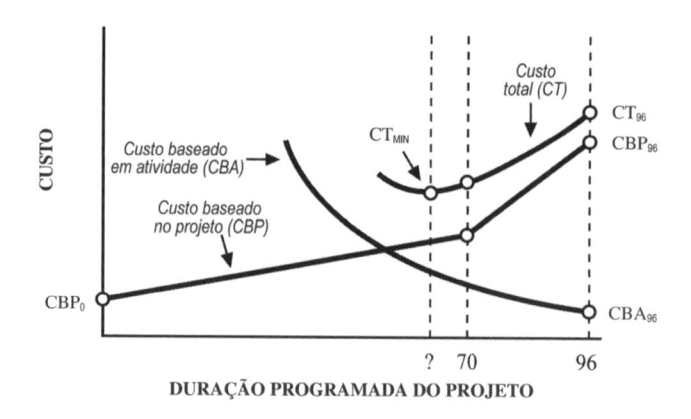

FIGURA 10.1 Compensação de tempo/custo no projeto de implantação da fábrica de Melbourne

No Capítulo 8 (particularmente na Figura 8.1), examinamos a relação entre a duração programada de uma atividade e o respectivo custo de execução. Vimos que o custo da atividade aumentou à medida que comprimimos a atividade a partir de seu ponto normal (mais econômico) para o ponto rápido (duração mais curta). Agora, gostaria de transpor esse conceito do ponto de vista das atividades para o ponto de vista do projeto, como mostra a Figura 10.1, especificamente para o projeto de implantação da fábrica de Melbourne. Para compreender essa relação, precisamos identificar os dois tipos de custo que se aplicam aos projetos.

Primeiro, temos o **custo baseado em atividade (CBA)**, que são os custos incorridos na execução das atividades — por exemplo, mão de obra, matéria-prima, equipamentos arrendados para finalidades especiais — por exemplo, uma bomba de concreto —, fornecedores ou honorários de prestadores de serviços etc. Esses são exatamente os mesmos custos citados na Figura 8.1 com relação a atividades individuais. O teste decisivo sobre se um determinado custo é um custo baseado em atividade é fazer a pergunta: "Se essa atividade for eliminada, o custo será eliminado?". Se a resposta a essa pergunta for **sim**, esse custo pode ser considerado um custo baseado em atividade.

Começamos nossa análise com a duração inicial do projeto (96 dias úteis). Portanto, o valor inicial dos custos baseados nas atividades é a soma dos custos normais de todas as atividades, que é o ponto denominado CBA_{96} na duração do projeto de 96 dias, na Figura 10.1. A boa notícia é que não precisamos saber que número é esse para realizar essa análise. Na verdade, nessa fase ainda não teríamos desenvolvido um orçamento pormenorizado. O principal fator que devemos compreender é que, como o CBA_{96} é a soma dos custos normais de todas as atividades, ele representa o custo mínimo possível para executar todas as atividades do projeto.

Agora, à medida que comprimirmos a duração original de 96 dias do projeto, o custo baseado nas atividades começará a aumentar, porque estamos incorrendo nos custos adicionais decorrentes da compressão das atividades. A princípio, o custo baseado nas atividades eleva-se de uma maneira razoavelmente lenta à proporção que escolhemos as soluções menos dispendiosas para comprimir o projeto. Contudo, quanto mais o comprimimos, mais rapidamente o custo baseado nas atividades eleva-se, porque 1º) estamos tendo de usar soluções mais dispendiosas para comprimi-lo e 2º) talvez estejamos criando outros caminhos críticos à medida que o comprimimos E nesse caso devemos comprimir todos os caminhos críticos a fim de comprimir a duração do projeto.

Outro tipo de custo incorrido em todos os projetos é o **custo baseado no projeto (CBP)**. Esse é o tipo de custo incorrido na execução do projeto que não está relacionado à execução de nenhuma atividade específica. Ele engloba **despesas indiretas** (gerenciamento do projeto, equipamentos arrendados para finalidades gerais — por exemplo, um guindaste —, juros de empréstimos contraídos para execução do projeto etc.) e **custo de oportunidade**. O custo de oportunidade é incorrido apenas porque o projeto ainda não foi concluído e os ganhos esperados são perdidos com o passar do tempo. Esse custo pode ser enorme. Um exemplo é a perda de lucros operacionais relacionados com 1º) um novo produto ou serviço que ainda não está pronto para ser lançado no mercado, 2º) uma instalação **nova** ou **reformada** que ainda não está pronta para ser aberta, 3º) as vendas incrementais que serão geradas por uma campanha de *marketing* que ainda não foi lançada ou 4º) um processo de produção interrompido para manutenção ou reparos. Outro exemplo é a perda de economias operacionais relacionadas com um novo processo de produção ou sistema de gerenciamento que ainda não está pronto para ser implantado. Estão também incluídos nessa categoria os encargos impostos pelo cliente em decorrência do atraso de um projeto e os incentivos para que se conclua um projeto antes do prazo final.

Às vezes, o custo baseado no projeto é calculado com base em fatores não monetários (ou, de outra forma, em fatores monetários e não monetários). Uma vez tivemos oportunidade de ministrar o curso de PSM a um grupo de pessoas que estavam trabalhando no desenvolvimento de um programa para orientar as mulheres sobre a importância e os métodos de prevenção do câncer de mama. O custo baseado em projeto mais importante nesse caso era avaliado com base no número de vidas! Supondo que o programa que eles estavam desenvolvendo produzisse bons resultados, cada dia a mais necessário para concluir o projeto poderia resultar em mortes (de pessoas reais!) desnecessárias provocadas pelo câncer de mama. Eles nos disseram que antes nunca haviam pensado a esse respeito exatamente dessa forma.

Voltemos à Figura 10.1. Observe que o custo baseado no projeto começa com um valor acima de zero (CBP0) mesmo quando a duração é zero. Em outras palavras, quase sempre haverá algum componente fixo de custo baseado no projeto — normalmente o custo de início e de encerramento das atividades — que não varia em relação à duração do projeto. Entretanto, o outro custo baseado no projeto cresce a uma proporção razoavelmente constante à medida que a duração do projeto amplia-se. Quando a duração do projeto cruza o prazo final (70 dias úteis), o custo baseado no projeto de repente começa a aumentar mais rapidamente, visto que os custos estratégicos pelo atraso na conclusão do projeto entram em ação. Portanto, no gráfico, o custo baseado no projeto na duração inicial de 96 dias úteis é o ponto CBP96. Tal como no CBA96, não precisamos conhecer o valor do CBP96 para realizar essa análise. Nossa única preocupação será com as proporções relativas da mudança nos custos baseados nas atividades e nos custos baseados no projeto.

Só mais um esclarecimento antes de prosseguirmos. Na Figura 10.1, as curvas dos custos baseados nas atividades e dos custos baseados no projeto se cruzam, mas isso não é importante para esse conceito básico de compensação. Embora o custo baseado nas atividades (CBA_{96}) na duração de 96 dias pudesse ser superior aos custos baseados no projeto (CBP_{96}), o conceito básico de compensação não mudaria. Na verdade, o que realmente importa são as formas e inclinações relativas das duas curvas.

Obviamente, o que deve nos preocupar é o custo total — isto é, a soma dos custos baseados nas atividades e dos custos baseados no projeto. Somando o CBA_{96} e o CBP_{96}, obtemos o custo total na duração inicial de 96 dias (CT_{96}).

Aqui entra o conceito básico de compensação. Suponha que você comprima o projeto de 96 para 95 dias. O custo baseado nas atividades aumentará, porque foi gasto um montante para comprimir uma atividade. Porém, se você for esperto na escolha da atividade a ser comprimida, o custo baseado nas atividades aumentará relativamente pouco. Não obstante, o custo baseado no projeto cairá como uma pedra, justamente porque você eliminou um dia na duração do projeto. Em outras palavras, a inclinação descendente da linha de custo baseada no projeto é bem mais acentuada que a inclinação ascendente da curva do custo baseado nas atividades, em vista do ligeiro deslocamento para a esquerda da duração original do projeto. Nesse caso, você está poupando tempo e dinheiro! Isso parece um contrassenso para algumas pessoas, mas é sem dúvida uma realidade em praticamente todos os projetos estratégicos.

Continuamos então a comprimir o projeto observando a compensação entre o custo crescente baseado nas atividades e o custo decrescente baseado no projeto. O custo total continuará a cair desde que a diminuição do custo baseado no projeto seja mais rápida que a elevação do custo baseado nas atividades.

Nosso primeiro objetivo é comprimir o projeto da forma mais econômica possível em relação ao prazo final. Em geral, o custo total continua caindo ao longo de toda a trajetória, até o momento em que se atinge o prazo final do projeto. Contudo, mesmo que isso não ocorra, de qualquer maneira normalmente precisaremos comprimir o projeto em relação ao prazo final, e saberemos se tomamos as decisões adequadas na escolha das atividades a serem comprimidas em cada etapa desse processo. Mesmo depois de comprimir o projeto em relação ao prazo final, é bastante comum concluirmos que ainda é possível continuar a comprimir o projeto e que o custo total continua a cair, como mostrado na Figura 10.1. Nesses casos, nosso segundo objetivo é continuar comprimindo o projeto até o momento em que o custo de qualquer compressão adicional for superior ao seu valor; isto é, até o momento em que o aumento do custo baseado nas atividades for superior à diminuição do custo baseado no projeto, em qualquer compressão adicional. Atingimos então a duração do projeto relacionada ao custo total mínimo (CT_{MIN}). A duração desse projeto é desconhecida até o momento em que realizamos a análise, mas é razoavelmente fácil identificá-la.

O processo de compressão

O processo de compressão de um projeto engloba os passos descritos a seguir. É extremamente importante que os membros da equipe trabalhem em conjunto na execução desses passos. Esse método é o que apresentará a melhor solução. Mais importante do que isso, ele manterá o comprometimento dos membros da equipe com o cronograma comprimido.

Primeiro passo – Estime ou confirme o valor dos encargos por atraso e o valor dos ganhos por antecipação ao prazo final.

Lembre-se de que os encargos por atraso é o custo adicional **baseado no projeto** incorrido em cada dia de trabalho ou dia útil que ultrapassa o prazo final do projeto. É a inclinação da linha de custo do projeto para a direita do prazo final, na Figura 10.1. Esse valor já deveria ter sido estimado e incluído na seção **Expectativas de custo** do termo de abertura do projeto, tal como explicado no Capítulo 5. Se esse valor não tiver sido incluído no termo de abertura, peça à equipe para estimá-lo nesse momento. Mesmo se o valor tiver sido incluído no termo de abertura, é aconselhável revê-lo e confirmar se a equipe ainda o considera uma boa estimativa.

Sei por experiência que no momento em que você pedir aos membros da equipe para estimar o valor dos encargos por atraso eles simplesmente vão ficar olhando para você boquiabertos. Eles não fazem ideia de como obter essa estimativa. Portanto, não peça dessa forma. Em vez disso, diga algo do tipo: "Suponhamos que o projeto se arraste por mais um mês em relação ao prazo final, por algum motivo qualquer. Quanto mais gastaríamos em despesas indiretas nesse mês complementar e qual seria o custo de oportunidade necessário para identificar e discutir os componentes específicos dos custos indiretos do projeto e a natureza desse custo de oportunidade?" O cliente do projeto deve participar dessa discussão, visto que provavelmente ele é a pessoa que mais está por dentro do custo de oportunidade. Em algum momento, a equipe conseguirá obter alguns números. E ao somá-los, normalmente eles ficam surpresos com a grandeza desse valor. Em seguida, você divide a estimativa de um mês por 20 dias úteis por mês (supondo que os fins de semana não sejam contados como dias de trabalho) para obter o valor por dia de trabalho. Essa estimativa não precisa ser extremamente exata. Estamos apenas tentando obter uma visão aproximada do valor de um dia à medida que comprimimos o projeto em relação ao prazo final.

Em seguida, você inverte a questão para estimar o valor dos ganhos por antecipação ao prazo final, que é a inclinação da linha de custo do projeto para a esquerda do prazo final, na Figura 10.1. Faça uma pergunta do tipo: "Agora, suponhamos que finalizemos o projeto um mês antes do prazo final. Quanto poderíamos economizar em despesas indiretas e em custo de oportunidade?". Promova a mesma discussão, somando os números e dividindo-os por 20 dias de trabalho por mês.

O valor dos encargos por atraso deve ser superior ao valor dos ganhos por antecipação ao prazo final. A título de exemplo, imaginemos que o valor dos encargos por atraso seja US$ 3.000 por dia de trabalho e o valor dos ganhos por antecipação seja US$ 1.000 por dia de trabalho. Esses valores são bem inferiores àqueles que normalmente obtemos nos projetos reais, particularmente em projetos estratégicos.

Segundo passo – Identifique as atividades que parecem adequadas à compressão na primeira etapa de compressão (ou na seguinte). Observe que comprimiremos apenas uma atividade por vez.

As atividades consideradas mais adequadas à compressão tendem a ter várias das características descritas a seguir.

Primeiro, as atividades adequadas à compressão **devem estar no/em um caminho crítico**. Não faz sentido comprimir atividades que não estejam no caminho crítico, isto é, que não sejam críticas. A compressão de atividades que não estão no caminho crítico aumenta o custo e o estresse e pode prejudicar a qualidade e não diminuir a duração do projeto.

Se uma atividade estiver em um caminho crítico **e** tiver uma ou mais das características a seguir, em geral ela será adequada à compressão.

- Atividades que se encontram em pontos de estrangulamento ou de gargalo no diagrama de rede de projeto; isto é, todos ou a maioria dos caminhos que passam pela atividade. Recapitulando o diagrama de rede de exemplo na Figura 7.2, as atividades A e H são exemplos clássicos de atividade em pontos de gargalo, porque elas aparecem em todos os quatro caminhos críticos ao longo do diagrama de rede. As

atividades D e E aparecem em dois caminhos. As atividades B, C, F e G aparecem em um único caminho. Se você comprimir uma atividade que se encontra em um ponto de gargalo, comprimirá todos os caminhos que passam por essa atividade. Agora, você pode comprovar outra vantagem de ter um diagrama de rede explícito. Com ele, fica mais fácil identificar as atividades que estão nos pontos de gargalo.
- Atividades executadas logo no início do projeto. Você não pode voltar e comprimir uma atividade depois que ela já tiver sido concluída. Comprima as atividades iniciais, em vez de apostar em sua capacidade de solucionar o problema comprimindo as atividades do projeto em um momento posterior. De qualquer forma, talvez você precise comprimir as atividades posteriores, se o projeto se atrasar. Portanto, preserve as atividades posteriores. Isso seria uma técnica de gerenciamento de riscos.
- Atividades com duração normal relativamente longa. É provavelmente mais fácil comprimir uma atividade com uma duração normal longa (como 15 dias) do que uma atividade cuja duração já é curta (por exemplo, 3 dias).
- Atividades que podem ser comprimidas sem comprometer a qualidade ou a segurança do projeto.
- Atividades que utilizam recursos controlados diretamente pela organização responsável pelo projeto, em contraposição aos recursos controlados por um fornecedor, prestador de serviços, cliente externo, órgão governamental de aprovação ou outra fonte externa.
- Atividades para as quais exista um método fácil e relativamente barato de comprimir uma quantidade significativa de tempo em relação à sua duração (por exemplo, remessa expressa).

Se uma atividade estiver em um caminho crítico **e** tiver uma ou mais das características a seguir, em geral ela é será adequada à compressão. Contudo, você deve avaliar caso a caso as atividades que apresentarem essas características. Em algumas circunstâncias talvez seja **insensato** comprimir essas atividades.

- Atividades que requerem muita mão de obra. A mão de obra pode ser ampliada em pequenos incrementos e geralmente é um recurso mais manejável que outros tipos de recurso, como um equipamento.

- Atividades que requerem um nível de habilidade relativamente baixo. Os recursos necessários são mais abundantes e menos caros que os recursos com um nível de habilidade relativamente alto. Além disso, em geral a probabilidade de essas atividades comprometerem a qualidade é menor.
- Atividades que são gerenciadas por um membro da equipe que cumpre seus compromissos à risca. Você deve ter cuidado, entretanto, para não esgotar seu melhor recurso! O antigo ditado "Nenhuma boa ação permanece impune" tende a se aplicar aqui. Você na verdade deve transformar os menos confiáveis em membros mais confiáveis.
- Atividade sujeitas a sofrer atrasos em decorrência de problemas comuns, como condições climáticas rigorosas, defeito nos equipamentos e assim por diante. Aqui, o objetivo do gerenciamento de riscos é diminuir a exposição a problemas comuns executando a atividade rapidamente. **"Aproveite e faça enquanto é tempo"**

Agora, temos um punhado de atividades em um ou mais caminhos críticos que parecem adequadas à compressão. Considerando o nosso exemplo, vamos imaginar que conseguimos identificar duas boas candidatas — as atividades J e M.

Terceiro passo – Pergunte ao gerente de cada atividade adequada à compressão se ela pode ser comprimida e, em caso afirmativo:

- De que forma essa atividade poderia ser comprimida?
- Até que ponto a duração dessa atividade poderia ser diminuída?
- Quanto o custo dessa atividade aumentaria?

Em nosso exemplo, o gerente da atividade J diz que essa atividade pode ser comprimida pagando um valor especial ao prestador de serviços para agilizar o trabalho. A duração da atividade J diminuiria em cinco dias e o custo sofreria um aumento de US$ 7.500. O gerente da atividade M diz que essa atividade poderia ser comprimida pagando horas extras. A duração de M diminuiria em quatro dias e o custo sofreria um aumento de US$ 2.800.

Quarto passo – Para cada atividade que pode ser comprimida (com base nos resultados do terceiro passo), verifique se a compensação de custo é atraente.

Se a data de conclusão do projeto ainda assim ultrapassar o prazo final, considere o valor do tempo economizado com base no valor dos encargos por atraso (US$ 3.000, no nosso exemplo). Se o projeto já tiver sido comprimido em relação ao prazo final, considere o valor do tempo economizado com base no valor dos ganhos por antecipação (US$ 1.000, no nosso exemplo).

Portanto, no nosso exemplo, a compensação de custo da atividade J seria atraente somente se o projeto ainda ultrapassasse o prazo final. Nesse caso, os cinco dias economizados valeriam cada um US$ 3.000 ou um total de US$ 15.000, que é superior ao custo de US$ 7.500 de compressão da atividade. Entretanto, se o projeto já estiver dentro do prazo, os cinco dias economizados só valerão US$ 1.000 cada, um total de US$ 5.000, que é inferior ao custo de compressão da atividade.

Quinto passo – Escolha uma atividade (e apenas uma) para comprimir.

Quando uma atividade apresenta uma compensação de custo bem mais atraente do que as demais candidatas, normalmente optamos por comprimir essa atividade. Entretanto, quando várias atividades apresentam uma compensação de custo igualmente atraente, levamos em conta outras características ao fazer essa escolha, como aquelas que foram relacionadas no segundo passo.

Sexto passo – Revise a estimativa de duração da atividade que será comprimida e recalcule o cronograma.

Verifique quantos dias de fato foram economizados no projeto e se os caminhos críticos mudaram. Se os caminhos críticos tiverem mudado e o número de dias economizados for inferior ao número esperado, de modo que a compensação de custo demonstre-se desfavorável, volte ao quinto passo e experimente comprimir outra atividade.

Sétimo passo – Repita os passos 2 a 6 até o momento em que nenhuma compressão adicional apresentar uma compensação de custo favorável; em outras palavras, até o momento em que o custo de uma compressão adicional no cômputo do custo baseado nas atividades for superior à economia no custo baseado no projeto.

Se você já tiver comprimido o projeto em relação ao prazo final ou a uma data anterior, pare por aí. Entretanto, se o cronograma do projeto ainda ultrapassar o prazo final, talvez seja necessário continuar (do segundo ao sexto passo) até conseguir cumprir o prazo final, **mesmo se o custo total começar a aumentar.**

Compressão do projeto de implantação da fábrica de Melbourne

Agora, vamos aplicar o processo de compressão ao projeto de implantação da fábrica de Melbourne. Como você já sabe, a duração do projeto baseada nas estimativas de duração normal das atividades é de 96 dias úteis, mas o prazo final é de 70 dias úteis. O caminho crítico inicial (consulte a Figura 9.2) passa pelas atividades relacionadas com os equipamentos. E, de acordo com o que foi documentado no termo de abertura do projeto (consulte a Tabela 5.1), o valor dos encargos por atraso foi estimado em US$ 8.000 por dia útil e o valor dos ganhos por antecipação foi estimado em US$ 6.000 por dia útil.

Primeiro passo da compressão

A primeira atividade a ser comprimida é **"Expedir os equipamentos para Sydney por via marítima"**. Essa atividade foi escolhida porque sua duração normal é de 40 dias úteis, que equivale a mais da metade da duração admissível do projeto. É improvável que o projeto possa ser concluído em 70 dias úteis, se a duração dessa atividade continuar sendo 40 dias. Essa atividade foi comprimida com o fretamento de um avião de carga de grande porte para transportar os equipamentos para Sydney, o que acrescentará US$ 150.000 ao custo da atividade. A duração comprimida é de 10 dias úteis, porque os equipamentos ainda precisam passar pelas alfândegas em sua saída dos EUA e chegada à Austrália. Em casos como esse, não é incomum as partes interessadas desprezarem essa ideia sem a analisar mais aprofundadamente, porque o custo adicional é **"sem dúvida muito grande"**. Analisaremos a compensação de custo no parágrafo seguinte.

A Figura 10.2 mostra o impacto da compressão da atividade no cronograma do projeto. Observe que a duração do projeto diminuiu de 96 para 73 dias úteis e o caminho crítico deslocou para as atividades relacionadas com o prédio. Como ainda não fizemos a compressão em relação ao prazo final, cada um dos 23 dias economizados na duração do projeto vale US$ 8.000. Portanto, o custo baseado no projeto diminuiria US$ 184.000. Visto que o aumento no custo das atividades é de US$ 150.000, a economia líquida neste passo é de US$ 34.000. Os resultados dessa decisão estão registrados na primeira linha da tabela mostrada na Figura 10.6, na página 141.

Segundo passo da compressão

A atividade a ser comprimida no novo caminho crítico é **"Desenvolver o leiaute da fábrica/equipamentos"**. Para essa atividade será contratado um consultor, o que diminuirá a duração de cinco para um dia útil e aumentará o respectivo custo em US$ 5.000.

A Figura 10.3, na página 136, mostra o impacto dessa decisão sobre o cronograma do projeto. A duração do projeto diminuiu para 70 dias úteis. Portanto, já atingimos o objetivo de compressão em relação ao prazo final comprimindo apenas duas atividades! O caminho crítico mudou novamente para as atividades relacionadas com o gerente de fábrica e a equipe operacional. Os três dias economizados na duração do projeto valem US$ 24.000 e o custo de compressão da atividade é de US$ 5.000. Portanto, a economia líquida neste passo é de US$ 19.000. Esses resultados também estão registrados na Figura 10.6. Como seria de esperar de um modo geral, a economia líquida em cada passo subsequente tende a ser inferior à economia no passo anterior à medida que nos aproximamos do ponto de custo total mínimo.

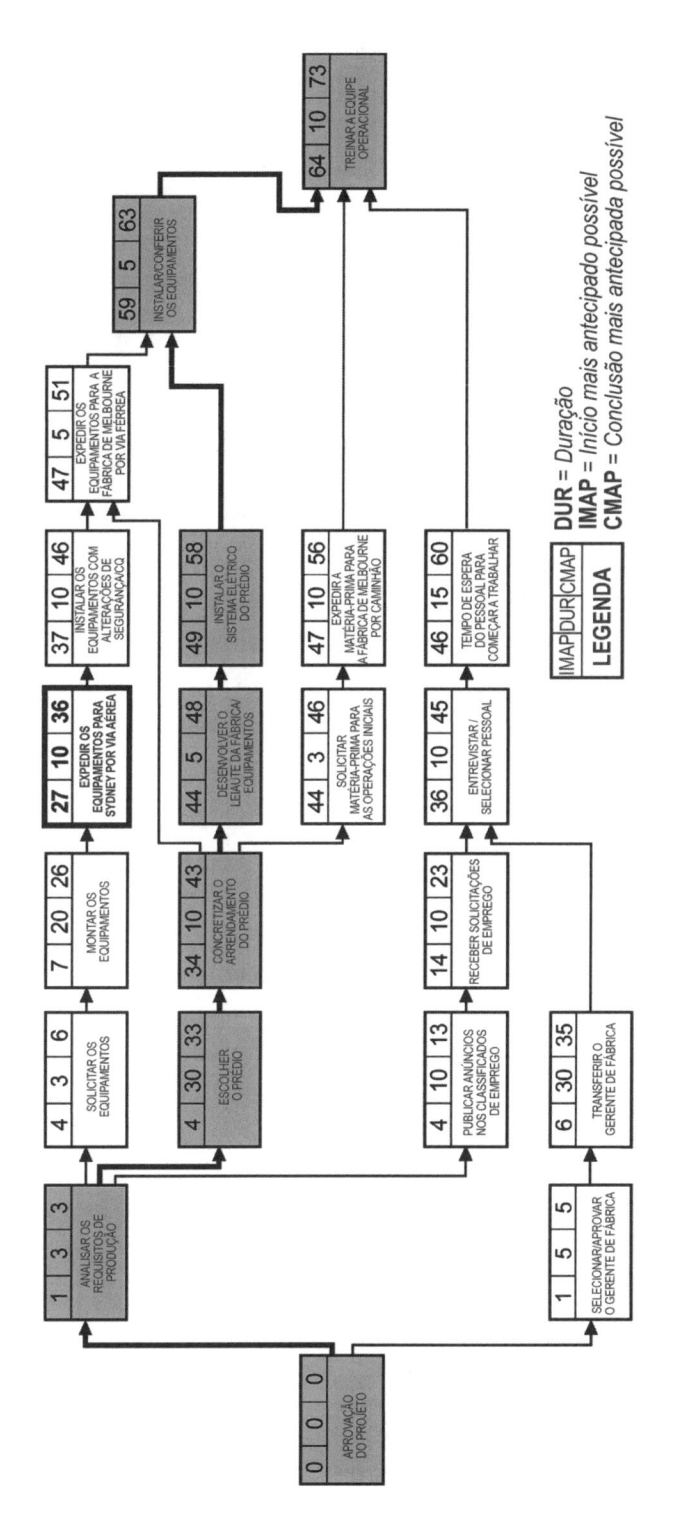

FIGURA 10.2 Primeiro passo da compressão no projeto de implantação da fábrica de Melbourne

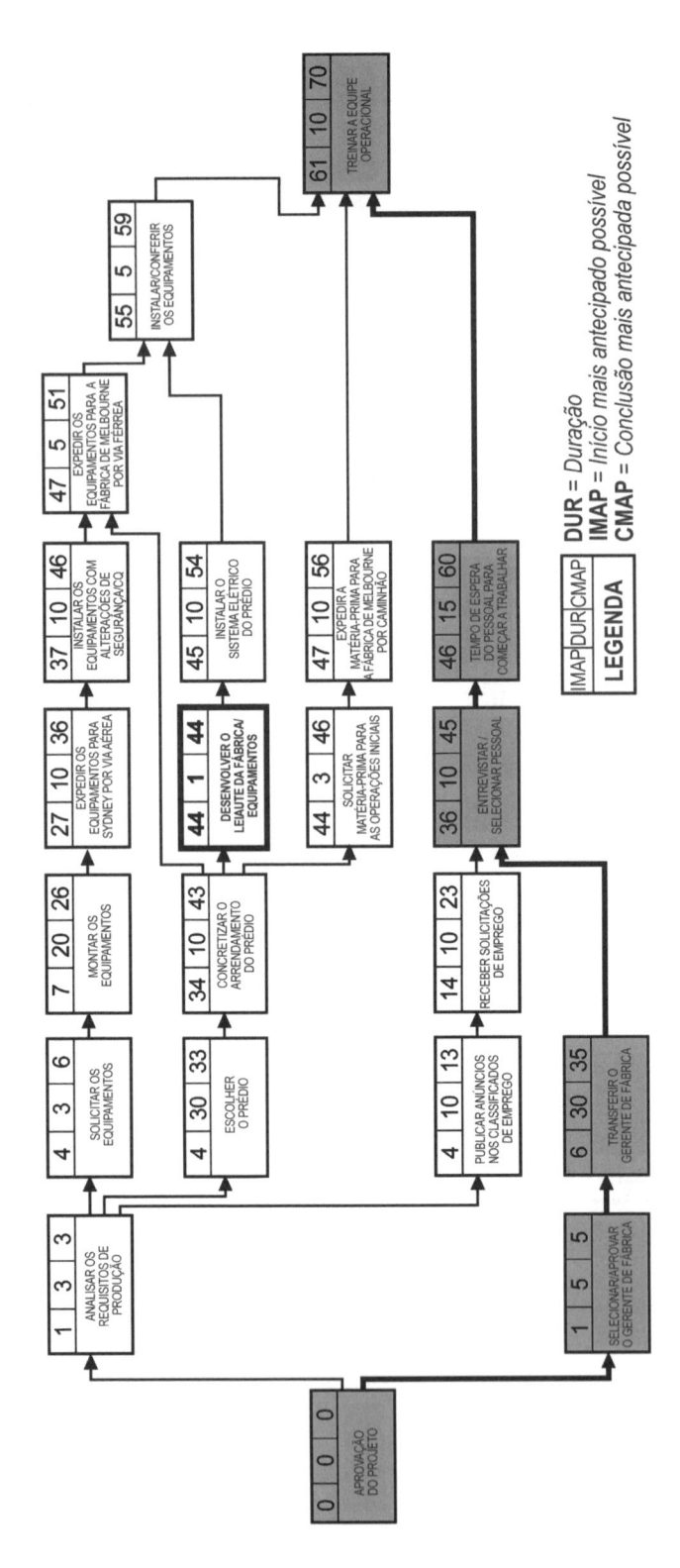

FIGURA 10.3 Segundo passo da compressão no projeto de implantação da fábrica de Melbourne

Terceiro passo da compressão

A atividade subsequente a ser comprimida é **"Transferir o gerente de fábrica"**. O gerente de fábrica mudará temporariamente para um apartamento mobiliado para diminuir a duração da atividade de 30 para 20 dias úteis. Isso acrescentará US$ 1.000 ao custo da atividade.

A Figura 10.4 mostra os resultados dessa decisão. A duração do projeto diminuiu para 69 dias úteis e o caminho crítico voltou a ser o caminho relacionado ao prédio. O único dia economizado vale apenas US$ 6.000, na medida em que já fizemos a compressão em relação ao prazo final. Contudo, como o custo adicional da atividade é apenas US$ 1.000, a economia líquida corresponde a US$ 5.000. Os resultados também estão registrados na Figura 10.6. E como seria de esperar de maneira geral, a economia líquida é inferior à do passo anterior.

Quarto passo da compressão

A atividade subsequente a ser comprimida é **"Instalar o sistema elétrico do prédio"**. Será pago ao empreiteiro de eletricidade um valor especial de US$ 15.000 para comprimir a duração de dez para cinco dias úteis.

Os resultados são exibidos na Figura 10.5, na página 139. A duração do projeto diminuiu para 66 dias úteis. Portanto, foram economizados três dias a mais. O caminho crítico divide-se em dois. O caminho crítico original que passava pelas atividades relacionadas aos equipamentos voltou a ser crítico. Desse modo, finalmente extraímos todos os benefícios dos 30 dias que comprimimos na atividade de expedição por via marítima no primeiro passo da compressão. O segundo caminho crítico passa pelas atividades de escolha e arrendamento do prédio e pelas atividades de aquisição de matéria-prima. Os três dias economizados valem US$ 18.000. Contudo, após a subtração do custo de compressão da atividade, a economia líquida corresponde a US$ 3.000 apenas. Os resultados também estão registrados na Figura 10.6.

Esse é o ponto em que paramos. Qualquer compressão adicional exigiria a compressão de ambos os caminhos críticos, o que é muito caro para ser atraente. Agora, sabemos que a duração do projeto relacionada ao custo total mínimo do projeto (a "?" na Figura 10.1) é de **66 dias úteis**.

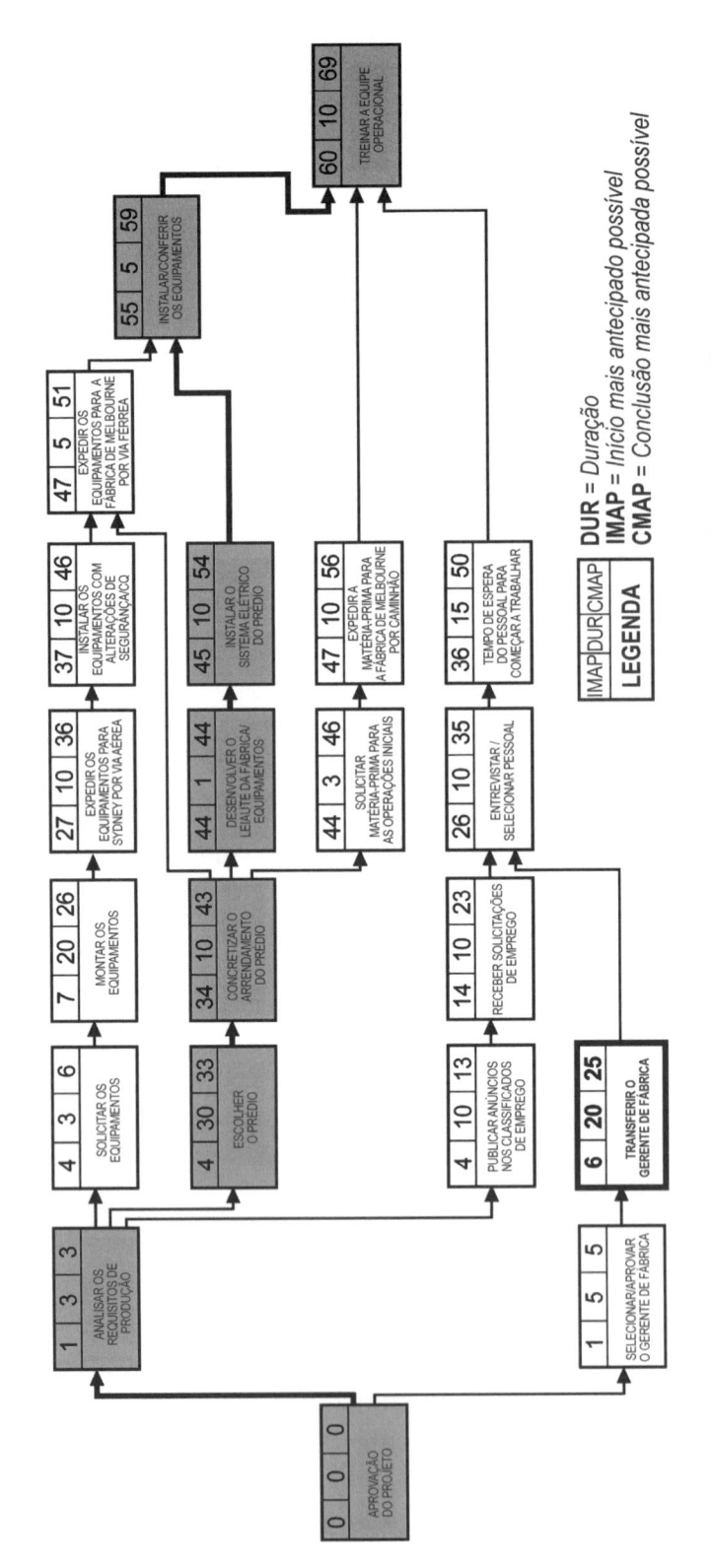

FIGURA 10.4 Terceiro passo da compressão no projeto de implantação da fábrica de Melbourne

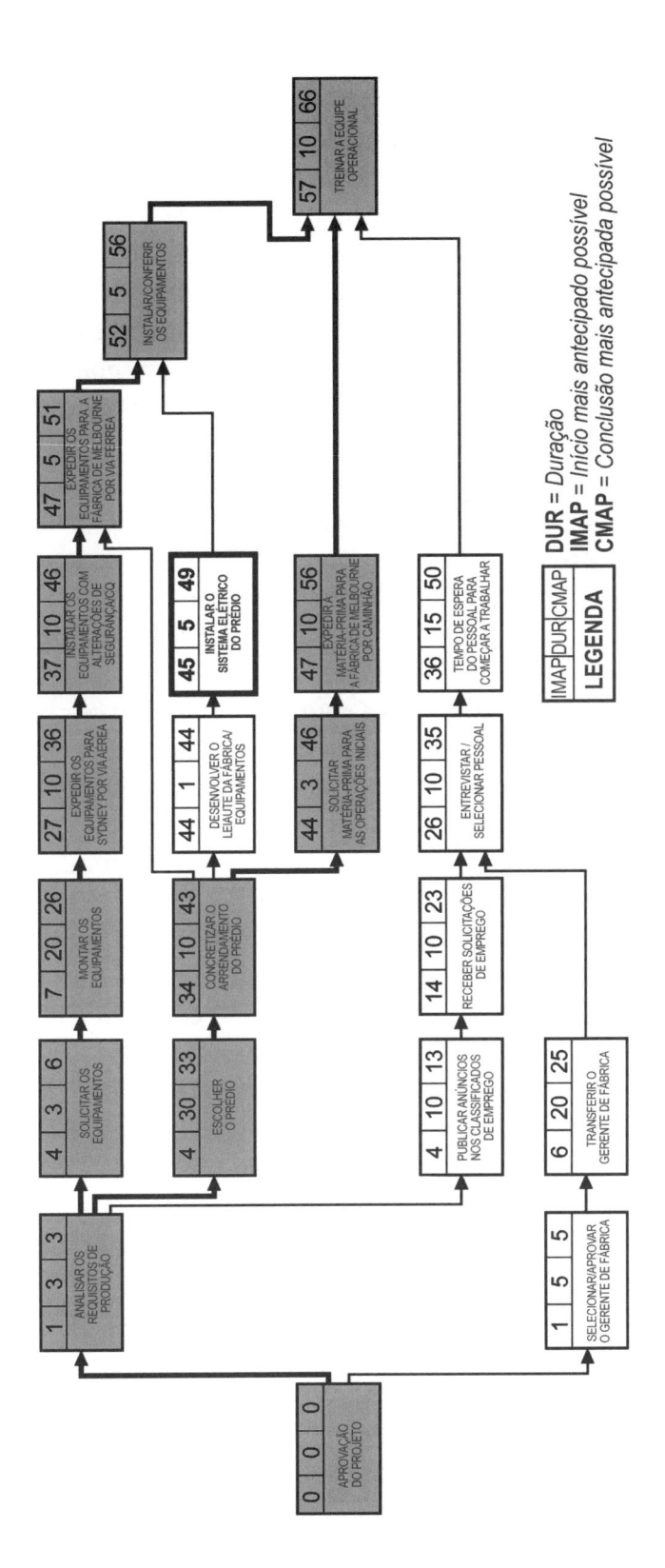

FIGURA 10.5 Quarto passo da compressão no projeto de implantação da fábrica de Melbourne

LEGENDA: |IMAP|DUR|CMAP|
DUR = *Duração*
IMAP = *Início mais antecipado possível*
CMAP = *Conclusão mais antecipada possível*

A Figura 10.5 é o cronograma de referência do projeto; isto é, o primeiro cronograma a ser divulgado. Os valores de IMAP e CMAP exibidos na Figura 10.5 para cada atividade correspondem às datas de início e conclusão programadas para a atividade no cronograma de referência. O cronograma de referência costuma ser divulgado em vários gráficos e formatos de tabela.

Você deve estar se perguntando por que não comprimimos a atividade **"Treinar a equipe operacional"**. Essa atividade está em um ponto de gargalo absoluto. Portanto, sua compressão comprimiria todos os caminhos críticos do diagrama de rede. Não a comprimimos por dois motivos. O primeiro é que a compressão da atividade de treinamento poderia **comprometer a qualidade desse projeto**. O segundo motivo é que a atividade está bem no **final do projeto**. Em vez de comprimi-la no momento, prefiro mantê-la e imaginá-la como uma apólice de seguro. Se o projeto sofrer algum atraso, em qualquer momento poderei comprimi-la para me ajudar a voltar a ficar em dia com o cronograma.

Em resumo, veja o que conseguimos aqui. Comprimimos o projeto de 96 para 66 dias úteis — uma duração que na verdade antecede o prazo final em quatro dias. Conseguimos isso comprimindo apenas quatro atividades bem selecionadas e economizamos dinheiro em todos os passos. **Você concorda que o diagrama de rede novamente se demonstrou fundamental para a realização dessa análise?**

Para ser franco, quando ajudo as equipes a comprimir um projeto real, raramente acompanhamos os custos de uma maneira tão precisa quanto a demonstrada na Figura 10.6. Simplesmente não é necessário. Em projetos extremamente estratégicos, os custos de oportunidade são tão altos (às vezes várias centenas de milhares de unidades monetárias a mais por dia), que quase nenhuma medida que possamos tomar de forma realista para comprimir as atividades críticas vale a pena. Não obstante, ainda assim comprimimos uma atividade por vez e sempre realizamos os cálculos do cronograma depois de cada passo para determinar o impacto de nossa decisão sobre a duração do projeto e os caminhos críticos.

Alguns dos meus clientes utilizaram esse conceito de compressão de maneira surpreendente, e não apenas nos projetos em si. Alguns o utilizaram para mudar a estratégia competitiva da empresa e torná-la mais promissora. Eu o incentivo a refletir sobre como esse conceito poderia ser estrategicamente vantajoso para sua empresa.

N. do passo da compressão	Atividade comprimida e método de compressão	Duração da atividade		Duração do projeto	CBA adicionado	Economias no CBP	Economias líquidas
		AC	DC				
Início				96			
1	EXPEDIR OS EQUIPAMENTOS PARA SYDNEY POR VIA MARÍTIMA	40	10	73	US$ 150.000	US$ 184.000	US$ 34.000
2	DESENVOLVER O LEIAUTE DA FÁBRICA/EQUIPAMENTOS	5	1	70	US$ 5.000	US$ 24.000	US$ 19.000
3	TRANSFERIR O GERENTE DE FÁBRICA	30	20	69	US$ 1.000	US$ 6.000	US$ 5.000
4	INSTALAR O SISTEMA ELÉTRICO DO PRÉDIO	10	5	66	US$ 15.000	US$ 18.000	US$ 3.000

AC = Antes da compressão CBA = Custo baseado nas atividades
DC = Depois da compressão CBP = Custo baseado no projeto

FIGURA 10.6 Passos e resultados da compressão do projeto de implantação da fábrica de Melbourne

Vantagens do método de programação progressiva e compressão estratégica

No início do Capítulo 8, disse que os cronogramas de projeto elaborados com o método de programação retroativa ou de adequação forçada quase nunca funcionam. Examinei os quatro problemas responsáveis pela inadequação desses cronogramas. Como você pode ver, o método de programação progressiva e compressão estratégica supera todos os quatro problemas associados com a abordagem de programação retroativa.

1º) Você elabora um plano específico sobre como cada atividade comprimida será executada na duração reduzida. Você sabe que a compressão da atividade é viável e identifica o custo adicionado pela compressão dessa atividade.
2º) Como a equipe do projeto está idealizando métodos para comprimir as atividades e participa da decisão sobre as atividades que deverão ser comprimidas, os membros continuam comprometidos com o cronograma e mantêm um sentimento de responsabilidade mútua. O cronograma não é uma promessa inviável. Na verdade, é "um cronograma nosso para um projeto nosso". A diferença é imensa!
3º) Apenas as atividades que estão no(s) caminho(s) crítico(s) e são adequadas à compressão são comprimidas. Não estamos gastando dinheiro nem aumentando o estresse ao comprimir as atividades que não ajudam a encurtar a duração do projeto.
4º) O cronograma procura especificamente iniciar e concluir cada atividade o mais breve possível, e não no maior tempo admissível.

Empregando esse método, você aumenta em grande medida a probabilidade de o projeto ser concluído no prazo, atendendo ao mesmo tempo às expectativas de qualidade/escopo e de custo. Observe, novamente, que a elaboração do cronograma com base no diagrama de rede é um pré-requisito para esse método. Repetindo, esse é de longe **o jeito mais fácil**!

Para uma discussão mais aprofundada

UMA OBSERVAÇÃO SOBRE O PLANEJAMENTO RECURSOS E ORÇAMENTO

Os passos restantes do processo de planejamento de projeto são o planejamento de recursos e orçamento. Em vez de dedicar capítulos específicos a esses temas, eu os abordei nos Apêndices D e E por vários motivos:

- Lembre-se de que o gerenciamento da dimensão tempo do desempenho é fundamental para o sucesso global dos projetos. Em vez de me atolar em discussões detalhadas sobre o planejamento de recursos e o orçamento, gostaria de passar a abordar o processo de supervisão de projetos, que é fundamentalmente importante.
- Não é necessário elaborar detalhadamente o planejamento de recursos e o orçamento em todos os projetos. Esse nível de detalhamento é mais indispensável quando os recursos estão sendo compartilhados entre vários projetos de prioridade praticamente idêntica. Nesses casos, o planejamento deve ser aplicado com base no portfólio de projetos, e não com base em um projeto específico. Os projetos altamente estratégicos em geral obtêm todos os recursos necessários. O orçamento detalhado é mais essencial quando uma organização está sendo paga por um cliente externo para executar o projeto. Os projetos altamente estratégicos normalmente são executados por clientes internos e os trabalhos são executados em sua maioria por pessoas que já trabalham na organização e estão na folha de pagamento.
- Alguns dos meus clientes que poderiam se beneficiar de um planejamento de recursos e/ou orçamento detalhados simplesmente não podem justificar o esforço e o custo necessários. O benefício marginal não é superior ao custo marginal.

Os leitores que precisam obter mais informações sobre planejamento de recursos e/ou orçamento de projetos devem ler os Apêndices D e/ou E.

Pontos-chave

- Os custos associados com os projetos enquadram-se em duas categorias gerais: 1º) os custos baseados em atividade relacionados com a execução das atividades e 2º) os custos baseados no projeto associados com as despesas gerais e o custo de oportunidade do projeto.
- Quando o projeto é comprimido em relação à duração **normal** inicial, quase sempre a diminuição do custo do projeto é mais rápida a princípio que o aumento do custo baseado nas atividades, com relação às atividades comprimidas.
- Envolva a equipe na idealização de métodos adequados para comprimir as atividades e decidir quais atividades devem ser comprimidas.
- Para identificar as atividades que são adequadas à compressão, examine as características apresentadas neste capítulo. Nunca comprima uma atividade que não esteja no/em um caminho crítico.
- Comprima apenas uma atividade por vez e utilize os cálculos do cronograma para determinar o impacto da compressão na duração da atividade e nos caminhos críticos.

11
Monitorando, corrigindo e atualizando

Ao longo deste livro enfatizamos a importância do planejamento de projeto. Contudo, finalmente (e rapidamente, espero), é chegado o momento de dar um passo adiante em relação ao processo de planejamento e começar a executar o projeto. Do mesmo modo que em todos os empreendimentos humanos de grande complexidade, os projetos raras vezes saem exatamente de acordo com os planos. Vejamos de que forma as coisas mudam rapidamente na MeriwetherOutfitters.

Estudo de caso: MeriwetherOutfitters*

A MeriwetherOutfitters.com é uma loja de Internet e de vendas por catálogo de equipamentos e vestuário para atividades na natureza. Atualmente, a empresa está desenvolvendo um sistema exclusivo de gerenciamento de relacionamento com o cliente ao qual atribuirá o nome de Scout System. Kelly Cunningham é a gerente de projeto que se reportará ao patrocinador Cal Blevins, diretor de informática.

* Este caso é fictício. Qualquer semelhança com empresas, indivíduos ou projetos reais é mera coincidência.

Alicia Pruitt diretora executiva, dá uma passada na sala de Kelly.

"Oi, Alicia, a que devo a honra de sua visita?", disse Kelly.

"Ah, acabei de me reunir com Cal e ele me contou que você e sua equipe estão dando duro no projeto do Scout System. Só queria dar uma passada aqui e agradecer a todos vocês pelo excelente trabalho que estão fazendo. Acho que com esse sistema obteremos uma vantagem competitiva significativa em relação aos nossos concorrentes", afirmou Alicia.

"Obrigada, Alicia. Vou transmitir seus comentários ao restante da equipe. Acho que isso vai ser um verdadeiro estímulo para eles", respondeu Kelly, enquanto Alicia dava uma espiada no enorme cronograma computadorizado afixado à parede da sala. Alicia ficou analisando o quadro por um momento.

"Pelo que vejo, você está utilizando um programa de gerenciamento para ajudar no planejamento e na supervisão do projeto", disse ela.

"Com certeza! Nunca poderíamos empreender um projeto dessa magnitude e complexidade sem um planejamento completo. E o programa Project Pilot nos permite fazer isso."

"Isso é ótimo", disse Alicia, continuando a analisar o quadro. "Vamos ver... Hoje é 17 de maio. De acordo com o que temos aqui, você terá de testar o módulo de histórico de compras dos clientes."

"Não. Não dê importância a esse cronograma", respondeu Kelly. "Esse é o cronograma que elaboramos em novembro. Muita coisa mudou desde então."

"Ah, entendo. Bem, já que estou aqui, será que eu poderia dar uma olhada no cronograma atualizado, só para sentir em que pé o projeto está?"

"Sinto muito, Alicia, mas este cronograma que você está vendo é o último que tenho. Temos estado muito ocupados e ainda não tivemos tempo para atualizá-lo."

> **Perguntas**
> 1. No lugar de Alicia Pruitt, o que você estaria pensando neste momento?
> 2. Como você avaliaria a probabilidade de o Scout System ser concluído dentro do prazo, de acordo com o orçamento e segundo as especificações?
> 3. Quais são os elementos essenciais de um processo de supervisão eficaz?

Na verdade, Kelly, a gerente do projeto, não sabe muito bem em que pé o projeto se encontra. Consequentemente, nem o patrocinador nem nenhuma outra pessoa da empresa.

Nenhum plano sobrevive ao contato com o inimigo.

– Colin Powell

Não há dúvida. O processo de supervisão de um projeto é indispensável para 1º) detectar desvios negativos em relação ao plano; 2º) solucionar problemas e 3º) atualizar o plano. Sem um processo de supervisão proativo, o projeto se desviará enormemente do que foi planejado e perderá credibilidade. Quando seu plano de projeto (particularmente o cronograma) torna-se nada mais que um objeto de decoração afixado à parede do escritório do gerente de projeto, você perde a capacidade de supervisionar o projeto.

O processo de supervisão é em grande medida uma questão de disciplina. Ele exige uma abordagem prática e direta para monitorar o andamento do projeto e uma firme determinação para tomar as medidas corretivas cabíveis. A supervisão exige um processo cíclico que não deve ser interrompido enquanto o projeto não estiver concluído. Além disso, esse processo deve reforçar continuamente o comprometimento da equipe com o plano do projeto e um compromisso recíproco entre os companheiros de equipe. Em minha opinião, a capacidade de supervisionar um projeto eficazmente é a principal habilidade que diferencia os gerentes de projeto competentes dos pretensos gerentes de projeto.

De longe, a maneira mais eficaz de um gerente supervisionar um projeto é promover reuniões presenciais e regulares com a respectiva equipe. A frequência dessas reuniões depende do escopo, da complexidade e do grau de incerteza do projeto. Entretanto, acreditamos que duas semanas seja um período adequado na maioria dos projetos estratégicos complexos. Quando os membros da equipe encontram-se geograficamente dispersos e, por esse motivo, não é possível realizar reuniões presenciais, a videoconferência, a teleconferência ou as reuniões pela Internet (Sametime, WebEx, Live Meeting etc.) são boas alternativas. Contudo, os dois seguintes métodos **não funcionam**:

- Quando o gerente do projeto comunica-se com cada um dos membros da equipe apenas em reuniões particulares.
- Quando a equipe comunica-se apenas por meios eletrônicos — por exemplo, por *e-mail* ou por um *site* dedicado ao projeto.

O problema desses dois métodos é que os membros da equipe nunca se comunicam diretamente entre si enquanto grupo. **A interação grupal** é **essencial** para reforçar o comprometimento da equipe com o projeto, bem como seu sentimento de responsabilidade e apoio mútuos.

Para que suas reuniões de supervisão de projeto sejam eficazes e eficientes, você deve estruturá-las e gerenciá-las habilmente. Isso significa que você deve enfatizar nessas reuniões principalmente a dimensão tempo (cronograma e andamento) do desempenho do projeto. Lembre-se de que o gerenciamento da dimensão tempo é fundamental para o êxito de todas as três dimensões de desempenho. As informações sobre custo podem ser coletadas em outros contextos. As informações sobre qualidade devem surgir de forma natural por meio da execução das atividades idealizadas especificamente para garantir a qualidade.

É aconselhável conduzir essas reuniões em quatro fases, que serão exemplificadas ainda neste capítulo para o projeto de implantação da fábrica de Melbourne.

1ª Fase – Relatório de andamento das atividades. O gerente de projeto pede para que os gerentes das atividades em andamento o informem sobre o andamento das atividades sob sua responsabilidade. A atividade já foi iniciada? Se sim, quando? A atividade já foi concluída? Se sim, quando? Se a atividade já tiver sido iniciada mas não tiver sido concluída, quando o gerente acredita que ela será finalizada **ou** qual a duração remanescente prevista dessa atividade? Quais problemas, se houver, estão sendo encontrados nessa atividade? (Observe que a "porcentagem de conclusão" **nunca** deve ser usada como medida do andamento de uma atividade. Trata-se de um indicador extremamente inexpressivo do que já passou e que não diz nada sobre o futuro. A porcentagem de conclusão tende a encobrir os problemas e minar o comprometimento com o cronograma do projeto. Provavelmente, é o conceito mais inaproveitável e arriscado que já se infiltrou no campo de gerenciamento de projetos.)

2ª **Fase – Determinação do andamento do projeto.** As informações sobre o andamento das atividades são utilizadas com o diagrama de rede do projeto para determinar em que pé o projeto como um todo se encontra. O programa de gerenciamento de projetos é útil para fazer essa identificação de maneira rápida e precisa. O projeto está atrasado? O caminho crítico mudou?

3ª **Fase – Resolução de problemas.** A resolução de problemas é o fator que mais justifica as reuniões. O grupo trabalha em conjunto, de uma maneira que os membros obtenham apoio recíproco, com o objetivo de encontrar soluções para colocar o projeto novamente nos trilhos. Como podemos recuperar os dias que perdemos e voltar a trabalhar dentro do cronograma? Como abordaremos um problema técnico que acabou de surgir? Várias alternativas podem ser sugeridas. Com o diagrama de rede e o programa de gerenciamento de projetos, a equipe pode realizar análises de cenário simuladas para comparar soluções alternativas.

4ª **Fase – Tomada de decisões, atualização do cronograma e renovação do comprometimento.** Na fase final da reunião, a equipe decide exatamente quais medidas corretivas devem ser tomadas. O cronograma é atualizado para documentar as decisões tomadas. Antes de suspender a reunião, o gerente de projeto certifica-se de que todos os membros da equipe estão cientes da solução escolhida e comprometidos com o cumprimento de suas responsabilidades na implantação dessa solução.

Imediatamente após a reunião, o gerente elabora um relatório conciso sobre o andamento do projeto e o distribui a todas as partes interessadas, inclusive aos membros da equipe. O relatório de andamento tem as seguintes finalidades:
- Apresentar claramente as estimativas atuais da data de conclusão e do custo total do projeto.

- Descrever brevemente quaisquer problemas ou questões, bem como as medidas a serem tomadas com relação a cada um desses problemas.
- Incluir como anexo o cronograma atualizado, normalmente em forma de tabela e gráfico computadorizados.

Em seguida, o gerente de projeto faz o acompanhamento dos membros da equipe com o objetivo de garantir que as medidas corretivas ajustadas em conjunto sejam implantadas pontualmente e de forma coordenada. Nesse meio-tempo, os membros da equipe continuam a gerenciar suas atividades diariamente, até o momento da reunião seguinte.

Supervisão do projeto de implantação da fábrica de Melbourne

Agora, vamos dar uma olhada no ciclo de supervisão do projeto de implantação da fábrica de Melbourne. As reuniões de supervisão do projeto são realizadas a cada duas semanas. A primeira reunião foi realizada após as duas primeiras semanas, isto é, depois de transcorridos dez dias úteis. A Figura 11.1 é uma representação computadorizada do **Formulário de informações atualizadas sobre as atividades** que utilizamos para coletar informações sobre o andamento de atividades individuais. As datas apresentadas nas colunas **Data de início real** e **Data de conclusão real**, na Figura 11.1, foram informadas pelos gerentes de atividade na primeira reunião de supervisão. As datas exibidas nas colunas **Data de início programada** e **Data de conclusão programada** foram calculadas pelo programa de gerenciamento de projetos, com base nas informações sobre o andamento das atividades fornecidas pelos gerentes das atividades. Esse formulário foi gerado logo após a primeira reunião e foi a última informação no conjunto do cronograma atualizado divulgada com o relatório de andamento produzido na reunião. Esse formulário será utilizado na segunda reunião para coletar novas informações sobre o andamento das atividades. Observe o seguinte a respeito da Tabela 11.1:

- Em um projeto real, os valores mostrados em todas as colunas de data de início e data de conclusão corresponderiam às datas do calendário. Entretanto, estou utilizando o número de dias úteis, e não as datas do calendário, para facilitar o acompanhamento dos cálculos de programação.

Projeto de implantação da fábrica de Melbourne
Formulário de informações atualizadas sobre as atividades

Formulário gerado ao final do décimo dia útil

Formulário utilizado para atualizar o andamento das atividades ao final do _____ dia útil.

Atividade	Gerente da atividade	Duração programada (dias úteis)	Data de início programada (nº dia útil)	Data de início real (nº dia útil)	Data de conclusão real (nº dia útil)	Duração remanescente prevista (nº dia útil)	Data de conclusão prevista (nº dia útil)	Data de conclusão programada (nº dia útil)	É Crítica?
Analisar os requisitos de produção	Karlsson	3		1	3				
Selecionar/aprovar o gerente de fábrica	Baxter	5		1	4				
Solicitar os equipamentos	Garcia	3		4	6				
Publicar anúncios nos classificados de emprego	Puckett	10		4				13	
Escolher o prédio	Baxter	30		4				33	Crítica
Transferir o gerente de fábrica	MacBay	20		5				24	
Montar os equipamentos	Garcia	20		7				26	Crítica
Receber solicitações de emprego	Puckett	10	14					23	
Entrevistar/selecionar pessoal	MacBay	10	25					34	

TABELA 11.1 Formulário de informações atualizadas sobre as atividades após a primeira reunião de supervisão do projeto de implantação da fábrica de Melbourne

Atividade	Gerente de atividade	Duração programada (dias úteis)	Data de início programada (nº dia útil)	Data de início real (nº dia útil)	Data de conclusão real (nº dia útil)	Duração remanescente prevista (nº dia útil)	Data de conclusão prevista (nº dia útil)	Data de conclusão programada (nº dia útil)	É Crítica?
Expedir os equipamentos para Sydney por via aérea	Garcia	10	27					36	Crítica
Concretizar o arrendamento do prédio	Chang	10	34					43	Crítica
Tempo de espera do pessoal para começar a trabalhar	Puckett	15	35					49	
Instalar os equipamentos com alterações de segurança/controle de qualidade	Schmidt	10	37					46	Crítica
Desenvolver o leiaute da fábrica/equipamentos	Karlsson	1	44					44	
Solicitar matéria-prima para as operações iniciais	Garcia	3	44					46	Crítica
Instalar o sistema elétrico do prédio	Karlsson	5	45					49	
Expedir os equipamentos para a fábrica de Melbourne por via férrea	Schmidt	5	47					51	Crítica
Expedir a matéria-prima para a fábrica de Melbourne por caminhão	Garcia	10	47					56	Crítica
Instalar/conferir os equipamentos	Karlsson	5	52					56	Crítica
Treinar a equipe operacional	Moreno	10	57					66	Crítica

TABELA 11.1 (Continuação)

- As atividades são classificadas no formulário na ordem da data de início programada, para que você possa se mover para baixo à medida que analisar o projeto. As atividades podem ser classificadas diferentemente, se preferir. Por exemplo, de acordo com os entregáveis ou o membro da equipe.
- As três primeiras atividades foram iniciadas e concluídas. Visto que agora temos as datas de início e conclusão reais das atividades, o formulário não mostra mais as datas de início e conclusão programadas.
- As quatro primeiras atividades foram iniciadas, mas ainda não foram concluídas. Não vemos mais as datas de início programadas, mas as datas de conclusão programadas ainda são mostradas. Você verá como utilizamos as colunas **Duração remanescente prevista** e **Data de conclusão prevista** para atividades concluídas parcialmente quando usarmos o formulário para coletar informações sobre andamento na reunião seguinte.
- Até agora, todas as atividades estão sendo executadas de acordo com o cronograma ou antes do previsto. Se você comparar as datas de início e conclusão mostradas no formulário com os valores de IMAP e CMAP mostrados no cronograma de referência (10.5), verá que eles são os mesmos, com a exceção de que:
    - "Selecionar/aprovar o gerente de fábrica" foi concluída um dia antes do programado (no quarto dia, e não no quinto dia) e, portanto,
    - No formulário, as datas de início e conclusão de "Transferir o gerente de fábrica", "Entrevistar/selecionar pessoal" e "Tempo de espera do pessoal para começar a trabalhar" estão um dia à frente em relação ao cronograma de referência.
- Duncan MacBay foi escolhido para gerenciar a nova fábrica. Por isso, ele passará a integrar a equipe do projeto. Agora, ele é mostrado como gerente de atividade em "Transferir o gerente de fábrica" e "Entrevistar/selecionar pessoal".

Agora, avançamos o relógio duas semanas à frente, isto é, para o final da quarta semana (ou 20º dia útil). A Tabela 11.2 mostra de que maneira o **Formulário de informações atualizadas sobre as atividades**, gerado após a primeira reunião, foi utilizado na segunda reunião para coletar informações sobre o andamento das atividades. Os valores mostrados em negrito e itálico, na Tabela 11.2, foram registrados no formulário durante a reunião, com base nos relatórios de andamento fornecidos pelos gerentes de atividade. Esses valores foram também inseridos no programa de gerenciamento de projetos. Observe o seguinte:

- Registramos na parte superior do formulário a informação de que estamos atualizando o andamento das atividades ao final do 20º dia útil.
- A atividade "Publicar anúncios nos classificados de emprego" foi concluída no 13º dia útil, de acordo com o cronograma.
- A atividade "Escolher o prédio" ainda não foi concluída. Em decorrência de alguns problemas na negociação com o proprietário do prédio, Baxter prevê que concluirá essa atividade até o 36º dia útil, como mostra a coluna "Data de conclusão prevista". Isso significa que ele precisa de mais 16 dias úteis para concluir a atividade, como mostra a coluna "Duração remanescente prevista". Na verdade, "Duração remanescente prevista" e "Data de conclusão prevista" são duas formas de formular a mesma pergunta. Não me importa qual dessas duas perguntas o gerente de atividade responderá. Embora a Tabela 11.2 mostre as respostas a ambas as perguntas, só precisamos registrar a resposta dada e inseri-la no computador. O programa de gerenciamento de projetos imediatamente calcula a resposta para a outra pergunta. Visto que a data de conclusão prevista está três dias além da data de conclusão programada, essa atividade está atrasada. E como essa atividade é crítica (isto é, ela se encontra em um ou mais caminhos críticos), a data de conclusão programada do projeto sofrerá um atraso.
- "Transferir o gerente de fábrica" ainda não foi concluída também. Contudo, MacBay disse que estará na fábrica, pronto para começar a trabalhar, no final do 22º dia útil. Nesse caso, a duração remanescente prevista é de dois dias úteis. O fornecedor da atividade "Montar os equipamentos" enfrentou uma greve desde a última reunião. Ele precisa de oito dias úteis a mais para concluir a atividade, o que significa que ele a concluirá no 28º dia útil

Projeto de Implantação da Fábrica de Melbourne

Formulário de informações atualizadas sobre as atividades

Formulário gerado ao final do décimo dia útil

Formulário utilizado para atualizar o andamento das atividades ao final do 20º dia útil.

Atividade	Gerente da atividade	Duração programada (dias úteis)	Data de início programada (nº dia útil)	Data de início real (nº dia útil)	Data de conclusão real (nº dia útil)	Duração remanescente prevista (dias úteis)	Data de conclusão prevista (nº dia útil)	Data de conclusão programada (nº dia útil)	É Crítica?
Analisar os requisitos de produção	Karlsson	3		1	3				
Selecionar/aprovar o gerente de fábrica	Baxter	5		1	4				
Solicitar os equipamentos	Garcia	3		4	6				
Publicar anúncios nos classificados de emprego	Puckett	10		4	*13*			13	
Escolher o prédio	Baxter	30		4		*16*	*36*	33	Crítica
Transferir o gerente de fábrica	MacBay	*20*		5		*2*	*22*	24	
Montar os equipamentos	Garcia	20		7		*8*	*28*	26	Crítica
Receber solicitações de emprego	Puckett	10		*14*		*3*	*23*	23	
Entrevistar/selecionar pessoal	MacBay	*20*	25					34	
Expedir os equipamentos para Sydney por via aérea	Garcia	10	27					36	Crítica
Concretizar o arrendamento do prédio	Chang	10	34					43	Crítica

TABELA 11.2 Formulário de informações atualizadas sobre as atividades mostrando os relatórios de andamento coletados na segunda reunião de supervisão do projeto de implantação da fábrica de Melbourne

Atividade	Gerente da atividade	Duração programada (dias úteis)	Data de início programada (nº dia útil)	Data de início real (nº dia útil)	Data de conclusão real (nº dia útil)	Duração remanescente prevista (dias úteis)	Data de conclusão prevista (nº dia útil)	Data de conclusão programada (nº dia útil)	É Crítica?
Tempo de espera do pessoal para começar a trabalhar	Puckett	15	35					49	
Instalar os equipamentos com alterações de segurança/controle de qualidade	Schmidt	10	37					46	Crítica
Desenvolver o leiaute da fábrica/equipamentos	Karlsson	1	44					44	
Solicitar matéria-prima para as operações iniciais	Garcia	3	44					46	Crítica
Instalar o sistema elétrico do prédio	Karlsson	5	45					49	
Expedir os equipamentos para a fábrica de Melbourne por via férrea	Schmidt	5	47					51	Crítica
Expedir a matéria-prima para a fábrica de Melbourne por caminhão	Garcia	10	47					56	Crítica
Instalar/conferir os equipamentos	Karlsson	5	52					56	Crítica
Treinar a equipe operacional	Moreno	10	57					66	Crítica

TABELA 11.2 (*continuação*)

- Novamente, temos uma atividade crítica que está atrasada em relação ao cronograma.
- "Publicar anúncios nos classificados de emprego" na verdade começou no 14º dia útil e será concluída no 23º dia útil. Portanto, foram atribuídos três dias úteis a mais para essa atividade.
- Nenhuma outra atividade foi iniciada. Na realidade, pela lógica, nenhuma outra atividade poderia ser iniciada. Em regra, eu nunca indicaria uma duração remanescente prevista nem uma data de conclusão prevista para uma atividade que na verdade não foi iniciada.
- Por fim, Duncan MacBay opôs-se à duração prevista de dez dias para a atividade "Entrevistar/selecionar pessoal". Obviamente, ele ainda não era um membro da equipe quando essa duração foi estimada. Visto que agora ele é gerente da atividade, ele quer comprometer-se com a duração prevista. Com base no número de pessoas que serão contratadas e no número de solicitações de emprego adequadas já recebidas, MacBay prevê que precisará de 20 dias úteis para concluir a atividade.
- **Não** foi utilizada nenhuma "porcentagem de conclusão" como medida do andamento das atividades. Em vez disso, os gerentes das atividades parcialmente concluídas forneceram estimativas precisas e comprometeram-se com a data de conclusão das atividades pelas quais são responsáveis.

Não há dúvida de que o projeto está atrasado em relação ao cronograma, mas não é possível conhecer a situação exata sem analisar o impacto global de todas as informações relativas ao andamento das atividades sobre o cronograma. Felizmente, fazer essa análise é muito fácil, visto que temos um diagrama de rede e um programa de gerenciamento de projetos. A Figura 11.1 mostra o diagrama de rede das atividades remanescentes do projeto. Observe o seguinte:

- São mostradas somente as atividades que ainda não foram concluídas.
- O nó "Continuação do projeto", nas atividades remanescentes, é semelhante ao nó "Início", porque existe mais de uma atividade remanescente que não tem nenhuma predecessora. Existem relações de precedência de fim-início desde o nó "Continuação do projeto" até as

primeiras atividades remanescentes. Você não precisa criar o nó "Continuação do projeto" nem as relações de precedência; elas estarão lá conceitualmente e automaticamente, se necessário.

- A data de início das atividades remanescentes do projeto (o IMAP para o nó "Continuação do projeto") é o 20º dia útil, porque estamos nos reunindo no final do 20º dia.
- Os valores de duração e de CMAP para as atividades parcialmente concluídas correspondem às durações remanescentes previstas e às datas de conclusão previstas que são mostradas para as atividades na Tabela 11.2.
- Os cálculos de passe progressivo foram realizados com base nos relatórios de andamento. A data de conclusão do projeto mudou do 66º dia útil para o 69º dia útil. Agora temos um único caminho crítico, que passa pelas atividades de escolha e arrendamento do prédio e de aquisição de matéria-prima.

Uma reação comum a essa situação é não fazer nada para recuperar os três dias perdidos, porque a data de conclusão programada (69º dia útil) ainda está antecipada em relação ao prazo final (70º dia útil), tal como especificado do termo de abertura do projeto. Reagir assim seria um enorme equívoco! Se você perdeu 3 dias nos primeiros 20 dias do projeto e não faz nada para recuperá-los, até que ponto faz sentido acreditar que você concluirá o projeto no 69º dia útil ou mesmo no 70º dia útil? Você criaria um precedente para permitir um "desvio progressivo do cronograma" e isso levará seu projeto a ser concluído em uma data bem posterior jamais imaginada. Esse desvio progressivo do cronograma é semelhante às taxas de juros compostas, visto que esse ele na verdade não ocorre em relação à duração programada original do projeto; ele ocorre em relação à duração que já foi prolongada. Trata-se de um desvio do desvio!

O recado aqui é seja **obstinado**. Se o projeto atrasou três dias úteis, encontre uma maneira de recuperar esses três dias. Coloque o projeto novamente nos trilhos! Os projetos não se corrigem por conta própria. Elimine os pequenos desvios negativos em relação ao plano antes que eles se tornem enormes.

Diante disso, os membros da equipe começam a propor soluções para comprimir três dias úteis do caminho crítico. Em pouco tempo um dos membros da equipe terá uma ideia excelente que exigirá uma mudança no

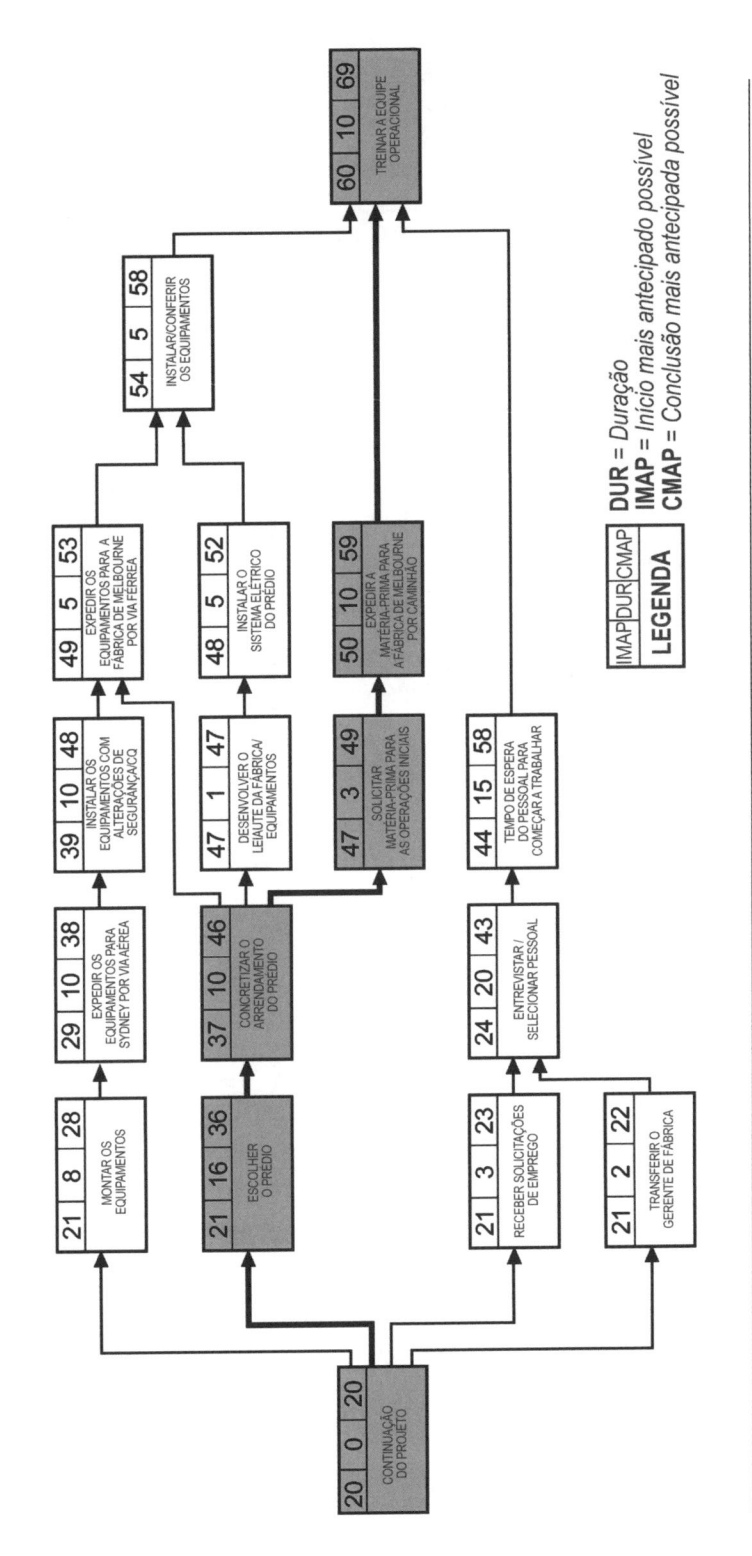

FIGURA 11.1 Projeto de implantação da fábrica de Melbourne após 20 dias úteis

LEGENDA: IMAP | DUR | CMAP
DUR = *Duração*
IMAP = *Início mais antecipado possível*
CMAP = *Conclusão mais antecipada possível*

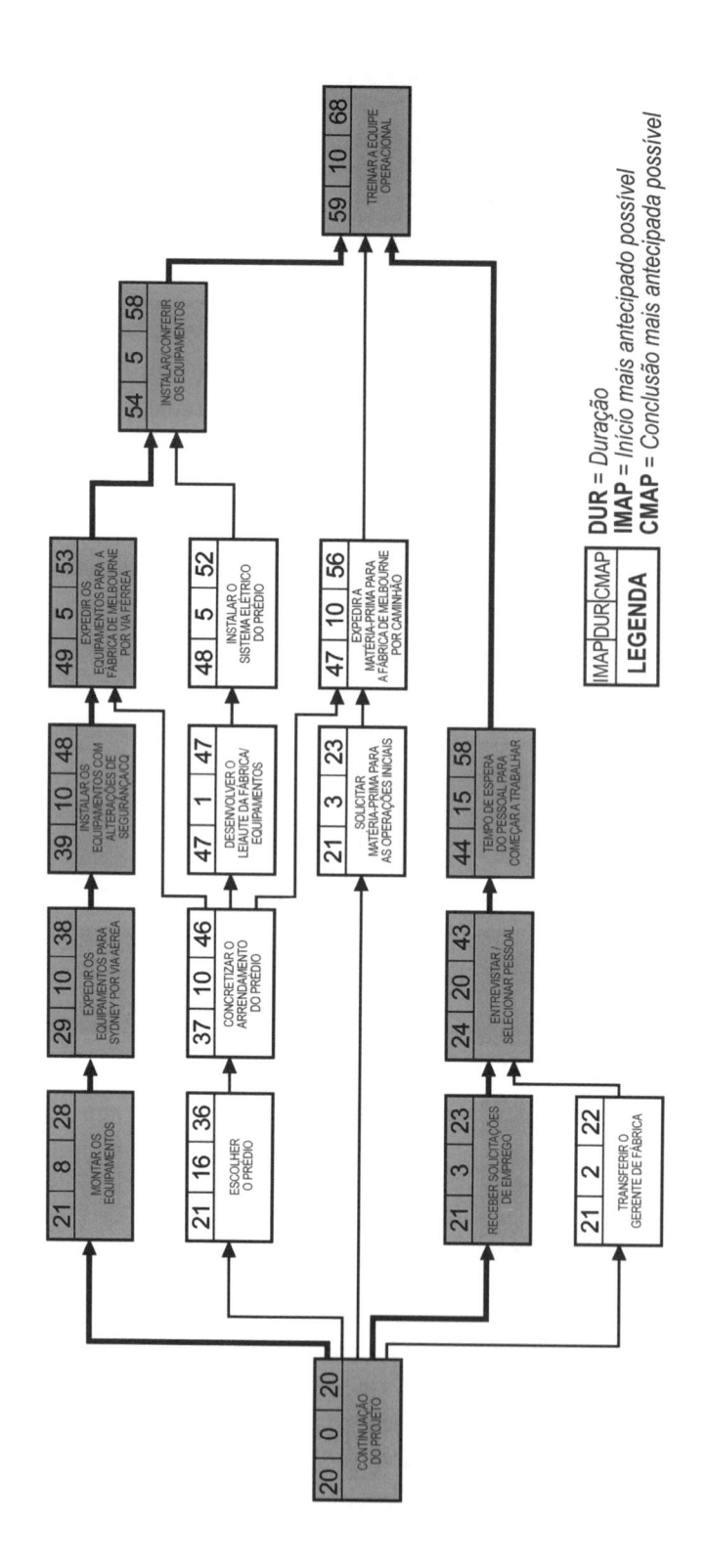

FIGURA 11.2 Cálculos de programação após a revisão do diagrama de rede

diagrama de rede, e não a compressão da duração de uma atividade. O motivo da relação de precedência de fim-início de "Concretizar o arrendamento do prédio" a "Solicitar matéria-prima para as operações iniciais" é que não queremos solicitar a matéria-prima enquanto não pudermos oferecer aos fornecedores um endereço de entrega. Mas e se prosseguíssemos e solicitássemos a matéria-prima imediatamente, sem apresentar um endereço de entrega, e pedíssemos para que os fornecedores segurassem o pedido até o momento em que fornecêssemos o endereço? Levando em conta apenas o diagrama de rede, simplesmente desconectaríamos a ponta da seta de precedência da sucessora de "Solicitar matéria-prima para as operações iniciais" e reconectaríamos essa seta à atividade "Expedir matéria-prima para a fábrica de Melbourne por caminhão", tal como na Figura 11.2. Na verdade, estamos tirando completamente do caminho a atividade "Solicitar matéria-prima para as operações iniciais", e isso não custa um centavo!

Infelizmente, como indicam os cálculos de programação revisados na Figura 11.2, isso não resolve por completo o problema. Na verdade, essa medida comprime as atividades restantes do projeto em um dia, caso em que ele seria concluído no 68º dia útil, porque o caminho dos equipamentos e o caminho da equipe operacional tornam-se críticos. Para resolver esse problema de uma vez por todas, precisamos eliminar dois dias desses dois caminhos críticos.

Diante disso, a equipe decide comprimir "Treinar a equipe operacional", que é adequada à compressão porque é a única atividade que aparece em ambos os caminhos críticos. Ela será comprimida para oito dias de duração porque dois dos dez dias de treinamento serão ministrados no sábado. Portanto, o programa de treinamento continua tendo dez dias, o que ameniza nossa preocupação com possíveis problemas de qualidade. Como "Treinar a equipe operacional" encontra-se em um ponto de gargalo no diagrama de rede, na verdade comprimimos todos os caminhos do projeto em dois dias. Os cálculos de programação resultantes são mostrados na Figura 11.3, na página 162. Problema resolvido! Estamos de volta à data de conclusão programada em nosso cronograma de referência, exatamente no 66º dia útil. O cronograma atualizado basear-se-á nos valores de IMAP e CMAP mostrados na Figura 11.3.

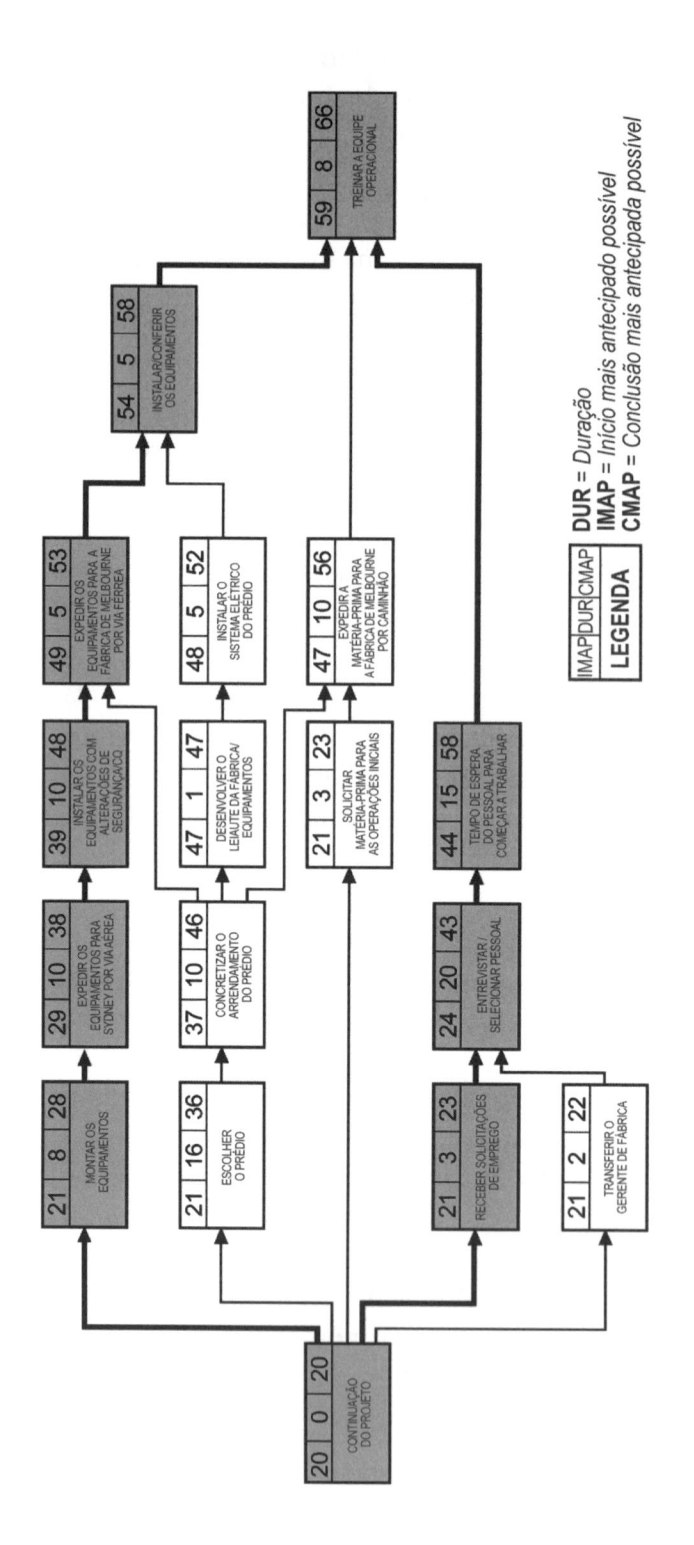

FIGURA 11.3 Cronograma atualizado após a compressão de "Treinar a equipe operacional"

Observe novamente como o diagrama de rede é útil para: 1º) determinar o andamento do projeto com base nos relatórios de andamento e 2º) solucionar o problema de recuperação dos três dias perdidos. Na realidade, sem o diagrama de rede, nossa tentativa de supervisionar o projeto seria seriamente prejudicada.

Esse processo cíclico disciplinado e altamente estruturado é bastante eficaz para manter os projetos nos trilhos e sair vitorioso no final. E é o **jeito mais fácil!**

Pontos-chave

- Sem um método de supervisão proativo, disciplinado e altamente estruturado, seu projeto provavelmente fracassará e seu esforço em planejá-lo será desperdiçado.
- O processo de supervisão de projeto deve detectar desvios do plano, solucionar problemas e atualizar o plano.
- Um processo de supervisão eficaz exige um cronograma atual confiável. Se você deixar que o cronograma fique desatualizado, não terá nenhuma base para supervisionar a dimensão tempo de seu projeto.
- O método mais eficaz para supervisionar um projeto é promover reuniões periódicas com a equipe de projeto. As abordagens que evitam comunicação direta entre os membros da equipe são menos convenientes para reforçar a responsabilidade, o apoio e o compromisso mútuos.
- Nunca utilize a "porcentagem de conclusão" como medida do andamento das atividades do projeto. Trata-se de uma medida vaga do que já passou. Ela tende a encobrir os problemas e é uma motivação para que os membros da equipe evitem comprometer-se com a conclusão da atividade.
- Seja persistente com relação à resolução de problemas e a manter o projeto em dia. Não permita nenhum desvio progressivo do cronograma.
- O diagrama de rede é essencial para determinar o andamento de um projeto complexo e para solucionar problemas.
- Confirme se os membros da equipe de fato compreenderam as medidas corretivas que foram ajustadas em conjunto e estão comprometidos com a implantação dessas medidas.

12

Criando um sistema em prol do sucesso dos projetos

As empresas que adotam métodos estruturados de gerenciamento de projetos, de preferência o PSM, reconhecem a importância de desenvolver um sistema de gerenciamento de projetos para facilitar esse processo. Um bom exemplo é a empresa de arquitetura e engenharia Cohen and Phillips.

Estudo de caso: Cohen and Phillips*

A Cohen and Phillips (C&P) é uma próspera empresa de arquitetura e engenharia especializada em projetos comerciais, como prédios de escritórios, *shopping centers*, hotéis e condomínios multifuncionais. Fundada por Harvey Cohen e David Phillips, a C&P emprega aproximadamente 100 arquitetos e engenheiros. Em qualquer ocasião, a C&P provavelmente está executando de 15 a 25 projetos.

* Este caso é fictício. Qualquer semelhança com empresas, indivíduos ou projetos reais é mera coincidência.

Cada projeto é gerenciado por um de seus arquitetos ou engenheiros mais experientes. Os funcionários dividem-se entre os vários projetos de acordo com a necessidade que se apresenta em relação à sua área de especialização profissional. Harvey está mais direcionado à área de *marketing* da empresa e David gerencia as atividades de prestação de serviços.

Naquela tarde de 31 de dezembro, todos já haviam deixado o escritório para comemorar o Ano-Novo, exceto Harvey e David. Eles estavam se descontraindo um pouco na sala de Harvey e refletindo sobre o ano que estava prestes a terminar.

"É, David, outro ano de desempenho recorde para a C&P. Acho que alguma coisa certa estamos fazendo", disse Harvey.

"Eu diria que estamos fazendo várias coisas certas. Sua habilidade para fazer as coisas acontecerem é fantástica — na verdade, quase assustadora. Temos pessoas excelentes e uma base de clientes que várias empresas de arquitetura e engenharia dariam tudo para ter. Devo admitir, entretanto, que estou começando a me preocupar com nossa capacidade de gerenciar nossas atividades de prestação de serviços no futuro, se continuarmos nesse ritmo de crescimento."

"Com o que especificamente você está preocupado, David?"

"Com várias coisas. Primeiro, mais da metade de nossos gerentes de projeto experientes vai se aposentar no prazo de cinco anos."

"Certo, mas temos algumas pessoas mais novas competentes", disse Harvey. "Você não acha que algumas delas terão competência para preencher essa lacuna?"

"Acho que sim, mas não temos nenhum processo para tornar isso uma realidade. Sempre tivemos a sorte de ter alguns funcionários competentes para gerenciar os projetos razoavelmente bem. Nunca tivemos um programa formal para desenvolver nossos gerentes de projeto", acrescentou David.

"E isso me leva a ter outra preocupação", continuou ele. "Mesmo agora, os métodos empregados por nossos gerentes de projeto não são de forma alguma congruentes. Não temos nenhuma metodologia para servir de modelo. Eles usam diferentes processos de planejamento e supervisão, diferentes programas de gerenciamento e diferentes formatos de documentos e relatórios de planejamento."

"Mas essa coerência é de fato tão importante assim, tendo em vista que os gerentes de projeto estão produzindo bons resultados?"

"Sim, a coerência é importante", respondeu David. "Como poderemos desenvolver novos gerentes de projeto competentes se não adotarmos um método estruturado e coerente para gerenciar os projetos? Além disso, a incoerência confunde nossos funcionários — a maioria está trabalhando em vários projetos ao mesmo tempo, gerenciados por diferentes gerentes."

"Estou compreendendo aonde você quer chegar", disse Harvey. "Então, precisamos de uma metodologia e de um programa de gerenciamento de projetos coerentes. Com o que mais você está preocupado?"

"Estamos enfrentando problemas contínuos para gerenciar a carga de trabalho de nossos funcionários e a gravidade e complexidade desse problema parecem cada vez maiores. Está começando a influir negativamente no desempenho de nossos projetos e no moral dos funcionários", disse David.

"Por exemplo, a Roberta Collins trabalhou 60 horas por semana este mês porque as atividades que exigiam sua experiência na criação de sistemas de iluminação ocorreram todas ao mesmo tempo em três projetos diferentes. Além do fato de ela já estar chegando ao ponto de exaustão, todos esses três projetos começaram a ficar atrasados, porque ela não consegue dar conta de tudo", explicou ele.

"Estamos indo tão bem. Não faço nenhuma objeção à contratação de outro especialista na área de criação de sistemas de iluminação, se isso for o que precisamos", disse Harvey.

"Mas não tenho certeza de que de fato precisamos de outra pessoa permanente — pelo menos não no momento. Há apenas dois meses, ela não tinha trabalho suficiente para se ocupar e Gerhard Mueller é quem estava sobrecarregado com as atividades de criação dos sistemas de AVAC*.

---

* AVAC - sigla que significa "aquecimento, ventilação e ar condicionado" (em inglês HVAC - *heating, ventilating and air conditioning*), referindo-se às três funções principais destinadas ao conforto de ambientes internos, sobretudo em edifícios e veículos.

"O que precisamos na verdade é ter capacidade para prever essas variações na sobrecarga de trabalho e tomar medidas antecipadas para minimizar ou aliviar essas pessoas. Tal como ocorre agora, só percebemos que temos um problema quando já estamos sofrendo seus efeitos. Até o momento, nossas opções para lidar com a sobrecarga de trabalho são bastante limitadas."

Perguntas

As preocupações que David apresentou podem ser solucionadas com a criação e implantação de um sistema de gerenciamento de projetos para a sua empresa.

1. Quais seriam os principais componentes de um sistema de gerenciamento de projetos?
2. Quais fatores influenciariam na estrutura do sistema de gerenciamento de projetos de diferentes empresas?
3. Como você poderia desenvolver a capacidade de prever sobrecargas de trabalho em uma situação em que as pessoas trabalham em vários projetos simultâneos?

A C&P precisa de um sistema de gerenciamento de projetos, se quiser continuar gerenciando bem um número crescente de projetos.

Sistema de gerenciamento de projetos é um conjunto integrado de elementos organizacionais e tecnológicos que apoia a aplicação eficaz dos processos de gerenciamento de projetos.

Em outras palavras, o sistema de gerenciamento de projetos deve facilitar e tornar a aplicação do PSM mais eficaz. Esse sistema não é específico para um único projeto. Na verdade, é uma infraestrutura permanente criada para ser utilizada em um fluxo contínuo de projetos. Alguns dos elementos comuns de um sistema de gerenciamento de projetos são os seguintes:

- Processos padrão de definição, planejamento e supervisão de projetos (de preferência, os processos do PSM).
- Manual de critérios e procedimentos de gerenciamento de projetos.

- Programa de gerenciamento de projetos e outros *softwares* relacionados.
- Formatos padrão para os documentos de planejamento e os relatórios de supervisão.
- Códigos padrão para identificação de categorias de custo, tipos de recurso etc.
- Tecnologias de comunicação em grupo — por exemplo, videoconferência — para serem utilizadas pelas equipes de projeto.
- Modelo de documentos de planejamento (termos de abertura, estrutura de decomposição de trabalho, diagramas de rede de projeto, cronogramas, orçamentos) para tipos de projeto comuns.

Algumas empresas preferem criar um departamento de gerenciamento de projetos (DGP), que é composto por uma equipe cuja responsabilidade é desenvolver e manter o sistema de gerenciamento de projetos. O DGP também pode executar todas as análises de um portfólio de projetos. Por exemplo, no caso da C&P, o DGP seria responsável por relacionar as cargas de trabalho previstas para cada recurso (por exemplo, para cada pessoa) em todos os projetos a fim de prever sobrecargas de trabalho. (Consulte o Apêndice D para obter explicações sobre esse processo.) O DGP também treina, orienta e assessora os gerentes de projeto na aplicação da metodologia de gerenciamento e do sistema de gerenciamento de projetos. Esse departamento deve garantir que o gerenciamento continue eficaz e seja aprimorado a longo prazo, à medida que os funcionários entram e saem da empresa. (Consulte o Apêndice G para obter mais detalhes sobre DGP.)

Do mesmo modo que você equiparia uma equipe de alpinismo de acordo com o tipo de montanha que ela pretendesse escalar e das condições sob as quais ela o faria, os sistemas de gerenciamento de projetos devem ser personalizados ao ambiente em que serão utilizados. Ao criar um sistema de gerenciamento de projetos, você deve fazer algumas perguntas básicas:

- Quantos projetos você em geral executa simultaneamente?
- Seus clientes são internos ou externos, ou ambos?
- Sua organização está estruturada em torno de funções ou de projetos? Ou seria uma estrutura matricial?
- Que tamanho tem seus projetos em termos de duração, custo, número de pessoas/organizações envolvidas e número de atividades?

- Em que medida seus projetos são complexos e qual o nível de incerteza?
- Em que medida a duração, o orçamento e os recursos disponíveis para executar seus projetos são limitados?
- Os recursos são compartilhados entre vários projetos?
- Qual é o nível de habilidade de seus gerentes de projeto quanto à metodologia de gerenciamento de projetos, capacidade de liderança e utilização de programas de gerenciamento?
- Você deve levar em consideração todos esses fatores, dentre outros, para desenvolver um sistema de gerenciamento eficaz para a empresa. Com um sistema de gerenciamento bem elaborado, ficará bem mais fácil aplicar o PSM e ter êxito. E graças à natureza humana, todos nós somos bem mais propensos a usar os métodos que são fáceis e eficazes.

Pontos-chave

- Projete e desenvolva um sistema que contenha um conjunto integrado de elementos organizacionais e técnicos para apoiar a aplicação contínua e eficaz do PSM nos projetos de sua empresa.
- Tome providências para que algumas pessoas ou um grupo assuma a responsabilidade permanente pelo desenvolvimento, pela manutenção e pelo aprimoramento de seu sistema de gerenciamento de projetos.
- Ao projetar seu sistema de gerenciamento de projetos, leve em conta as características de sua empresa, de seu segmento de negócios, de seus projetos e de seus funcionários.

13

Superando as dificuldades

Dadas as características lógicas e racionais do PSM, percebemos que com frequência ele é encarado com objeções pelas pessoas que serão afetadas por ele. Irrefletidamente, essas pessoas podem apresentar inúmeras objeções, como ocorreu na New Millennium Manufacturing Company, a empresa que estava implantando um sistema de gerenciamento empresarial. (Essa empresa foi mencionada antes nos Capítulos 5 e 6.)

> **Estudo de caso: New Millennium Manufacturing Company***
>
> Les McDonald (diretor de informática) está fazendo o encerramento da reunião mensal com todos os gerentes de projeto no Departamento de Sistemas de Informação e Tecnologia.
> "Antes de suspendermos a reunião, preciso dizer uma coisa que tem me preocupado já faz algum tempo", disse Les. "Gostaria que soubessem o que penso e também de obter a opinião de vocês a esse respeito.

* Este caso é fictício. Qualquer semelhança com empresas, indivíduos ou projetos reais é mera coincidência.

Como vocês sabem, praticamente tudo o que fazemos neste departamento pode ser considerado um projeto. Ao que me parece, temos nos esforçado muito para gerenciar nossos projetos, e isso tem afetado negativamente tanto o desempenho de nossos projetos quanto a qualidade de nossas condições de trabalho. Seria ideal se implantássemos um método mais estruturado e coerente para gerenciar nossos projetos", continuou ele.

"Descobri uma empresa de consultoria especializada em gerenciamento de projetos. Ela pode nos oferecer treinamento em um método de gerenciamento comprovado e prático. Além disso, ela pode oferecer consultoria para as nossas equipes de projeto quando começarmos a utilizá-lo. No final, essa empresa pode nos ajudar a implantar o sistema de gerenciamento de projetos, que é desenvolvido de acordo com nossa situação e nossas necessidades", acrescentou ele.

"Les, essa coisa de gerenciamento de projetos toma muito tempo", contestou Beth Robertson. "Neste exato momento eu não tenho tempo suficiente para concluir todos os meus trabalhos. A última coisa que preciso é de algo que vai exigir um tempo a mais do qual eu não disponho."

Em seguida, Raoul Ibrahim manifestou-se: "Frequentei um seminário de gerenciamento de projetos vários anos atrás. A impressão que tive foi de que as técnicas que eles estavam ensinando funcionariam bem para projetos de construção, nos quais o grau de incerteza é relativamente baixo, mas eles não seriam muito úteis para os nossos projetos."

"Les, isso não nos custaria muito dinheiro?", acrescentou Tasha Sadoski. "Achei que tinha entendido que deveríamos economizar cada centavo este ano."

"Eu ainda não entendi por que você está pensando nessa possibilidade, Les", disse Alex St. John. "Imaginei que estivéssemos nos saindo muito bem em nossos projetos. 'Não se mexe em time que está ganhando', não é isso?"

Perguntas
1. Além das preocupações específicas que estão sendo manifestadas pelos gerentes de projeto, o que pode estar motivando essas objeções à implantação de um método estruturado e coerente de gerenciamento de projetos?

2. Você consegue imaginar outras preocupações ou objeções que possam ser levantadas?
3. Como você reagiria a essas preocupações/objeções?

Les deve ter ficado surpreso ao se deparar com essas objeções imediatas vindas de todos os cantos. Contudo, nossa experiência nos diz que essa reação é comum. As pessoas tendem a resistir a mudanças, quando elas as consideram uma ameaça. Essas objeções em geral são um subterfúgio para encobrir seus verdadeiros medos, e não preocupações genuínas. Os motivos reais por trás dessas preocupações podem ser até subconscientes e obscuros para os indivíduos que as manifestam.

Várias são as razões que levam a adoção de um método de gerenciamento estruturado a ser encarada pelas pessoas envolvidas como uma ameaça. Em primeiro lugar, isso impõe responsabilidades claras, disciplina e responsabilização por parte dos membros da equipe. Mudar a "curva de ansiedade" também pode parecer a princípio uma perspectiva desagradável. Além disso, a adoção de um método de gerenciamento de projetos estruturado pode parecer ameaçadora porque exige o domínio de novas habilidades, e isso pode ser assustador para algumas pessoas.

A principal questão para os gerentes é que responder às preocupações específicas expressas pelas pessoas talvez não seja suficiente para lidar com seu impulso subjacente a resistir. É necessário garantir às pessoas que o PSM não será utilizado como um chicote para coagi-las ou puni-las. Você deve convencê-las de que o objetivo da mudança é melhorar a qualidade das condições de trabalho e também melhorar o desempenho dos projetos.

Entretanto, é necessário responder às objeções manifestadas. A seguir estão relacionadas algumas objeções comuns e nossa resposta a cada uma delas.

1ª) Consome muito tempo.

Essa é a objeção mais comum e normalmente a primeira a ser ouvida. As pessoas ressaltam que os processos de definição, planejamento e supervisão de projetos consomem um tempo que elas não têm. Elas não estão conseguindo dar conta de todos os trabalhos naquele momento. Portanto, a imposição de processos de gerenciamento de projetos estruturados só piorará ainda mais a situação. Temos duas respostas para essa preocupação.

a) Quando as pessoas ganham experiência na aplicação do PSM, elas conseguem executar esses processos mais rapidamente e mais eficazmente. As habilidades necessárias tornam-se mais automáticas, porque as pessoas de fato desenvolvem novas formas de pensar sobre os projetos. As ferramentas de *software*, os modelos de plano e os formatos padronizados de documentos/relatórios também agilizam esse processo. Para a maioria das pessoas, essa primeira resposta parece verdadeira.

b) Em geral os membros da equipe precisam primeiro dar crédito a esta segunda resposta, que é mais importante, até o momento em que perceberem que ela se provou verdadeira. O tempo investido nos processos de definição, planejamento e supervisão dos projetos será mais que recompensado pelo tempo economizado, o qual, de outra forma, seria desperdiçado para apagar incêndios e esclarecer as confusões que são evitadas quando utilizamos o PSM. Em outras palavras, embora o PSM de fato exija que se invista tempo, o resultado final é uma **economia líquida de tempo**.

2ª) **Isso não funcionará em nossos projetos.**

As pessoas sustentarão que os processos de gerenciamento estruturados são bastante adequados para os projetos executados por outras organizações, mas não para aqueles que elas devem executar. Elas afirmam que seus projetos são específicos, que são tão indistintos, tão complexos e envolvem tanta incerteza (e assim por diante) que é impossível planejá-los e prevê-los. Novamente, oferecemos duas respostas.

a) Sempre nos sentimos tentados a pedir para as pessoas que manifestam essa objeção para nos apresentar o método que elas utilizam para gerenciar seus projetos, que na opinião delas é sempre mais eficaz que o PSM. Devemos admitir que esta resposta é um tanto quanto petulante, mas ainda estamos para conhecer um método desse tipo. A resposta delas é sempre alguma coisa do gênero: "Tentar alcançar o objetivo a qualquer custo e de qualquer jeito."

b) A segunda resposta a essa objeção é absolutamente séria, e as pessoas sabem que ela é verdadeira ainda que não estejam dispostas a admitir. Quanto mais indistintos, complexos e incertos etc., forem os seus projetos, mais você precisará empregar processos estruturados para defini-los, planejá-los e supervisioná-los. Em outras palavras, quanto mais a utilização do PSM demonstrar-se difícil, mais indispensável será fazer exatamente isso — **aplicá-lo**. Obviamente, as pessoas acabam descobrindo que seus projetos na verdade não são assim tão diferentes daqueles executados por outras organizações.

3ª) **Ficará muito caro.**

A adoção do PSM normalmente envolve custos iniciais de treinamento, *software* e talvez de consultoria. Os custos fixos talvez incluam o salário das pessoas que integram o departamento de gerenciamento de projetos. Contudo, esses custos em geral são triviais em comparação com o custo de um projeto de tirar o fôlego e de importância estratégica para a empresa. O custo de implantação e utilização do PSM é o prêmio que você paga por uma apólice de seguro significativamente barata para proteger você e sua empresa contra possíveis fracassos. O período de recuperação do investimento em um método de gerenciamento projetos eficaz é extremamente curto.

4ª) **É muito complicado.**

Isso simplesmente **não é verdade**. Na realidade, o PSM requer a aplicação de uma aritmética lógica, direta e simples. Obviamente, seu programa de gerenciamento de projetos fará os cálculos por você. Não podemos negar que os usuários desse método devam dominar conceitos, princípios e habilidades analíticas indispensáveis. Nossa experiência comprova que podemos transmitir esse conhecimento em apenas dois dias de treinamento intenso. Talvez mais um dia de treinamento seja necessário para dominar habilidades exigidas pelo *software* a ser utilizado. Portanto, com três meros dias de treinamento, a maioria das pessoas estará preparada para participar ou mesmo liderar os processos estruturados do PSM para definir, planejar e supervisionar seus projetos. Em que sentido isso pode ser complicado? Afinal de contas, é o **jeito mais fácil!**

5ª) **É muito inflexível.**

Essa preocupação pode ser manifestada em relação ao PSM em si ou quanto aos planos de projeto elaborados por meio desse método.

a) Caso as pessoas considerem o PSM tão inflexível, argumento que o oposto da inflexibilidade é a incongruência. Portanto, a **inflexibilidade é uma boa coisa**. Testemunhamos inúmeros casos em que as pessoas sucumbiram à tentação de se desviarem dos processos estruturados que defendemos e acabaram descobrindo que haviam criado problemas reais para si mesmas. Quando conhecemos o caminho que nos leva ao destino desejado, tomar um atalho desconhecido pode ser uma aposta arriscada.

b) Algumas pessoas acreditam que o PSM torna os planos de projeto inflexíveis. Essas pessoas com frequência consideram inflexível qualquer plano razoavelmente detalhado. Ou então talvez elas tenham utilizado anteriormente algum processo de planejamento de fato inflexível, como a elaboração de cronogramas que não utilizam o diagrama de rede como base (tal como explicado no Capítulo 7). Na verdade, um dos pontos positivos dos processos estruturados de definição, planejamento e supervisão de projetos que defendemos é que eles exigem a elaboração de um plano razoavelmente detalhado, mas ao mesmo tempo **permitem ajustes e facilitam o planejamento**, à medida que as circunstâncias mudam e novas informações são disponibilizadas.

6ª) **Não precisamos disso. Estamos indo muito bem sem isso.**

a) As pessoas que manifestam essa objeção normalmente têm uma **visão irreal** do grau de adequação dos projetos executados pela organização em que trabalham. Elas mais do que depressa ignoram os elementos que foram eliminados do escopo do projeto, a qualidade que ficou comprometida, os prazos que não foram cumpridos e os orçamentos estourados característicos de seus projetos. Elas negligenciam as crises, o estresse e os conflitos. Ou então consideram esses acontecimentos como algo natural e inevitável em todo e qualquer projeto. Pior ainda, algumas pessoas de fato parecem prosperar — pelo menos a curto prazo — em meio a desordens e esforços heroicos. Essas pessoas não reconhecem que os processos de gerenciamento que elas estão empregando estão falidos e precisam comprovar isso com os próprios olhos.

b) Mesmo aquelas empresas que ainda não experimentaram insucessos significativos no gerenciamento de seus projetos devem reconhecer a oportunidade, a importância e a necessidade de aprimorar seus recursos de gerenciamento de projetos como uma competência estratégica essencial. Neste mundo de concorrência global ascendente, qualquer organização que não estiver aprimorando continuamente suas habilidades fundamentais em breve será engolida pelos concorrentes que estão.

Pontos-chave

- As pessoas resistirão à implantação de qualquer processo de gerenciamento de projetos, inclusive ao PSM. Portanto, espere por isso.
- Esteja preparado para responder às objeções/preocupações mais comuns que serão manifestadas.
- Reconheça que o impulso por trás das objeções manifestadas por determinadas pessoas pode ser um sentimento velado e talvez inconsciente de estarem sendo ameaçadas pela imposição de responsabilida- aprender novas habilidades.

14

A eficácia do método de sucesso em projetos na prática

Os benefícios que você e sua organização colhem com a aplicação habilidosa e disciplinada do PSM superarão suas expectativas. Esses benefícios enquadram-se em três categorias.

1ª) **Benefícios para os projetos em si.** O êxito dos projetos é maior do que nunca. Eles são concluídos de acordo com as especificações de qualidade, o cronograma e o orçamento. As partes interessadas ficam satisfeitas, quando não absolutamente fascinadas!

2ª) **Benefícios para as pessoas que executam os projetos.** As equipes de projeto sentem-se donas do projeto e comprometem-se com os respectivos planos. Suas funções e responsabilidades no projeto são explícitas. Os membros sentem uma forte motivação por dividir responsabilidades e apoio com seus companheiros de equipe. A comunicação torna-se mais eficaz. Problemas são evitados ou pelo menos detectados com antecedência e resolvidos mais facilmente. A frustração, o estresse e os conflitos são minimizados. A qualidade das condições de trabalho e da vida profissional dessas pessoas melhora substancialmente!

3ª) **Benefícios para a competitividade da empresa.** A possibilidade de executar todos os tipos de projeto mais rapidamente, com maior qualidade e a um custo menor em comparação aos concorrentes é a principal fonte de vantagem competitiva. Em vista de sua confiança crescente na capacidade da organização de executar os projetos, a alta administração predispõe-se a empreender iniciativas estratégicas. As mudanças ocorrem de fato e o sonho transforma-se em realidade!

Aprenda e aplique o PSM e esteja certo que colherá esses benefícios para sua empresa. Se assim proceder, você desenvolverá e colocará em prática habilidades que melhorarão também sua carreira profissional. As pessoas que demonstram sólida habilidade para gerenciar bem um projeto complexo são extremamente raras e altamente valorizadas pelo mundo dos negócios da atualidade. São aquelas poucas pessoas que ganharam domínio nesse **jeito mais fácil**!

Pontos-chave

Os benefícios organizacionais do PSM enquadram-se em três categorias:

- Excelente desempenho em projetos específicos.
- Melhoria da qualidade de vida profissional dos membros da equipe de projeto.
- Vantagem competitiva para a empresa que consegue executar sistematicamente e com êxito seus projetos estratégicos.

Além dos benefícios que advêm para a organização, os indivíduos que dominam o PSM colhem vantagens pessoais em sua carreira profissional.

APÊNDICES

APÊNDICE A

Desenvolvendo procedimentos operacionais para projetos que envolvem várias organizações por meio de um organograma linear de responsabilidade

Um dos desafios enfrentados no gerenciamento de projetos que envolvem várias (ou talvez muitas) organizações é que o grupo não dispõe de procedimentos preestabelecidos para lidar com atividades que ultrapassam as fronteiras organizacionais. Essas atividades com frequência abrangem as seguintes medidas:

- decisões técnicas (por exemplo, especificações ou mudanças estruturais);
- decisões gerenciais (por exemplo, mudanças no cronograma);
- processos administrativos (por exemplo, emissões de pagamentos);
- atividades do projeto que envolvem mais de uma organização (por exemplo, aprovações ou inspeções, colocação de ordens de compra).

Se essas atividades interorganizacionais não forem previstas e os respectivos procedimentos não forem colocados em prática para orientar sua execução, confusões e erros de comunicação são as consequências naturais, e isso pode provocar atrasos desnecessários e possivelmente conflitos entre as organizações.

O desenvolvimento de procedimentos operacionais para projetos multiorganizacionais pode ser facilitado por um instrumento denominado **organograma linear de responsabilidade** (OLR). Considere o exemplo hipotético e simplificado exibido na Tabela A.1. A Cavendish Chemicals está projetando a planta e a construção de uma estação de tratamento de água. Esse projeto envolverá as organizações, as pessoas e os departamentos mostrados nas colunas do organograma. As atividades interorganizacionais que podem ser previstas nesse projeto estão relacionadas nas linhas do organograma. Vários códigos de responsabilidade (letras) estão definidos no canto superior. Esses códigos são utilizados em cada célula do organograma para indicar a(s) responsabilidade(s) da entidade na coluna relativa à atividade nessa linha. Ao ler os códigos em qualquer linha do OLR é possível ter uma visão geral do procedimento para a atividade relacionada com essa linha.

O objetivo do OLR não é ser um fim em si mesmo. Na verdade, o OLR é um instrumento eficaz empregado para coletar e averiguar informações sobre como as organizações pretendem trabalhar em conjunto. Desse modo, os procedimentos documentados por escrito para cada atividade podem ser desenvolvidos rapidamente com pouquíssimas reformulações. O processo envolve vários passos, como os seguintes:

1º) Identificar as organizações, as pessoas e os departamentos que devem ser representados no organograma e criar os títulos de coluna relativos a essas entidades.
2º) Desenvolver um conjunto inicial de códigos de responsabilidade, como aqueles mostrados no exemplo.
3º) Entrevistar o gerente do projeto. Gravar o áudio da entrevista. Pedir ao gerente do projeto para:
   a) Identificar as atividades interorganizacionais que devem ser incluídas no organograma e finalmente no manual de procedimentos do projeto. Inserir essas atividades nas linhas do organograma.
   b) Explicar o procedimento de cada atividade da forma como ele prefere que ela seja executada. Inserir os códigos de responsabilidade nas células do organograma para representar o procedimento tal como descrito. Se necessário, criar códigos de responsabilidade complementares.

Cavendish Chemicals, Inc.
OLR para a planta e construção da estação de tratamento de água

CÓDIGO DAS RESPONSABILIDADES
A Solicitações/Iniciativas
B Execução/Medidas
C Necessário obter informações
D Precisa de aprovação
E Necessário fornecer informações

ATIVIDADES	Cavendish Chemicals									
	Vice-presidente de produção	Gerente de projeto	Engenharia de processos	Engenharia de fábrica	Arquiteto	Empreiteiros gerais	Subempreiteiros	Fornecedores de equipamentos	Agência de Proteção Ambiental	Inspetor predial do município
Processar mudanças nas especificações da planta	D	E	A/B	C	E	E	E	E	D	
Mudanças na planta da estação	E	E	C	A/B	C	C	E		E	D
Mudanças no cronograma da planta	D	B	A/C	A/C		C				
Mudanças no cronograma de construção	D	B		A	C	C	E	E		
Inspeções municipais		E	E	E	E	A	E			B/D
Inspeções da Agência de Proteção Ambiental		A	E	E	E	E			B/D	
Inspeções do proprietário	E	B/D			E	E				
Pagamentos	B	D			D	A	A	A		

TABELA A.1 Exemplo de organograma linear de responsabilidade (OLR)

4º) Entrevistar outras pessoas-chave que estão identificadas no OLR ou que representem as organizações ou os departamentos identificados no organograma. A sequência segundo a qual essas entrevistas são realizadas não é importante. Novamente, grave o áudio de todas as entrevistas. Mostre a cada entrevistado as atividades que foram inseridas no OLR pelos entrevistados anteriores. Peça ao entrevistado para identificar possíveis atividades complementares que devam ser incluídas e para descrever o procedimento de sua preferência. Insira também os códigos apropriados no OLR e crie códigos de responsabilidade adicionais se necessário.

5º) Após a conclusão de todas as entrevistas, realizar uma reunião com as pessoas-chave identificadas no OLR ou com os indivíduos que representam as organizações ou os departamentos identificados no OLR. Gravar o áudio dessa reunião. Distribuir cópias do OLR.

a) Explicar o procedimento de cada atividade tal como descrito pelos códigos de responsabilidade. Solicitar comentários, sugestões ou considerações a respeito do procedimento de cada atividade. Procurar obter consenso sobre todas as mudanças. Alterar os códigos de acordo com a necessidade.

b) Perguntar se é necessário acrescentar ao OLR quaisquer atividades complementares. Possibilitar que o grupo discuta o procedimento preferido de qualquer atividade e registrar os códigos apropriados no OLR. Novamente, procurar obter consenso.

6º) Utilizando o OLR (e a gravação em áudio, se necessário), elaborar um manual de procedimentos para o projeto. Cada linha do OLR deve ser transformada em um procedimento por escrito. Todos os procedimentos devem ter:

a) Data e número da versão.

b) Nome/descrição da atividade (por exemplo, "Mudanças no cronograma de construção").

c) Exposição do procedimento com base nos códigos do OLR. Além disso, essa exposição deve conter detalhes do tipo:

(1) Na elaboração de uma proposta, exatamente qual documento deve ser fornecido e a quem ele deve ser enviado.

(2) Quanto tempo uma entidade normalmente terá para rever e agir de acordo em relação a um item submetido para aprovação ou a outra medida qualquer.

(3) Quem deve receber cópia de determinadas informações.
(4) Se são necessárias/permitidas cópias impressas ou comunicações eletrônicas.

d) Linhas de assinatura para o gerente de projeto e as outras pessoas-chave identificadas no OLR ou para os representantes das organizações ou dos departamentos identificados no OLR. As assinaturas indicam que essas pessoas-chave aprovam o procedimento e que elas seguirão e solicitarão que outros membros de sua organização sigam o procedimento.

Além dos procedimentos individuais, os procedimentos manuais devem conter:

(1) Um sumário.
(2) Uma lista de informações de contato das pessoas-chave envolvidas no projeto, como número de telefone, endereço postal e endereço de *e-mail*.
(3) O OLR final no qual os procedimentos estão fundamentados.
(4) Um glossário dos termos empregados, se necessário.

7º) Distribuir o manual de procedimentos a todas as organizações envolvidas em cópia impressa e/ou eletrônica.

A elaboração antecipada do manual de procedimentos descrito anteriormente se provou inestimável em projetos que envolviam várias organizações. A utilização do OLR de acordo com os passos descritos facilita significativamente esse processo e garante que o manual de procedimentos esteja completo e represente o consenso entre as organizações envolvidas.

APÊNDICE B
Diagrama de precedência generalizada

No Capítulo 7, expliquei de que forma os diagramas de rede são elaborados utilizando o tipo de relação de precedência mais simples — isto é, a relação de fim-início (FI), sem a especificação da duração associada às relações de precedência. Mencionei também que outros tipos de relação de precedência mais complexos são empregados pelos programas de gerenciamento de projetos mais comuns. Contudo, recomendei que você utilizasse apenas o tipo de **relação de precedência mais simples** sempre que possível, mesmo se precisasse detalhar um pouco mais as atividades do projeto para representar o raciocínio lógico pretendido. Embora nem sempre seja possível representar a lógica pretendida por meio do tipo de relação mais simples, normalmente isso é possível. E dois são os motivos para empregá-lo sempre que cabível:

- A compreensão da lógica do seu diagrama de rede ficará mais fácil.
- A interpretação dos resultados dos cálculos de programação efetuados pelo programa de gerenciamento de projetos ficará mais fácil.

Neste apêndice, explicarei as complexidades complementares relacionadas com o **"diagrama de precedência generalizada"**. Nos tipos de relação de precedência complexa de aplicação mais comum, mostrarei de que forma você representa a mesma lógica empregada nas relações de FI simples que não tenham nenhuma duração associada.

O diagrama de precedência generalizada introduz um ou ambos os tipos complementares de complexidade em uma relação de precedência:

- A duração está relacionada com a relação de precedência. Ela pode estar representada por um número positivo (de dias úteis, por exemplo), caso em que ela é chamada de **"defasagem"** (ou atraso), ou por um número negativo, em que é chamada de **"sobreposição"**.
- A lógica determinante entre a atividade predecessora e a atividade sucessora não é a de fim-início. Os outros tipos de lógica determinante, em ordem de frequência de utilização nos projetos reais, são:
    - **Início-início (II).** O início da atividade predecessora determina o início da atividade sucessora.
    - **Fim-fim (FF).** O fim da atividade predecessora determina o fim da atividade sucessora.
    - **Início-fim (IF).** O início da atividade predecessora determina o fim da atividade sucessora.

Vejamos agora os três tipos de relação complexa mais comuns, para que você compreenda seu significado. Mais importante do que isso, para que você saiba como representar a mesma lógica utilizando apenas relações de FI sem defasagem. Em cada caso, mostrarei a relação com um exemplo de projeto real.

Início-fim com defasagem. Um projeto de implantação de uma nova fábrica requer atividades como solicitação de equipamentos, remessa dos equipamentos do fornecedor para a nova fábrica e instalação dos equipamentos. Você poderia representar essa lógica tal como exemplificado na Figura B.1a. Observe que não existe nenhum nó para a expedição dos equipamentos. Em vez disso, o tempo necessário para expedir os equipamentos é representado na defasagem de dez dias entre a atividade de solicitação e a atividade de instalação. Algumas pessoas desenhariam esse diagrama dessa forma, porque a expedição é uma das atividades especiais nesse caso que envolvem tempo de espera, e não de execução, do ponto de vista da equipe do projeto. Eu **nunca** trataria a expedição como

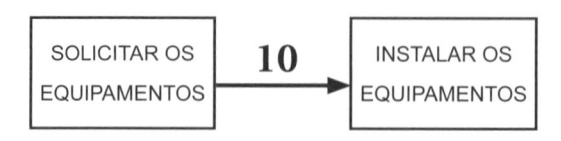

FIGURA B.1a Fim-início com defasagem

```
┌──────────────┐     ┌──────────────┐     ┌──────────────┐
│ SOLICITAR OS │ ──▶ │  EXPEDIR OS  │ ──▶ │ INSTALAR OS  │
│ EQUIPAMENTOS │     │ EQUIPAMENTOS │     │ EQUIPAMENTOS │
└──────────────┘     └──────────────┘     └──────────────┘
```

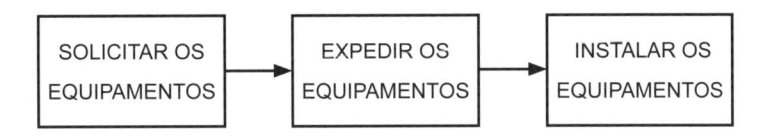

FIGURA B.1b Defasagem substituída por atividade

defasagem. Na verdade, eu a consideraria uma atividade, como mostrado na Figura B.1b. Por quê? Por dois motivos fundamentais:

1º) Em minha opinião, um membro da equipe deve assumir a responsabilidade de acompanhar a remessa dos equipamentos. Normalmente, costumamos designar um membro da equipe para gerenciar cada atividade. Contudo, nunca ouvi falar de um "gerente de defasagem". Portanto, se eu considerasse a remessa uma atividade, um membro da equipe evidentemente ficaria responsável por gerenciá-la.

2º) Meu objetivo é que todas as atividades que tomam tempo no projeto estejam claramente visíveis no cronograma do projeto, independentemente do formato do cronograma que eu estiver examinando. No gráfico de Gantt, cada atividade será exibida como uma barra em uma mesma escala, mas as defasagens de forma alguma são mostradas explicitamente. Em um cronograma tabular, cada atividade será exibida como uma linha de informação na tabela. Contudo, repetindo, as defasagens não são exibidas de forma alguma. Na realidade, o único lugar em que a defasagem fica explicitamente visível é no número presente na seta de precedência do diagrama de rede exemplificado na Figura B.1a. Por que — talvez você pergunte — eu quero que as atividades que tomam tempo no projeto estejam visíveis no cronograma? Lembre de que, em geral, o gerenciamento eficaz da dimensão tempo do desempenho dos projetos é fundamental para o sucesso da dimensão qualidade e também da dimensão custo. Para ser mais específico, suponha que as atividades mostradas na Figura B.1 estejam no caminho que está determinando a duração do projeto. Suponha também que eu precise diminuir a duração do projeto para cumprir o prazo final. Se a atividade de remessa de equipamentos estiver visível, eu a considerarei uma opção para comprimir a duração do projeto. Talvez eu consiga agilizar a remessa ou utilizar um meio de transporte mais rápido. Se a remessa for representada no cronograma como uma defasagem invisível, provavelmente nunca perceberei que ela pode resolver meu problema.

Início-Início com defasagem. Uma grande empresa de arquitetura e engenharia estava executando um projeto para atualizar sua tecnologia. O projeto exigia a instalação de cerca de 50 estações de trabalho de desenho auxiliado por computador e o treinamento dos arquitetos e engenheiros na utilização dessas novas estações. Ao planejar o projeto, a equipe percebeu que não precisava esperar a instalação de todas as 50 estações de trabalho para iniciar o treinamento. Na verdade, a equipe poderia começar o treinamento tão logo as primeiras dez estações estivessem instaladas, atividade que, segundo a estimativa da equipe, demoraria em torno de uma semana (cinco dias úteis). Você poderia representar essa lógica usando a relação de início-início com uma defasagem de cinco dias, como mostrado na Figura B.2a.

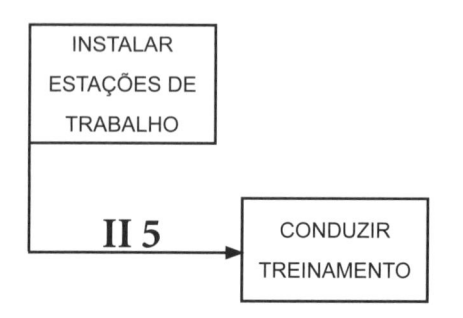

```
   ┌─────────────┐
   │  INSTALAR   │
   │ ESTAÇÕES DE │
   │  TRABALHO   │
   └──────┬──────┘
          │
          │   II 5    ┌─────────────┐
          └──────────▶│  CONDUZIR   │
                      │ TREINAMENTO │
                      └─────────────┘
```

FIGURA B.2a Início-início sem defasagem

Observe que a seta de precedência é traçada do lado esquerdo (início) da atividade de instalação para o lado esquerdo (início) da atividade de treinamento. Isso significa que a atividade de treinamento pode ser iniciada cinco dias úteis depois da atividade de instalação. Contudo, o número "5" na seta de precedência explica o que está ocorrendo durante esses cinco dias? Em vez de utilizar a relação de início-início com cinco dias de defasagem, dividimos a atividade de instalação em duas atividades, como indicado na Figura B.2b. A atividade "Instalar 10 estações de trabalho" tinha cinco dias de duração. Voltamos então para as relações de fim-início sem

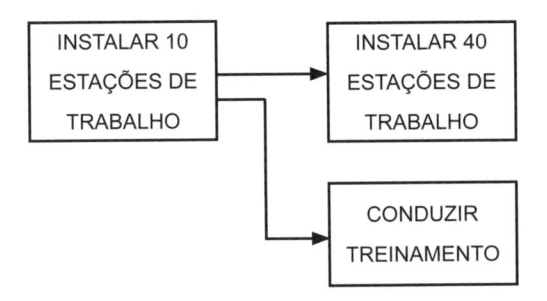

```
┌─────────────┐      ┌─────────────┐
│ INSTALAR 10 │      │ INSTALAR 40 │
│ ESTAÇÕES DE │─────▶│ ESTAÇÕES DE │
│  TRABALHO   │┐     │  TRABALHO   │
└─────────────┘│     └─────────────┘
               │
               │     ┌─────────────┐
               │     │  CONDUZIR   │
               └────▶│ TREINAMENTO │
                     └─────────────┘
```

FIGURA B.2b Divisão da atividade predecessora para eliminar a relação de início-início com defasagem

defasagem. Não darei exemplos disso aqui, mas a interpretação dos resultados dos cálculos de programação ficou mais fácil com a representação da relação entre essas atividades na Figura B.2b do que se o diagrama de rede tivesse sido desenhado tal como na Figura B.2a.

Fim-fim com defasagem. Uma empresa de consultoria estava conduzindo um estudo para ajudar o cliente a aprimorar sua estratégia de *marketing* referente a uma linha de produtos. O projeto exigia a coleta e análise de uma quantidade enorme de dados e a redação de um relatório. O relatório desse estudo seria dividido em duas seções (simplificadas aqui em comparação com o projeto real). A primeira seção do relatório apresentaria a declaração do problema, os objetivos do estudo e uma descrição da metodologia empregada nesse estudo. A segunda seção do relatório apresentaria os resultados, as conclusões e as recomendações. Esse projeto era extremamente estratégico. Por isso, o cliente queria que o estudo fosse concluído e o relatório fosse apresentado o mais rápido possível. A equipe do projeto percebeu que poderia começar a redigir a primeira seção do relatório enquanto os dados estavam sendo coletados e analisados. Entretanto, a redação da segunda seção do relatório (atividade que segundo a previsão da equipe levaria 25 dias úteis) não poderia ocorrer enquanto a coleta e a análise de dados não estivessem concluídas. Você poderia representar essa lógica usando a relação de fim-fim com uma defasagem de 25 dias, como indicado na Figura B.3a. Observe que a seta de precedência é desenhada do lado direito (fim) da atividade de coleta/análise de dados para o lado direito (fim) da atividade de redação do relatório. Isso significa que ambas as atividades podem ser iniciadas independentemente. Porém, a atividade de redação do relatório só pode ser finalizada 25 dias após a

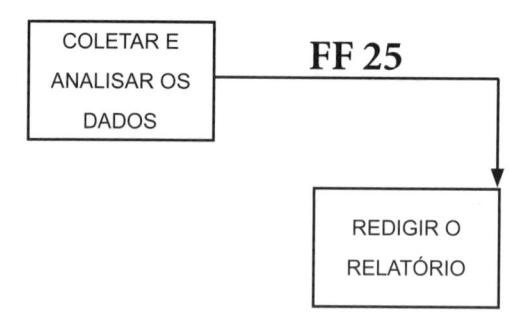

```
┌─────────────┐
│  COLETAR E  │      FF 25
│ ANALISAR OS ├──────────────┐
│    DADOS    │              │
└─────────────┘              │
                             ▼
                     ┌─────────────┐
                     │  REDIGIR O  │
                     │  RELATÓRIO  │
                     └─────────────┘
```

FIGURA B.3a Fim-fim com defasagem

conclusão da atividade de coleta/análise de dados. Mas o número "25" na seta de precedência explica o que está ocorrendo durante esses 25 dias? Em vez de utilizar a relação de fim-fim com uma defasagem de 25 dias, dividimos a atividade de redação do relatório em duas atividades, tal como mostra a Figura B.3b.

A atividade "Redigir a segunda seção do relatório" tinha 25 dias de duração. Novamente, voltamos às relações de fim-início sem defasagem. E, uma vez mais, a interpretação dos resultados dos cálculos de programação ficou mais fácil com a representação da relação entre essas atividades tal como na Figura B.3b do que se o diagrama de rede tivesse sido desenhado tal como na Figura B.3a.

```
       ┌─────────────┐
       │  COLETAR E  │
       │ ANALISAR OS │──────┐
       │    DADOS    │      │
       └─────────────┘      │
                            ▼
┌─────────────┐      ┌─────────────┐
│  REDIGIR A  │      │  REDIGIR A  │
│  PRIMEIRA   │─────▶│   SEGUNDA   │
│   SEÇÃO     │      │    SEÇÃO    │
│ DO RELATÓRIO│      │ DO RELATÓRIO│
└─────────────┘      └─────────────┘
```

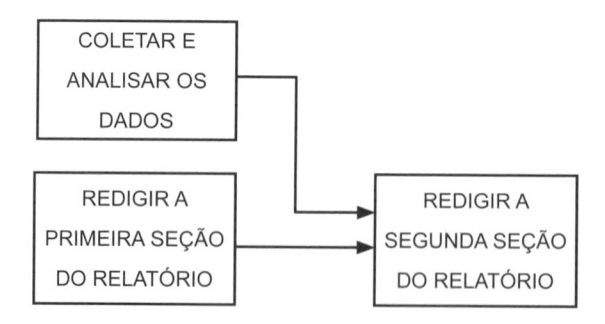

FIGURA B.3b Divisão da atividade sucessora para eliminar a relação de fim-fim com defasagem

Relações compostas

A relação composta engloba duas setas de precedência entre duas atividades idênticas, usualmente uma relação de início-início com defasagem e uma relação de fim-fim com defasagem. (Alguns programas de gerenciamento de projetos não permitem mais de uma relação de precedência entre duas atividades idênticas, mas sempre existe uma forma de resolver essa limitação.) Uma cadeia de hotéis estava reformando um hotel de 20 andares. Novamente, simplificando um pouco em prol do exemplo, o plano seria iniciar os trabalhos do 20º andar para baixo, pintando a acarpetando cada andar. O objetivo era possibilitar que os pintores concluíssem seu trabalho em cada andar antes que os instaladores de carpete começassem a trabalhar naquele andar. As atividades de pintura e colocação de carpetes foram organizadas com um número de pintores e instaladores de tal forma que cada andar fosse concluído em seis dias, em ambos os casos. O hotel continuaria funcionando com o projeto de reforma em andamento. Portanto, o serviço deveria ser interrompido e em seguida voltar a funcionar à medida que o trabalho fosse concluído nesses andares. Se você elaborasse o diagrama de rede usando apenas as relações de precedência de fim-início sem defasagem, ele seria semelhante à Figura B.4b. Isso exigiria 40 atividades: a atividade de pintura e a atividade de colocação de carpete para cada andar. Era tentador diminuir o número de atividades de quarenta para apenas duas utilizando a relação composta mostrada na Figura B.4a.

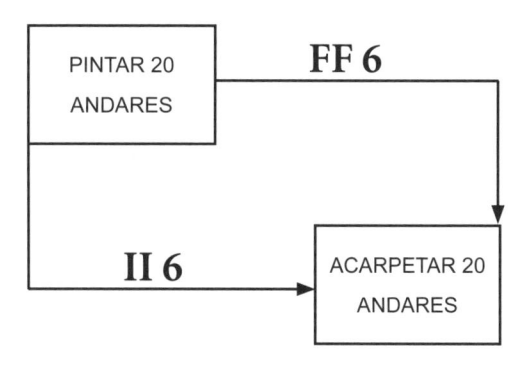

FIGURA B.4a Relação composta

A defasagem de seis dias na relação de início-início corresponde ao tempo necessário para pintar o 20º andar antes de iniciar a colocação do carpete. A defasagem de seis dias na relação de fim-fim corresponde ao tempo necessário para colocar o carpete no primeiro andar, depois que a pintura estivesse totalmente concluída.

Contudo, considere as seguintes questões:

- Na qualidade de gerente do projeto, você gostaria que o sistema de gerenciamento de projetos fosse capaz de lhe informar em que data a atividade de pintura estaria programada para começar em um determinado andar? Se o gerente do projeto não se importasse com isso, o gerente do hotel com certeza se importaria, porque precisaria saber em que data deveria interromper os serviços de cada andar.
- Você gostaria que o sistema de gerenciamento de projetos fosse capaz de lhe informar em que data a atividade de colocação do carpete estaria programada para terminar em um determinado andar?
- Você gostaria que o sistema de gerenciamento de projetos fosse capaz de lhe informar o andar em que os pintores ou os instaladores de carpete estariam trabalhando em uma determinada data?

As respostas a cada uma das perguntas acima deveria ser um enfático **"Sim!"**. Se você elaborasse o diagrama de rede tal como indicado na Figura B.4b, o sistema responderia facilmente todas essas questões. Se você elaborasse o diagrama de rede utilizando a relação composta indicada na Figura B.4a, o sistema não poderia responder nenhuma dessas questões.

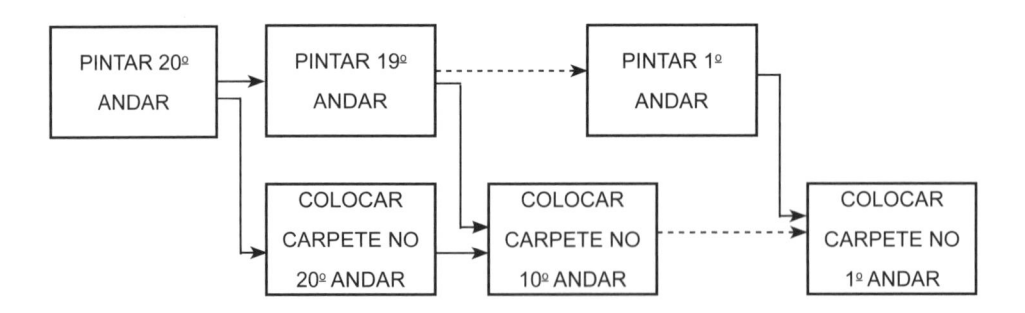

FIGURA B.4b Somente relações de fim-início sem defasagem

A única coisa que o sistema poderia informar seria: a) a data programada do início da pintura do 20º andar e da conclusão da pintura do 1º andar e b) a data programada do início da instalação do carpete do 20º andar e da conclusão da instalação do carpete no 1º andar.

Lembre-se, o objetivo aqui é representar a lógica dos requisitos de sequenciamento de uma maneira que ajude o gerente de projeto. Não existe nenhum incentivo para minimizar o número de nós de atividade ou de setas de precedência no diagrama de rede. Eu sempre digo para os meus clientes que os nós e as setas são livres, e a possibilidade de utilizar ambos é muito grande. Portanto, utilize os nós e as setas à vontade para representar a lógica necessária de seu projeto de uma forma simples, clara e proveitosa.

APÊNDICE C

Cálculos de programação

No Capítulo 9, expliquei e dei exemplos sobre os cálculos de programação de **"passe progressivo"**, que é exatamente o que precisamos para determinar a data de início mais antecipada possível e a data de conclusão mais antecipada possível de cada atividade, a duração do projeto e o local ou os locais pelos quais passam um ou mais caminhos críticos. Neste apêndice, utilizarei o mesmo exemplo (da Figura 9.1) para explicar e ilustrar os cálculos remanescentes, incluindo a **"folga"**. Seu programa de gerenciamento de projetos executará todos esses cálculos sempre que você instruí-lo para calcular o cronograma.

Novamente, é necessário lembrá-lo de que os cálculos, da forma como são apresentados aqui, pressupõem duas questões:

- Apenas as relações de precedência de fim-início sem fatores de defasagem são utilizados no diagrama de rede.
- As únicas restrições de data que são inseridas no programa de gerenciamento de projetos correspondem à data de início e ao prazo final do projeto. Em outras palavras, não é inserida nenhuma restrição nas datas de início ou conclusão das atividades dentro do projeto.

Se uma ou as duas pressuposições acima não forem verdadeiras, os cálculos ficarão mais complexos que os cálculos explicados e ilustrados aqui, e a interpretação dos resultados desses cálculos e a identificação de um ou mais caminhos críticos tornam-se mais difíceis.

Os cálculos de passe retroativo

Na Figura 9.1, foram mostrados os cálculos de passe progressivo. Em seguida, executamos os cálculos de "passe retroativo", tal como mostrado na Figura C.1. Esses cálculos informam o início mais tardio admissível (IMTA) e a conclusão mais tardia admissível (CMTA) para cada atividade, com base na exigência de que o projeto seja concluído dentro do prazo final. Os valores de IMTA e CMTA são mostrados nos quadrados superior esquerdo e superior direito de cada nó.

Para começar, especificamos o prazo final do projeto, que é indicado como a data de conclusão mais tardia admissível da última atividade — a atividade K, no exemplo. O prazo final é inserido no programa de gerenciamento no formato de data, mas o *software* o tratará internamente como número de dias úteis. No exemplo, o prazo final (40º dia) é o mesmo da duração do projeto; isto é, o mesmo da conclusão mais antecipada possível (CMAP) da última atividade. Por convenção, o programa de gerenciamento configurará o prazo final do projeto de forma idêntica à CMAP do nó da última atividade, se você não especificar um prazo final para o projeto.

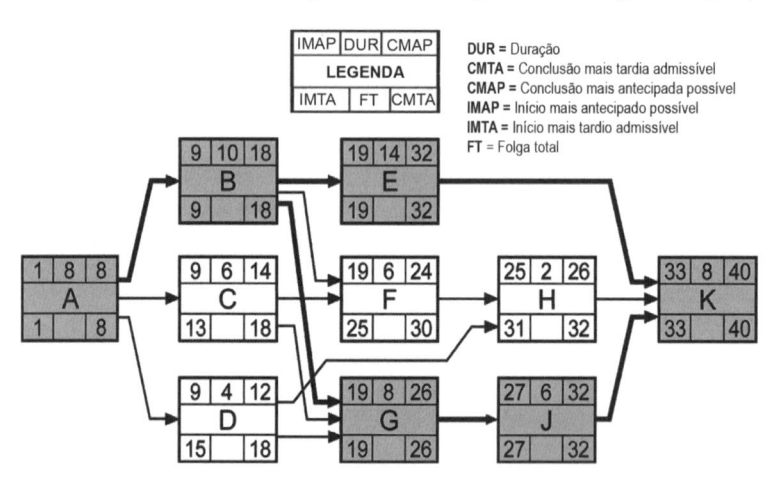

FIGURA C.1 Exemplo de cálculo de programação de passe retroativo

Agora, simplesmente invertemos a lógica que empregamos no passe progressivo. Se a atividade K tiver de ser concluída no 40º dia e levar oito dias para ser executada, então deverá ser iniciada não antes do 33º dia.

Tal como nos cálculos de passe progressivo, devemos trabalhar nas colunas de atividades à medida que retrocedermos pelo diagrama de rede. Portanto, em seguida passamos para a atividade H.

Se a atividade K tiver de ser iniciada por volta do 33º dia, a atividade H deverá ser concluída por volta do 32º dia. E se H tiver dois dias úteis de duração, ela deverá ser iniciada no 31º dia. Observe que não estamos utilizando de forma alguma os valores de IMAP e CMAP para realizar esses cálculos.

Aplicamos a mesma lógica para calcular os valores de CMTA e IMTA referentes às atividades J, E, F e G. Quando chegarmos à atividade B, encontraremos o primeiro caso em que a atividade tem mais de uma sucessora. A atividade B deve ser concluída no prazo para que E seja iniciada por volta do 19º dia *e* F seja iniciada por volta do 25º dia *e* G seja iniciada por volta do 19º dia. Como E e G devem ser iniciadas mais cedo, elas determinam em que momento B deve ser concluída — por volta do 18º dia.

Aplicamos essa mesma lógica para determinar a CMTA correspondente às atividades C, D e A. Por exemplo, a atividade D deve ser concluída no prazo para que G seja iniciada por volta do 19º dia e H seja iniciada por volta do 31º dia. Como G deve ser iniciada mais cedo do que H, a atividade D deve ser concluída por volta do 18º dia.

Observe como é importante que as setas de precedência não sejam ambíguas. Lembre-se de que, se tivéssemos utilizado setas de divisão e união para traçar o diagrama de rede, as setas seriam ambíguas e os cálculos provavelmente seriam incorretos.

O IMTA da atividade A acaba sendo o primeiro dia, que é exatamente o que deveríamos ter suposto. Os cálculos de passe retroativo mostraram que a duração do projeto é de 40 dias úteis. Portanto, se precisarmos concluí-lo por volta do 40º dia, ele precisa ser iniciado no primeiro dia. Em geral, isso não significa necessariamente que o IMAP e o IMTA da primeira atividade serão iguais. O que normalmente ocorre, de fato, é que a diferença em dias úteis entre o IMAP e o IMTA do nó da primeira atividade deve ser igual à diferença entre a CMAP e a CMTA do nó da última atividade. Dessa maneira, se a CMTA da atividade K tivesse sido especificada no 45º dia, o IMTA da atividade A teria sido no sexto dia. Isso significa que você poderia esperar cinco dias (a partir do primeiro dia) para começar o projeto e ainda assim concluí-lo no 45º dia. De modo semelhante, se a CMTA de K tivesse sido especificada no 36º dia, o IMTA da atividade A teria sido menos quatro. "Menos quatro", você deve estar se perguntando. "Afinal de contas, que significado tem um número negativo?" É apenas uma data no calendário do projeto quatro dias anterior ao primeiro dia. Portanto, não há nada ilógico com relação aos números negativos nos cálculos de passe retroativo. Isso ocorre sempre que o prazo final do projeto for anterior à data de conclusão mais antecipada possível do projeto. Naturalmente, seu programa de gerenciamento de projetos mostrará as datas correspondentes dos valores de IMTA e CMTA, em vez de o número de dias úteis. Desse modo, você nunca verá nenhum valor negativo de IMTA nem de CMTA.

Cálculo e interpretação das folgas

São calculados para cada atividade dois tipos de folga — a **"folga total"** e a **"folga livre"**. Elas são definidas e calculadas de forma diferenciada. Mais importante do que isso, elas são empregadas diferentemente no gerenciamento de projetos. Percebi que as pessoas com frequência falam sobre folga sem especificar de que tipo de folga elas estão falando. Na maioria dos casos, elas estão se referindo à folga total. Do contrário, elas de fato não sabem sobre o que estão falando. Muitas pessoas têm apenas uma vaga ideia do significado de folga.

A **folga total** (FT) é a quantidade de tempo de atraso que a atividade pode ter além de sua data de conclusão mais antecipada possível (CMAP) sem que o projeto ultrapasse seu prazo final (isto é, sem que a CMAP do nó da última atividade ultrapasse a CMTA desse nó).

Dê uma olhada na atividade C, na Figura C.1. Você poderia ter um atraso de quatro dias na atividade C em relação ao seu valor de CMAP, que é 14, sem levar o projeto a ultrapassar o 40º dia. Como eu sei disso? Eu sei porque já calculei a data mais tardia em que você pode concluir a atividade C e ainda assim finalizar o projeto no prazo — é o valor de CMTA, isto é, 18. Portanto, para calcular a folga total de cada atividade, subtraia seu valor de CMAP de sua CMTA. O valor de FT pode ser negativo, uma indicação de que a atividade encontra-se em um caminho que já determina que a data de conclusão do projeto será em uma data posterior ao prazo final.

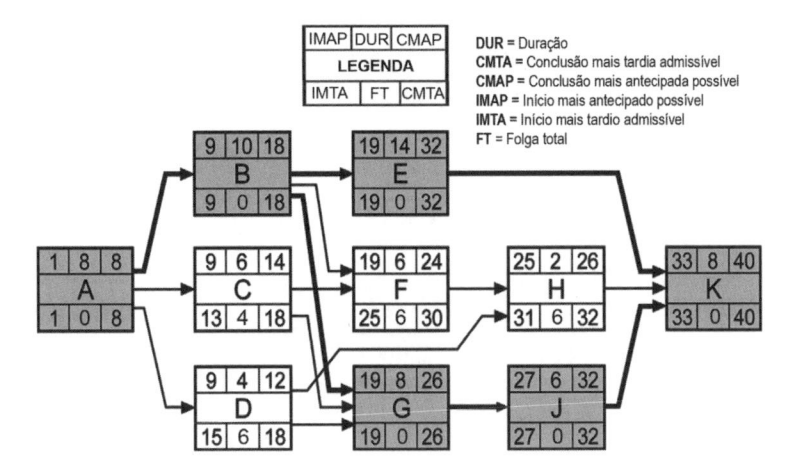

FIGURA C.2 Exemplo de cálculo de folga total

A Figura C.2 mostra o diagrama de rede de projeto exemplificado com valores de folga total no quadrado central inferior de cada nó de atividade.

Mesmo que calcularmos a folga total de cada atividade, nunca devemos imaginar que essa folga "pertença" à atividade ou ao membro do projeto responsável pelo gerenciamento dessa atividade. Na verdade, devemos imaginar a folga total como uma forma de avaliar até que ponto uma atividade está perto de entrar em um caminho crítico.

Examine novamente a atividade C. Essa atividade encontra-se em um caminho que ramifica o caminho crítico desde a atividade A e o funde no caminho crítico no início da atividade G. Paralelamente à atividade C, o caminho crítico passa pela atividade B. O valor de folga total de quatro dias para C quer dizer que, se você comprimir o caminho crítico paralelo à atividade C (isto é, se você comprimir a atividade B) em quatro dias ou mais, **ou** se acrescentar quatro dias ou mais à atividade C (todos os outros fatores permanecendo iguais), C ficará no caminho crítico, especificamente no caminho A-C-G-J-K.

Tendo já explicado o conceito de folga, preciso agora adverti-lo sobre um perigo associado com as informações sobre folga total quando elas estão nas mãos de pessoas que não compreendem o que é isso (ou que preferem não a compreender). Imagine que as atividades F e H sejam gerenciadas por dois membros diferentes da equipe. Frank gerencia a atividade F e

Helen a atividade H. Agora, suponha que criemos um cronograma tabular semelhante ao da tabela C.1. Obviamente, os valores de CMAP, IMAP, IMTA e CMTA apareceriam como datas.

Atividade	Gerente da atividade	Duração prevista	CMAP	IMAP	IMTA	CMTA	Folga total
A	—	8	1	8	1	8	0
B	—	10	9	18	9	18	0
C	—	6	9	14	13	18	4
D	—	4	9	12	15	18	6
E	—	14	19	32	19	32	0
F	Frank	6	19	24	25	30	6
G	—	8	19	26	19	26	0
H	Helen	2	25	26	31	32	6
J	—	6	27	32	27	32	0
K	—	8	33	40	33	40	0

TABELA C.1 - Calendário tabulado para o exemplo da Figura C.2

Frank e Helen encontrarão as respectivas atividades no cronograma. Ambos provavelmente confirmarão se escrevemos o nome deles de maneira correta e se utilizamos a duração prevista por eles especificada. Em seguida, eles examinarão imediatamente a última coluna para conferir quanto tempo de folga eles têm, e ambos verão o número "6". De que forma você acha que eles interpretarão o número 6? A menos que tenhamos muita sorte, tanto Frank quanto Helen pensarão da seguinte maneira: "Eu tenho seis dias extras". Agora, suponha que ambos utilizem esses seis dias extras para concluir suas atividades. Se F for iniciada no 19º dia e tiver 12 dias de duração, ela será concluída no 30º dia. Portanto, H será iniciada no 31º dia. Se H tiver oito dias de duração, será finalizada no 38º dia. Desse modo, K será iniciada no 39º dia e concluída no 46º dia. **São seis dias de atraso!** O que aconteceu? Ambas as atividades tinham seis dias de folga total e utilizamos apenas seis dias extras em cada atividade, então por que acabamos com seis dias de atraso? São os mesmos seis dias, e quando Frank utilizou essa folga em F, não sobrou nenhuma folga para H. Se você recalculasse o cronograma depois que F fosse concluída no 30º dia, veria que o valor de folga total correspondente à atividade H tornar-se-ia zero e H ficaria em um novo caminho crítico, determinando o início de K.

O que os valores 6 de folga total em F e H estão de fato nos dizendo é que F e H encontram-se em um **caminho** que dali a seis dias vai se tornar crítico. Esse caminho ramifica o caminho crítico proveniente de B e o funde no caminho crítico no início de K. O caminho (F-H) tem uma duração total de oito dias. Paralelamente a F-H, o caminho crítico (G-J) tem uma duração total de 14 dias. Portanto, se você acrescentar seis ou mais dias a F-H ou comprimir G-H em seis ou mais dias, F-H ficará em um caminho crítico, especificamente no caminho A-B-F-H-K.

Desse modo, novamente, os seis dias de folga total não "pertencem" a Frank, à Helen nem às atividades F nem H. Na verdade, esses seis dias estão relacionados com o caminho F-H e pertencem à equipe do projeto. Nenhum gerente de atividade específico tem o direito de decidir utilizar esses seis dias.

Por causa dessa tendência a interpretar incorretamente e a abusar da folga total, eu **nunca** distribuiria um cronograma semelhante ao da Figura C.3. Na verdade, nunca distribuiria um cronograma que exibisse os valores de IMTA, CMTA ou FT. Esses valores são úteis no planejamento do projeto, mas os cronogramas divulgados devem exibir apenas as datas de início e conclusão programadas (normalmente o IMAP e a CMAP) para cada atividade.

A **folga livre** é uma avaliação mais conservadora da flexibilidade da programação. Para ser mais específico, a folga livre é a quantidade de tempo que a atividade pode ultrapassar sua data de conclusão mais antecipada possível (CMAP) sem atrasar o início de qualquer outra atividade em relação à data de início mais adianta possível (IMAP). Os valores de folga livre não são mostrados na Figura C.2. Entretanto, observe que a atividade H pode sofrer um atraso de seis dias (de modo que sua conclusão ocorre no 32º dia) sem atrasar o início de sua única sucessora, a atividade K. A atividade C pode sofrer um atraso de quatro dias sem atrasar o início de suas duas sucessoras (F e G). E a atividade D pode atrasar seis dias sem afetar o início de ambas as suas sucessoras (G e H). As atividades que se encontram em um ou mais caminhos críticos sempre têm zero como valor de folga livre. Observe que a atividade F também tem zero de folga livre, porque, se ela sofresse qualquer atraso, atrasaria o início de H. Embora os valores de folga total possam ser negativos, os valores de folga livre não podem ser inferiores a zero. A folga livre é utilizada principalmente para ajustar os cronogramas dos projetos e resolver situações de sobrecarga temporária de trabalho.

Atividades críticas *versus* caminhos críticos

Todas as atividades que se encontram em qualquer caminho crítico são chamadas de **"atividades críticas"**. Entretanto, isso não significa necessariamente que todos os caminhos compostos inteiramente de atividades críticas sejam caminhos críticos. Eu sei que isso soa estranho, mas deixe-me explicar.

Você deve ter notado alguma coisa com relação aos valores de folga total das atividades críticas na Figura C.2. Todas as atividades em ambos os caminhos críticos têm folga total zero. O que normalmente ocorre na realidade é que toda atividade em todos os caminhos críticos tem o menor valor de folga total no diagrama de rede. No exemplo, o menor valor de folga total é zero, porque o prazo final do projeto é igual à data de conclusão mais antecipada possível (40º dia) do projeto. Se o prazo final do projeto fosse o 45º dia, todos os valores de IMTA, CMTA e FT no projeto como um todo aumentariam em cinco dias e o valor de folga total de toda atividade crítica seria cinco. Entretanto, se o prazo final do projeto fosse o 36º dia útil, todos os valores de IMTA, CMTA e FT no projeto como um todo diminuiriam em quatro dias e o valor de folga total de toda atividade crítica seria menos quatro. Embora seja um fato que toda atividade crítica terá o valor mínimo de folga total, se você utilizar esse fato para encontrar os caminhos críticos, correrá o risco de identificá-los incorretamente.

Você deve se lembrar que no Capítulo 9 mencionei que alguns programas de gerenciamento de projetos comuns identificam incorretamente os caminhos críticos. A Figura C.3 mostra esse problema. Observe que todas as seis atividades são críticas e têm folga total zero, mas somente dois dos caminhos críticos do diagrama de rede (A-B-D-F e A-C-E-F) têm 22 dias de duração total e são caminhos críticos. O caminho A-C-D-F é composto inteiramente de atividades críticas, mas não é um caminho crítico em si. Esse caminho tem uma duração de 18 dias apenas. Entretanto, se você examinasse o diagrama de rede (ou o gráfico PERT*) produzido para esse projeto por programas de gerenciamento de projetos mais populares, a seta que parte da atividade C para a atividade D estaria realçada como parte de um caminho crítico. Ao que parece, esses programas pressupõem que todos

---

* Sigla de *program evaluation and review technique* (técnica de avaliação e revisão do programa). (N. da T.)

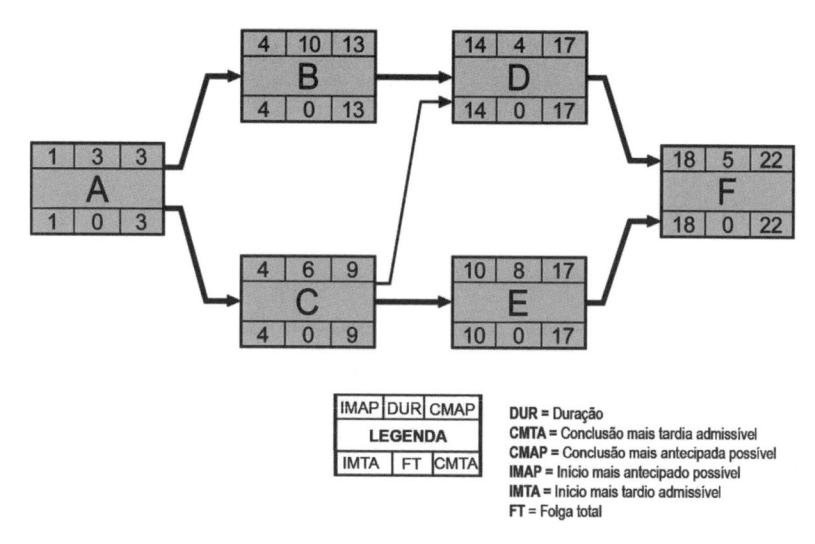

FIGURA C.3 Atividades críticas *versus* caminhos críticos

os caminhos compostos inteiramente de atividades com um valor mínimo de folga total são caminhos críticos. Esse tipo de erro pode ocorrer somente quando um projeto tem mais de um caminho crítico. Repetindo, esse erro não seria fatal para o projeto, mas poderia gerar confusões. Observe que, se você retrocedesse os valores de IMAP a partir do final do projeto para o início, tal como explicado e exemplificado no Capítulo 9, encontraria os caminhos críticos corretos.

Em resumo, o programa de gerenciamento de projetos faz um excelente trabalho com relação à realização dos cálculos de programação e à identificação de atividades críticas. Portanto, quando você examinar um cronograma tabular ou de Gantt gerado por computador, as atividades críticas estarão de algum modo realçadas, mas cabe a você determinar de que maneira as atividades críticas formam caminhos críticos.

APÊNDICE D

Prevendo e resolvendo problemas de sobrecarga de trabalho dos recursos

No contexto de planejamento de projetos, **recurso** é qualquer entidade que contribui para a execução das atividades do projeto. A maioria dos recursos de um projeto realiza um trabalho e inclui elementos como recursos humanos, equipamentos, empreiteiros e prestadores de serviços. Entretanto, o conceito de recurso (e as técnicas de gerenciamentos de recursos apresentadas neste apêndice) também pode ser aplicado a fatores não relacionados à execução de um trabalho mas que devem ser disponibilizados para a realização desse trabalho. São exemplos as matérias-primas, os recursos financeiros e o ambiente de trabalho. Este apêndice aborda principalmente os recursos que mais preocupam as organizações — os **recursos humanos**. Em um sistema de gerenciamento de projetos, os recursos humanos podem ser identificados em nível individual ou como grupos funcionais — por exemplo, os **programadores de computação**.

O objetivo do planejamento de recursos

Depois de elaborar um cronograma detalhado para um determinado projeto, uma questão preocupante e persistente deve ser respondida: os recursos essenciais para executar o projeto de acordo com o cronograma estarão disponíveis no momento em que forem necessários? No processo de elaboração do cronograma de cada projeto, a disponibilidade média de recursos deve ser levada em conta no momento de estimar a duração das atividades, tal como explicado no Capítulo 8. Entretanto, esse processo de previsão não garante que a carga de trabalho total de qualquer recurso específico (pessoa ou grupo funcional) de todos os projetos e de atribuições não relacionadas aos projetos será superior à disponibilidade desse recurso durante um período futuro qualquer. Quando os recursos humanos ficam sobrecarregados de trabalho, o estresse é uma consequência provável que poderia ser evitada e as atividades do projeto sofrem atrasos por esse motivo. A qualidade dos entregáveis produzidos também tende a ser afetada. Portanto, o objetivo do planejamento de recursos é prever essas sobrecargas de trabalho para que possam ser resolvidas em benefício tanto das pessoas quanto dos projetos. O estudo de caso a seguir demonstra esse problema do ponto de vista das pessoas (recursos humanos) que executam as atividades.

Estudo de caso: Titanium IT Solutions*

A Titanium IT Solutions cria e desenvolve tecnologias de informação (TIs) personalizadas para atender a necessidades empresariais complexas. Os clientes exigem que os projetos tenham sucesso total; isto é, que eles sejam concluídos de acordo com as especificações, pontualmente e dentro do orçamento. Joy Peterson e Bill Cramer, engenheiros/desenvolvedores de sistemas altamente capacitados da Titanium IT Solutions estão voltando do trabalho para casa numa tarde de sexta-feira. Eles são adeptos do transporte solidário.

"Que semana, não?", disse Peterson ao entrar na rodovia interestadual. "Estou exausta. Na verdade, acho que vou dormir o fim de semana inteiro. E sua semana, Bill, como foi?"

"Simplesmente mais uma semana como no tempo do colégio", respondeu Cramer, de uma forma até certo ponto velada.

"Do colégio? Como assim?", perguntou Peterson.

"Você se lembra de que no colégio costumávamos ter professores diferentes para disciplinas diferentes — um de Matemática, outro de Inglês, outro de História, outro de Ciência e assim por diante?

* Este caso é fictício. Qualquer semelhança com empresas, indivíduos ou projetos reais é mera coincidência.

Todos os professores passavam deveres de casa, programavam as provas e estabeleciam a data de entrega dos trabalhos de forma independente. Mas ninguém (exceto eu) levava em conta ou se preocupava com a carga de trabalho global que esses trabalhos estavam gerando em qualquer momento específico. Por isso, em um mesmo dia eu acabava tendo 150 páginas de leitura por fazer, dois trabalhos de final de semestre pendentes e duas provas importantes. Às vezes, parecia simplesmente impossível fazer o possível para concluir tudo a tempo."

"Quanto a isso, trabalhar na Titanium é a mesma coisa que voltar para o colégio. Em qualquer período, normalmente recebo um monte de atribuições relacionadas a diferentes projetos, cada um liderado por um gerente de projeto diferente. Cada gerente tenta desenvolver um cronograma viável para o seu próprio projeto, mas nenhum deles consegue ver a carga de trabalho total programada para mim em todos os projetos para os quais fui designado — sem mencionar minhas atribuições fixas que nada têm a ver com os projetos e em geral são mais prioritárias que esses outros trabalhos. Então, mesmo que o cronograma dos projetos pareça viável com respeito às necessidades de recursos, nesses períodos eu (ou qualquer outra pessoa) tende a ter muito mais trabalho programado do que na verdade pode dar conta de fazer. Esta semana foi um exemplo. Por mais que eu trabalhe febrilmente, estou atrasado em três projetos. Os gerentes estão aborrecidos comigo, mas como sempre eles não conseguem enxergar a realidade como um todo com respeito à minha carga de trabalho."

"Eu entendo, Bill", diz Peterson, soltando um suspiro. "Você acabou de dizer exatamente por que estou tão exausta esta semana. E para piorar as coisas, os cronogramas dos projetos mudam quase sempre. É como se os professores do colégio ficassem mudando as datas dos trabalhos e das provas. Mas o que podemos fazer com relação a isso?"

Dando uma risada, Cramer respondeu: "Detesto revelar meus segredos, mas eu encontrei uma solução que funciona razoavelmente bem para mim — pelo menos para me proteger contra essa situação. Eu simplesmente não me comprometo com os cronogramas. Quando me perguntam se eu posso realizar um trabalho de acordo com o cronograma, sempre respondo que farei o possível, mas que isso vai depender da carga de trabalho total sobre a qual nem eu nem ninguém tem controle absoluto."

"Como os gerentes dos projetos reagem a isso?", perguntou Peterson.
"Como você pode imaginar, eles não gostam disso nem um pouco! Eles querem que eu aplauda de pé o cronograma do projeto, mas não compreendem o problema. Afinal de contas, eles mesmos enfrentam esse mesmo problema. Na verdade, acho que eles estão tão frustrados quanto eu em relação a isso. Por isso, normalmente eles não me pressionam tanto. Eles meio que fingem que eu me comprometi com o cronograma, mesmo quando eu e eles sabemos que na realidade não me comprometi."

Perguntas

1. Você censuraria Cramer por adotar essa estratégia de autoproteção de não se comprometer com os cronogramas dos projetos? Que impacto essa estratégia teria sobre o desempenho dos projetos?
2. É razoável esperar que os gerentes de projeto analisem e resolvam as sobrecargas de trabalho em situações em que os indivíduos trabalham em vários projetos ao mesmo tempo? Se não, quem poderia analisar e resolver essas sobrecargas de trabalho?
3. Que abordagem analítica seria necessária para identificar e resolver as sobrecargas de trabalho em vários projetos?

A variedade de abordagens de previsão de sobrecarga de trabalho

A abordagem adotada em relação ao desafio de prever sobrecargas de trabalho específicas em períodos futuros específicos depende do número de projetos simultâneos empreendidos pela organização e do grau de compartilhamento de recursos humanos entre os vários projetos.

Se a organização empreender apenas uma quantidade mínima de projetos em um determinado período **ou** se cada pessoa for designada para trabalhar em apenas um ou dois projetos por vez, é possível empregar uma "abordagem de atalho". A abordagem de atalho mais fácil e provavelmente mais eficaz é:

- Distribuir a todas as pessoas uma cópia do cronograma de projeto recém-elaborado mostrando apenas as atividades com as quais aquela pessoa estará envolvida.

- Pedir a essa pessoa para comparar o cronograma com sua agenda pessoal e com outros compromissos de trabalho (incluindo os cronogramas daqueles poucos projetos com os quais ela possa estar envolvida) e informar qualquer conflito aparente.

Essa pessoa talvez perceba a princípio que, durante uma semana de trabalho programada para dali a três meses, ela trabalhará em cinco atividades importantes em dois projetos diferentes, ao mesmo tempo em que será responsável por preparar o orçamento operacional do ano fiscal seguinte e participará de um programa de treinamento de dois dias de duração. Obviamente, alguma coisa ou alguém terá que ceder! O segredo dessa abordagem é que todas as pessoas têm a oportunidade e responsabilidade de identificar sua própria sobrecarga de trabalho.

Entretanto, se a organização compartilhar recursos (repetindo, individuais ou em forma de grupos funcionais) em uma quantidade significativa de projetos simultâneos, as abordagens de atalho para prever as sobrecargas de trabalho são inadequadas. É necessário empregar uma "abordagem abrangente". Para ser eficaz, essa abordagem abrangente deve identificar a carga de trabalho relacionada a todos os projetos com os quais os recursos estão envolvidos. Felizmente, os sistemas de *software* de gerenciamento de projetos mais populares trabalham com a abordagem abrangente, tal como descrito na seção seguinte.

A abordagem abrangente de previsão de sobrecargas de trabalho

O primeiro passo da abordagem abrangente é denominado **alocação de recursos**, que ocorre durante o processo de planejamento em cada novo projeto. Para cada atividade presente no cronograma do projeto, a identidade e a quantidade de cada recurso necessário para executá-la (normalmente avaliada em horas de trabalho dos recursos humanos) são previstas e inseridas no *software* de gerenciamento de projetos. Portanto, poderíamos prever que uma atividade denominada "Desenvolver o código-fonte" deve exigir em torno de 30 horas de trabalho de Linda Baker e 120 horas de trabalho de um grupo denominado "Programadores de Computação". Como as estimativas são anexadas às atividades, o *software* de gerenciamento de projetos pode determinar quando os recursos serão necessários, com base nas datas de início e conclusão programadas para as atividades. Em outras palavras, agora temos uma projeção cíclica das necessidades de recurso ou da carga de trabalho de cada recurso (por exemplo, Linda Baker e o grupo Programadores de Computação). É também essencial e possível prever e inserir as necessidades de recurso para trabalhos relacionados ao projeto (por exemplo, gerenciamento de um projeto) e outros trabalhos não relacionados (isto é, a carga de trabalho de um processo básico permanente) para cada recurso.

O passo seguinte é realizado periodicamente e deve estar centralizado no portfólio de projetos, e não em um projeto específico. Para cada recurso, somam-se as necessidades cíclicas de recurso de todos os projetos (bem como a carga de trabalho de atribuições não relacionadas aos projetos) por meio do programa de gerenciamento de projetos. Os **perfis de recurso** gerados podem ser exibidos em gráficos e/ou tabelas. Ao comparar a projeção da carga de trabalho total para cada recurso com a disponibilidade programada daquele recurso, as sobrecargas em períodos futuros específicos ficam aparentes.

A descrição que se segue faz o processo parecer mais fácil do que na realidade é. Veja algumas das possíveis dificuldades:

- Desenvolver, manter e aplicar sistematicamente em todos os projetos códigos padrão para identificar os recursos organizacionais (individuais e/ou em grupo).
- Desenvolver a capacidade, confiança e disciplina para prever as necessidades de recurso para todas as atividades, em todos os projetos.
- Estabelecer uma infraestrutura centralizada (por exemplo, um departamento de gerenciamento de projetos, ou DGP, como descrito no Apêndice G) que registre o acúmulo e analisa as necessidades globais de recurso em todos os projetos.

Resolução das sobrecargas de trabalho previstas

Quando prevemos uma sobrecarga de trabalho específica correspondente a um período futuro específico, devemos tomar uma medida clara para resolver esse problema. Essa medida provavelmente exigirá que você aumente a disponibilidade programada do recurso necessário e/ou diminua a carga de trabalho programada durante o período em que ocorre essa sobrecarga.

Os métodos comuns para aumentar a disponibilidade programada de recurso incluem os seguintes:
- Se a sobrecarga for significativa e duradoura, utilize a análise de recursos como justificativa para buscar aprovação para contratar recursos humanos complementares.
- Pense na possibilidade de pagar hora extra.
- Pense na possibilidade de empregar funcionários temporários para complementar o grupo de recursos.
- Ofereça incentivos para aumentar a produtividade durante o período de sobrecarga.
- Reprograme as férias, os cursos de treinamento ou outras atividades não essenciais.

Os métodos comuns para diminuir a carga de trabalho sobre o recurso incluem os seguintes:
- Transfira o trabalho do projeto ou um trabalho não relacionado a outras pessoas.
- Utilize uma abordagem que exija menos recursos humanos para executar algumas das atividades.
- Terceirize.
- Cancele ou postergue o início dos projetos de baixa prioridade.
- Postergue o início de determinadas atividades. Os programas de gerenciamento de projetos mais populares oferecem algoritmos normalmente chamados de **nivelamento de recursos** para selecionar/propor atividades que possam ser postergadas e indicar quanto tempo é possível postergá-las. Em geral, esses algoritmos primeiro selecionam as atividades nos projetos menos prioritários que podem ser atrasadas sem afetar a data de conclusão programada do projeto (isto é, as atividades que apresentam muitas folgas).

Se os métodos relacionados anteriormente não resolverem o problema de sobrecarga, as duas últimas opções que são legítimas se autorizadas — mas que devem ser evitadas, se possível — são:
- Reduzir o escopo de um ou mais projetos.
- Estender a duração (a data de conclusão programada) de um ou mais projetos.

O segredo para resolver desequilíbrios de recursos é a **capacidade de prevê-los**. A maioria dos métodos relacionados anteriormente exige a tomada de decisões prévias e preparativos para implantá-las quando necessário. Repetindo, é essencial ter um grupo centralizado para o portfólio de projetos (normalmente um departamento de gerenciamento de projetos) cuja função será direcionar o processo de resolução de problemas de sobrecarga de trabalho.

A boa notícia é que você não é obrigado a prever e resolver as sobrecargas de trabalho. Na verdade, poucas empresas tentam fazer isso. As sobrecargas sempre serão resolvidas automaticamente, do mesmo modo que no colégio. A má notícia é que, se você não prever e resolver as sobrecargas de trabalho, a solução automática quase sempre será a utilização não autorizada de uma ou de ambas as opções citadas anteriormente e que deveriam ser evitadas; isto é:

- parte do trabalho em alguns projetos nunca será concluída e/ou;
- alguns dos projetos serão concluídos com atraso.

Além disso, como mencionado antes, a qualidade do trabalho do projeto ficará comprometida e as pessoas que estiverem trabalhando nos projetos serão submetidas a um estresse desnecessário. Esses problemas podem ser atribuídos principalmente à inadequação do sistema de gerenciamento de projetos da organização.

APÊNDICE E

Como organizar os orçamentos dos projetos

Nem todos os projetos (mesmos os estratégicos) exigem orçamentos abrangentes e detalhados. Pense, por exemplo, em um projeto para o qual o cliente seja **interno** à organização responsável por sua execução e em que praticamente todos os trabalhos serão realizados por funcionários que já pertençam à folha de pagamento. Trata-se apenas de mais uma atividade que a equipe de funcionários está sendo solicitada a executar. Haverá apenas alguns custos marginais e desembolsos — por exemplo, algumas viagens e a compra de um novo programa de computador. Um orçamento somente dos custos marginais provavelmente será suficiente.

Os projetos que não exigem orçamentos abrangentes e detalhados tendem a ter uma ou mais das seguintes características: a) o projeto está sendo executado por um cliente externo; b) um dos objetivos principais e fundamentais é obter lucro com o projeto ou minimizar seu custo e/ou; c) os custos do projeto, incluindo mão de obra, são considerados em sua maioria custos marginais e desembolsos. Nesses projetos, a questão é saber repartir o bolo do orçamento em itens específicos.

Com frequência, são utilizadas várias abordagens sensatas para elaborar o orçamento dos projetos. Por exemplo, o orçamento pode ser decomposto em:

- Categorias de custo convencionais (mão de obra, matéria-prima, etc.);
- Componentes ou entregáveis do projeto;
- Fases do projeto;

- Membros da equipe responsáveis pelo gerenciamento do trabalho;
- Departamentos funcionais envolvidos com o trabalho;
- Períodos contábeis.

A abordagem recomendada

Esta seção apresenta a abordagem recomendada para repartir o bolo do orçamento do projeto. Essa abordagem é utilizada por todos os programas de gerenciamento mais populares. A seção seguinte deste apêndice apresentará detalhadamente as principais vantagens dessa abordagem.

Primeiro, todos os custos do projeto são divididos nas duas categorias a seguir (ambas examinadas no Capítulo 10):

1. **Custos baseados em atividade** (ou, como algumas pessoas costumam chamar, **custos diretos**); isto é, os custos que podem ser atribuídos a atividades específicas. São exemplos os custos de mão de obra, matéria-prima, equipamentos arrendados para finalidades especiais, pagamentos de prestadores de serviços ou empreiteiros e despesas de viagem incorridas na execução de atividades específicas. Se a eliminação da atividade também eliminar o custo em relação ao projeto, esse custo é um custo baseado em atividade.
2. **Custos baseados no projeto** (ou, como algumas pessoas costumam chamar, **custos indiretos**); isto é, os custos incorridos na execução do projeto que podem ser atribuídos à execução de atividades específicas. Esses custos são principalmente despesas gerais indiretas do projeto, como custo de gerenciamento do projeto, de arrendamento de equipamentos para finalidades gerais (como um escritório móvel ou um guindaste em um projeto de construção) e do capital (por exemplo, juros de empréstimo) investido no projeto.

Os custos baseados em atividade são divididos por atividade, para que cada uma tenha um orçamento exclusivo. Para qualquer atividade, alguns dos elementos do orçamento (por exemplo, matéria-prima, viagens, pagamento de prestadores de serviços etc.) são inseridos no computador como quantias fixas. Outros elementos (particularmente a mão de obra) podem ser inseridos como quantidade ou **"alocação de recursos"** (por exemplo, horas de trabalho de um tipo específico de mão de obra). Nesse caso, o programa aplica um coeficiente de custo padrão para esse tipo de recurso a fim de calcular o valor monetário.

No que tange aos custos baseados no projeto, a maioria deles varia (acumula) de acordo com a duração do projeto. Por exemplo, quanto maior a duração do projeto, maior o custo para gerenciá-lo. Normalmente, os custos são inseridos no computador como um valor monetário por período. Outros custos baseados no projeto (em geral os custos de início e encerramento das atividades do projeto) não variam de acordo a duração. Portanto, eles são inseridos como quantias fixas.

Vantagens da abordagem recomendada

A abordagem recomendada na seção anterior para a elaboração de orçamentos de projeto oferece duas vantagens aos gerentes de projeto.

1. Promove a eficácia do controle de custos.
Primeiro, pense em um projeto comum para o qual a abordagem recomendada **não** tenha sido utilizada — por exemplo, um projeto com orçamento dividido em categorias de custo convencionais (mão de obra, matéria-prima, viagens etc.). Agora, suponha que o orçamento contenha US$ 600.000 de mão de obra. Supondo que você acompanhe os custos de mão de obra reais à medida que o projeto for executado, quando e como você saberá em que situação o custo se encontra (isto é, se você está dentro do orçamento) com respeito ao componente de mão de obra? De duas, uma. Ou você ficará sem dinheiro para pagar a mão de obra antes de o projeto ser concluído ou você o concluirá sem incorrer em um gasto com mão de obra superior ao estipulado no orçamento. A não ser nessas duas eventualidades, você de fato não terá como saber em que pé você se encontra com respeito ao custo de mão de obra. A forma como o orçamento está estruturado impede completamente o controle eficaz dos custos do projeto.

Agora, pense em um projeto cujo orçamento tenha sido estruturado de acordo com o que foi recomendado antes. Novamente, supondo que você acompanhe os custos reais à medida que o projeto for executado, quando cada uma das atividades estiver concluída você saberá se essa atividade foi finalizada dentro do orçamento. Mais importante do que isso, você saberá, em relação a todas as atividades concluídas até aquele momento, se o projeto está dentro do orçamento. Ou seja, você poderá comparar o custo total real com o custo total orçado das atividades concluídas até aquele momento (e também com os custos baseados no projeto incorridos até aquele momento). Você saberá o quanto está acima ou abaixo do orçamento naquela altura do projeto. Se o projeto estiver acima do orçamento, você saberá o quanto precisa diminuir os custos em relação ao restante do projeto para concluí-lo de acordo com o orçamento. Os conceitos de supervisão de custos *versus* supervisão de orçamento são exatamente os mesmos que os de supervisão de andamento *versus* supervisão de cronograma, mas isso só funciona se você estruturar o orçamento do projeto da maneira recomendada anteriormente.

2. Facilita a análise de fluxo de caixa.
Desde que tenhamos o custo orçado de cada atividade e as datas de início e conclusão programadas de cada atividade no cronograma do projeto, o programa de gerenciamento poderá determinar em que momento os custos baseados nas atividades serão incorridos. Alguns programas pressupõem que todos os custos de uma determinada atividade serão incorridos de acordo com um coeficiente constante ao longo da duração programada da atividade. Os programas mais avançados permitem que você anexe alguns custos (por exemplo, custos de matéria-prima) no início da atividade e outros (por exemplo, honorários de prestadores de serviços) no final da atividade, mais (ou menos) um determinado número de dias.

Do mesmo modo que nos custos baseados no projeto, os custos variáveis podem ser distribuídos ao longo da duração do projeto de acordo com um coeficiente constante. Os custos de início das atividades do projeto podem ser inseridos na data de início do projeto e os custos de encerramento das atividades podem ser anexados à data de conclusão programada do projeto. As entradas de caixa (por exemplo, pagamentos parcelados) também podem ser anexadas a etapas importantes do projeto.

Disso resulta uma análise de fluxo de caixa abrangente que pode ser acompanhada diária, semanal, mensal, trimestral ou anualmente. Se vários planos de projeto tiverem sido planejados utilizando códigos de custo coerentes e os planos estiverem armazenados em um único banco de dados, os programas de gerenciamento de projetos podem acumular os fluxos de caixa de todos os projetos para realizar uma análise de fluxo de caixa consolidada. Esse recurso de análise de fluxo de caixa quase sempre é automático nos programas de gerenciamento, mas somente se você organizar o orçamento do projeto de acordo com as recomendações anteriores.

Classificação cruzada do orçamento

Dependendo do recurso do programa de gerenciamento de projetos que estiver utilizando, você poderá também realizar uma classificação cruzada do orçamento do projeto em duas ou mais dimensões. Por exemplo:

- Supondo que membros específicos da equipe tenham sido designados para gerenciar atividades específicas, o programa de gerenciamento talvez possa apresentar um orçamento em que os custos são divididos por membro e em seguida pelas atividades pelas quais esse membro da equipe é responsável.
- Supondo que cada atividade esteja associada com um componente/entregável (ou fase) específico do projeto, o programa de gerenciamento talvez possa apresentar um orçamento em que os custos são divididos por componente/entregável (ou fase) e em seguida pelas atividades associadas com esse componente/entregável (ou fase).
- Ampliando os dois exemplos anteriores, o programa de gerenciamento talvez possa apresentar um orçamento em que os custos são divididos por componente/entregável do projeto, em seguida por membro da equipe e depois pelas atividades associadas com esse membro e esse componente/entregável.
- Supondo que cada custo orçado tenha sido categorizado por tipo (mão de obra, matéria-prima, viagens etc.), o programa de gerenciamento talvez possa apresentar um orçamento no qual os custos são divididos por atividade e, em seguida, por categoria de custo dentro da atividade (ou ao contrário).

A possibilidade de realizar a classificação cruzada do orçamento do projeto depende principalmente da "estrutura de codificação" (isto é, das informações de categorização representadas no sistema sobre cada atividade e cada tipo de custo) e do recurso de elaboração de orçamentos do programa de gerenciamento de projetos. Porém, repetindo, você só pode realizar essa classificação cruzada do orçamento se o organizar de acordo com as recomendações anteriores.

APÊNDICE F

Por que supervisionar os custos reais e a utilização de recursos?

A importância de supervisionar os custos reais e a utilização de recursos depende da situação do projeto. Com relação a alguns projetos, o acompanhamento dos valores reais não é necessário ou não vale o esforço que exigido. Entretanto, em outros casos, o acompanhamento dos custos reais e da utilização de recursos é um aspecto indispensável da área de supervisão de projetos. Nesses casos, deve-se empregar um sistema para apoiar o processo de supervisão. Além disso, a coleta/registro de quantidades possivelmente volumosas de dados exige sólida disciplina organizacional. Por que então a supervisão dos custos reais e da utilização de recursos em um projeto sempre equivale ao valor necessário para conduzi-la?

Dependendo do ambiente do projeto ou do ambiente de negócios, um ou mais dos três motivos a seguir talvez justifiquem a necessidade de supervisionar os custos reais e a utilização de recursos em um projeto:

1º) O sistema de contabilidade financeira e/ou o sistema de contabilidade gerencial da organização responsável pelo projeto talvez requeiram uma documentação completa e exata do custo final do projeto. Isso se aplica particularmente se a organização tiver de divulgar esse custo real a alguma organização externa. Por exemplo:
a) À Receita Federal, para justificar abatimentos fiscais.
b) A um cliente externo do projeto, para justificar tarifas relacionadas com o projeto.

Em outros casos, a gerência da organização responsável pelo projeto talvez simplesmente queira um recurso para avaliar o custo de execução de um empreendimento estratégico ou a lucratividade de um projeto executado para um cliente externo.

2º) Ter informações atualizadas é indispensável para supervisionar os custos de maneira eficaz enquanto o projeto estiver sendo executado. Quando os custos estimados são orçados por atividade e os custos reais são supervisionados por atividade, o gerente do projeto tem uma ferramenta extremamente competente para apoiá-lo em suas atividades de supervisão de custos. Em qualquer estágio do projeto, o custo real das atividades concluídas até aquele momento pode ser comparado com o custo orçado dessas atividades, para que assim se conheça continuamente a variação de custo em relação ao orçamento. Medidas corretivas podem ser tomadas para diminuir qualquer variação negativa (isto é, acima do orçamento). Além disso, os custos orçados das atividades remanescentes podem ser acrescentados ao custo real das atividades concluídas para elaborar uma nova estimativa de custo total do projeto no momento da conclusão.

3º) A supervisão dos custos reais possibilita que a organização desenvolva um banco de dados histórico para apoiar a elaboração do orçamento e o planejamento de recursos em projetos subsequentes. Esse banco de dados será particularmente valioso se a organização executar vários projetos que guardem semelhanças entre si.

A supervisão dos custos reais e da utilização de recursos não é necessária para qualquer projeto ou qualquer ambiente de projeto. Entretanto, quando existem motivos justificáveis para supervisioná-los, é necessário implantar medidas técnicas e processuais para garantir que o processo seja executado com precisão e em tempo hábil.

APÊNDICE G

O departamento de gerenciamento de projetos

Atualmente, a maioria das empresas precisa executar um fluxo contínuo de projetos estratégicos e altamente complexos. São exemplos o desenvolvimento e lançamento ou a implantação de novos produtos, processos e sistemas; elaboração de plantas, construção, manutenção ou remanejamento de instalações importantes; campanhas de *marketing*; fusões e aquisições; e eventos especiais. Qualquer empresa pode ter continuamente vários projetos desse tipo em andamento, e o sucesso de cada um deles é essencial para a empresa obter vantagem competitiva e manter a competitividade.

Uma equipe de projeto normalmente é bem diferente da outra — compõe-se de pessoas que representam diferentes áreas funcionais da empresa, têm diferentes formações educacionais, vivem e trabalham em diferentes países e culturas e talvez falem diferentes idiomas. Os indivíduos que são escolhidos para gerenciar esses projetos enfrentam desafios importantes, particularmente se o gerenciamento de projetos não for uma exigência nem habilidade fundamental em sua principal ocupação (por exemplo, engenharia, *marketing*, etc.).

Para apoiar os gerentes de projeto e aumentar sua probabilidade de êxito, muitas empresas criaram um departamento de gerenciamento de projetos (ou DGP). O objetivo deste apêndice é explicar o conceito geral, as finalidades, as responsabilidades específicas e as exigências relacionadas com um departamento de gerenciamento de projetos eficaz.

Conceito de departamento de gerenciamento de projetos

O departamento de gerenciamento de projetos é um departamento de apoio que

- Desenvolve, mantém e aprimora o sistema de gerenciamento de projetos (diretrizes e procedimentos de gerenciamento de projetos, modelos de planejamento, programas de gerenciamento de projetos, códigos padrão para identificação de recursos e custos, formatos padrão de relatório etc.) na organização e
- Assiste os gerentes de projeto e suas equipes na aplicação eficaz de processos confiáveis de gerenciamento em prol do sucesso dos projetos.

Estão especificamente excluídas dessa definição (embora elas possam estar incluídas em outras versões do conceito de departamento de gerenciamento de projetos) as seguintes responsabilidades:

- Conduzir análises financeiras ou de custo/benefício para determinar quais projetos serão empreendidos.
- Gerenciar na prática os projetos, inclusive o desenvolvimento unilateral de planos de projeto e supervisionar diretamente o desempenho. Essa é uma responsabilidade do indivíduo designado para gerenciar cada um dos projetos e trabalhar colaborativamente com sua equipe.
- Executar atividades nos projetos que normalmente são responsabilidade de outros grupos funcionais, como os departamentos de aquisição, garantia de qualidade, jurídico ou de recursos humanos.

Finalidades

Embora eu reconheça que os projetos são gerenciados pelos gerentes e suas equipes, a finalidade maior do departamento de gerenciamento de projetos é ajudar a garantir o sucesso de todos os projetos com respeito às dimensões de qualidade, tempo e custo do desempenho. Mais especificamente, o objetivo do departamento de gerenciamento de projetos é:

- Criar um ambiente em que haja envolvimento ativo e responsabilidade contínua com e pela aplicação do gerenciamento de projetos na organização.
- Ser um local permanente de especialização/obtenção de conhecimentos sobre gerenciamento de projetos, quando quer que os indivíduos entrem e saiam da empresa.
- Adquirir as ferramentas (por exemplo, o programa de gerenciamento de projetos) necessárias para gerenciar eficaz e eficientemente os projetos.
- Garantir a aplicação coerente dos processos de elaboração do termo de abertura, planejamento e supervisão de todos os projetos.
- Promover uma comunicação concisa com relação aos projetos internos à organização.
- Oferecer suporte computadorizado aos processos de gerenciamento de projetos, liberando os gerentes de projeto para que desenvolvam a equipe e gerenciem os trabalhos.
- Estruturar e manter um depósito organizacional de informações que tenham importância para o planejamento de projetos futuros.
- Conduzir análises em nível de portfólio (como projeções de carga de trabalho de recursos específicos ou projeções de fluxo de caixa) dos vários projetos existentes.
- Aprimorar continuamente o sistema de gerenciamento de projetos e a aplicação do gerenciamento dentro da organização.

Responsabilidades

As responsabilidades do departamento de gerenciamento de projetos podem ser divididas em dois grupos: 1º) aquelas relacionadas ao desenvolvimento e manutenção do sistema de gerenciamento de projetos e 2º) aquelas relacionadas ao suporte à utilização eficaz de processos de gerenciamento consolidados em projetos específicos.

Responsabilidades no desenvolvimento, na manutenção e no aprimoramento do sistema de gerenciamento de projetos:

- Determinar as necessidades de treinamento dos gerentes/equipes de projeto e adquirir o treinamento apropriado no momento apropriado.

- Estabelecer e documentar diretrizes e procedimentos de gerenciamento de projetos.
- Criar uma abordagem para estabelecer prioridades entre os vários projetos e uma metodologia para aplicar essas prioridades aos processos de elaboração do termo de abertura, planejamento e supervisão.
- Analisar os requisitos de gerenciamento dos projetos e os programas de *software* relacionados e adquirir, implantar, integrar e manter esses programas. Avaliar novos programas à medida que eles forem disponibilizados no mercado.
- Desenvolver, disseminar e promover a aplicação coerente das estruturas de codificação padrão e dos formatos de relatório.
- Criar modelos de planejamento de projetos (termos de abertura, estruturas de decomposição de trabalho, diagramas de rede de precedência, cronogramas, orçamentos etc.).
- Coletar e organizar bancos de dados reais sobre o desempenho dos projetos (duração das atividades, utilização de recursos, custos, medidas de qualidade etc.).
- Realizar auditorias no processo de gerenciamento de projetos e tomar medidas para corrigir deficiências processuais.

Responsabilidades no suporte à aplicação eficaz de processos de gerenciamento consolidados em projetos específicos:

- Facilitar (e assegurar uma metodologia apropriada para) os processos de elaboração do termo de abertura e planejamento do projeto do modo como são realizados pela equipe de projeto.
- Facilitar (e assegurar uma metodologia apropriada para) os processos de supervisão/atualização do projeto do modo como são executados pela equipe de projeto.
- Inserir os dados do plano do projeto e informações sobre o desempenho real.
- Utilizar o programa de gerenciamento de projetos para realizar análises e gerar relatórios de acordo com a necessidade.
- Analisar possíveis relações técnicas, de diretrizes e de recursos entre os vários projetos.

- Calcular a acumulação de cargas de trabalho, custos e fluxos de caixa dos vários projetos.

Requisitos

Para que o departamento de gerenciamento de projetos funcione eficazmente, devem existir as seguintes condições:

- A alta administração deve estar comprometida com a aplicação disciplinada e coerente de processos de gerenciamento formais a todos os projetos.
- O DGP deve reportar-se diretamente a um executivo ou a um grupo de executivos que estejam no mesmo nível hierárquico do patrocinador do projeto; isto é, no mesmo nível ao qual os gerentes de projeto normalmente se reportam.
- O DGP deve ser composto de indivíduos que tenham coletivamente os seguintes tipos de conhecimento, habilidade e traço pessoal:
    - Conhecimento sobre as metodologias de elaboração do termo de abertura, planejamento e supervisão.
    - Conhecimentos sobre a utilização de programas de gerenciamento de projetos.
    - Conhecimento sobre a implantação e integração dos programas de gerenciamento.
    - Familiaridade com os aspectos empresariais, técnicos e políticos dos projetos executados na organização.
    - Habilidades interpessoais.
    - Habilidades de facilitação de grupo.
    - Habilidades analíticas.
    - Habilidades comunicacionais.
    - Disciplina processual.
    - Atenção aos detalhes.
- O DGP deve ter os equipamentos de *hardware* e os *softwares* necessários para dar apoio a essa área.

APÊNDICE H

Alguns estudos de caso breves

Primeira tecnologia

Informações preliminares

A diretoria de uma empresa aeroespacial e industrial multinacional havia aprovado a migração de um sistema herdado para uma plataforma de superminicomputadores com o sistema operacional Unix, compatível com bancos de dados relacionais. Esse projeto teria uma fase de *hardware* e *software*. Na fase de *hardware*, o fornecedor deveria desenvolver um *software* que simulasse o sistema herdado nos superminicomputadores e permitisse que a empresa deixasse de utilizar o *mainframe* arrendado. Na fase de *software*, os aplicativos comprados e desenvolvidos pela empresa substituiriam o sistema herdado que estava sendo simulado. No momento em que o projeto completava seu primeiro ano, o desenvolvimento do *software* simulador estava significativamente atrasado em relação ao cronograma, não havia nenhum plano para a fase de *hardware* remanescente e pouca atenção havia sido dada quanto à forma de conduzir a fase de *software*. A empresa provavelmente teria de estender o tempo de arrendamento do *mainframe* e incorrer em um custo adicional de US$ 1,2 milhão. O diretor executivo decidiu designar um novo diretor de tecnologia da informação e adotar uma metodologia formal de gerenciamento de projetos. Esse cliente contou com a PSI para oferecer uma combinação personalizada de treinamento no PSM, consultoria e serviços de desenvolvimento de sistemas.

Resultados

Esse projeto foi um sucesso. Cumpriu seus objetivos de tempo, custo e qualidade. Outros resultados importantes foram os seguintes:

- O fornecedor conseguiu colocar o simulador de *software* em funcionamento no prazo e pelo preço ajustado previamente.
- A empresa deixou de utilizar o *mainframe* e evitou um custo adicional de US$ 1,2 milhão para estender o arrendamento.
- A fase de *software* tinha escopo e clientes definidos.
- Foi desenvolvida uma equipe colaborativa com membros de cada empresa e de todas as áreas fundamentais de conhecimento.
- A migração do *software* foi concluída no prazo e de acordo com o orçamento, com todas as funcionalidades escolhidas.
- Esse projeto serviria de modelo para realizar migrações bem-sucedidas de atividades da empresa na Europa e na Ásia, bem como de novos equipamentos.
- Todas as principais atividades da empresa ao redor do mundo passaram a ser processadas nesse sistema integrado.

Segunda tecnologia

Informações preliminares

Uma empresa multinacional de varejo que possuía várias marcas e divisões descobriu que poderia diminuir os custos operacionais e de manutenção anuais e também eficiências operacionais de mais de US$ 200 milhões por ano com o desenvolvimento e a implantação de um sistema informatizado comum para suas atividades. Esse projeto permaneceu na fase de desenvolvimento de *software* durante quatro anos e apresentou poucos resultados, tornando-se um "jogo" político em que os operadores ameaçavam desenvolver ou comprar seus próprios sistemas em virtude das pressões relacionadas com o *bug* do milênio. Inúmeros compromissos de entrega do produto haviam sido feitos com os clientes em potencial, em nenhum planejamento detalhado. Uma equipe de 30 pessoas era responsável pelo desenvolvimento do *software*, pela assistência piloto e pelas relações com os clientes. Essa empresa contratou a PSI para obter assessoria.

Resultados

Esse projeto está em andamento. Entretanto, o lançamento inicial está sendo testado em inúmeras lojas. Outros resultados importantes obtidos pela PSI foram:

- O projeto foi revigorado, e não abandonado.
- As equipes reformularam o escopo de vários lançamentos para criar um conjunto realista de entregáveis e produziram uma série de produtos de *software*/infraestrutura sem falhas.
- Análise da necessidade e planejamento de programas de *marketing* internos.
- Duplicação da equipe de TI e recrutamento de operadores para participar do desenvolvimento, teste e lançamento.
- Criação de uma equipe executiva de patrocinadores para ajudar a orientar a equipe do projeto e tomar decisões fundamentais pela equipe.
- Implantação de um departamento de projetos para o programa como um todo, que transferiu o conhecimento da PSI para os demais, promovendo a autossuficiência da empresa no planejamento e na supervisão do projeto em andamento.

Seis Sigma na fabricação: estudo de caso sobre melhoria do processo de fabricação

O desafio

A maior divisão de uma empresa aeroespacial/industrial não conseguiu obter a lucratividade prevista para os últimos anos. Problemas de qualidade continuavam a castigar a divisão, realçados pela perda de certificação de fornecedor fornecida por seu cliente mais importante. Para resolver esses problemas de custo e qualidade, essa divisão lançou um programa Seis Sigma para melhorar a qualidade, aumentar a satisfação dos clientes e incrementar sua lucratividade. Os objetivos estabelecidos para o primeiro ano foram os seguintes: 1º) diminuir 60% da quantidade de defeitos nos produtos fornecidos; 2º) reaver a certificação de fornecedor removida pelo maior cliente da empresa; e 3º) recuperar o investimento no programa Seis Sigma. Esse cliente contratou a PSI para lhe dar suporte.

Resultados

Esse projeto foi um sucesso. Cumpriu seus objetivos de tempo, custo e qualidade. Outros resultados importantes foram os seguintes:

- A empresa conseguiu reaver sua certificação de fornecedor em seis meses melhorando significativamente a qualidade oferecida e desenvolvendo uma capacidade comprovada para manter e melhorar esses ganhos.
- A qualidade oferecida melhorou 75% em 12 meses.
- A empresa gerou **lucro líquido** em seu investimento inicial no programa Seis Sigma: as economias tangíveis do projeto menos o custo de treinamento, sucata e retrabalho.
- Uma empresa multinacional de grande porte, reconhecida como líder na implantação do programa Seis Sigma, escolheu um dos melhores projetos da empresa como **"projeto do ano"**, abrindo uma oportunidade de vendas/*marketing* significativa para a empresa.
- As técnicas de planejamento e supervisão do PSM aprendidas e praticadas no projeto Seis Sigma foram aplicadas em outros tipos de projeto para obter outros benefícios.

Provedor de serviços

O desafio

Uma importante empresa de serviços de utilidade pública formou uma sociedade com uma empresa de desenvolvimento de *softwares* para viabilizar o processo de atendimento ao cliente pela *Web*. O primeiro projeto que essas duas empresas iniciaram estava acima do orçamento e não conseguiu cumprir os objetivos de tempo e qualidade. O lançamento do segundo projeto foi postergado porque ambas as empresas não conseguiram entrar em um acordo sobre as exigências, o leiaute e o método de desenvolvimento do *site*. Preocupada com a possibilidade de o segundo projeto repetir os problemas do segundo, a empresa de serviços de utilidade decidiu utilizar o programa de treinamento do PSM e os serviços de consultoria oferecidos pela PSI. Esse cliente contratou a PSI para oferecer uma combinação personalizada de treinamento no PSM, consultoria e serviços de desenvolvimento de sistemas.

Resultados

Esse projeto foi um sucesso. Cumpriu seus objetivos de tempo, custo e qualidade. Outros resultados importantes foram os seguintes:

- Estabeleceu-se uma relação de trabalho colaborativa entre os executivos e a empresa de serviços de utilidade pública e o provedor de serviços.
- A equipe de projetos tem competência e está posicionada para ter sucesso em projetos subsequentes habilitados pela *Web*.
- O provedor de serviços está obtendo seus objetivos de lucro de acordo com a estrutura de pagamento por desempenho.
- As empresas estão executando outros projetos em parceria que gerarão US$ 4 milhões em receitas para o provedor de serviços.

Primeiro estudo de caso de desenvolvimento de produtos

Informações preliminares

Uma equipe de desenvolvimento de produtos de uma fabricante de equipamentos europeia estava enfrentando uma enorme dificuldade. Um concorrente havia acabado de anunciar um produto tecnologicamente superior. Para evitar uma perda de participação de mercado superior a 25%, era necessário lançar um modelo radicalmente reestruturado em uma feira de produtos, no prazo de 14 meses. A equipe tinha pouquíssimos integrantes. E o ciclo de desenvolvimento normal de novos produtos era de 39 meses. Vários componentes de sistema que exigiam atualizações importantes dependiam de peças com prazos de entrega tradicionalmente muito longos e de fornecedores provavelmente não confiáveis. Além disso, as vendas estavam caindo em decorrência de sérios problemas de qualidade em toda a linha de produtos. Por isso, a principal preocupação da empresa como um todo era melhorar a qualidade o mais rápido possível. Por fim, o presidente da empresa utilizou um método centralizado de tomada de decisões e as equipes de projeto em geral não tinham autoridade para tomar decisões que pudessem influir negativamente no desempenho do projeto.

Abordagem

A principal equipe de projeto, que incluía o gerente, já havia concluído o programa de treinamento do PSM. A PSI ofereceu consultoria na elaboração do termo de abertura, no desenvolvimento do cronograma, na redução do cronograma (compressão ou *crashing*), no planejamento de recursos e nas atualizações/revisões periódicas do cronograma. O programa de treinamento do PSM foi ministrado a novos membros depois que a equipe já estava totalmente formada. Com a assessoria da PSI no processo de estruturação, o cliente conseguiu desenvolver e implantar um sistema formal de gerenciamento de projetos.

Resultados

O novo produto foi concluído e lançado com sucesso na feira de amostras, no prazo de 14 meses. O conhecimento técnico e as habilidades de planejamento do gerente do projeto foram reconhecidos, e ele foi promovido. Todos os membros da equipe adquiriram novas competências pessoais e confiança, e isso ajudou a melhorar o desempenho da empresa. Outros resultados importantes foram os seguintes:

- Graças ao termo de abertura, a diretoria da empresa ficou totalmente informada sobre os possíveis riscos apresentados pelo projeto.
- O cronograma do projeto continha atividades específicas e tempos de duração previstos para testar rigorosamente o produto. Isso impedia atalhos que poderiam afetar de maneira negativa a qualidade do produto após seu desenvolvimento.
- O gerente do projeto foi capaz de prever precisamente e recrutar os membros necessários para concluir o projeto com êxito. Ele utilizou o cronograma do projeto para mostrar até que ponto qualquer diminuição no número de integrantes da equipe poderia atrasar a conclusão do projeto. Por isso, conseguiu manter todos os membros da equipe do começo ao fim do projeto.

- Partes do cronograma do projeto foram utilizadas para informar os principais fornecedores internos e externos que não puderam participar do planejamento do projeto sobre suas responsabilidades e as datas de entrega.
- Foram elaborados planos de contingência (ou planejamentos de riscos) para lidar com possíveis falhas dos fornecedores em relação às peças com tempo de entrega longo e, portanto, decisivos para o projeto.
- A diretoria ficou impressionada com o conhecimento da equipe sobre a situação do projeto, em virtude do nível de detalhamento dos planos elaborados, e se dispôs a delegar autoridade à equipe para que tomasse mais decisões. Com isso, a equipe ganhou uma autonomia nunca antes experimentada na empresa.
- A disciplina para obter conhecimentos, adquirida nos processos de planejamento e supervisão do desenvolvimento do projeto, foi utilizada para ajudar a resolver uma ampla variedade de problemas de qualidade que infestavam a empresa.
- O cronograma do projeto foi utilizado como modelo para planos de desenvolvimento de produtos futuros.

Segundo estudo de caso de desenvolvimento de produtos

O desafio

O diretor executivo de uma empresa aeroespacial sustentou que a empresa desenvolveria em sete meses um novo sistema de controle de combustível para ser utilizado em um motor de avião de pequeno porte. Se bem-sucedido, esse novo sistema tomaria o lugar de um produto concorrente e ofereceria à empresa oportunidade de crescimento em receita e participação de mercado. Até aquele momento, a empresa nunca havia desenvolvido um novo sistema em um prazo inferior a 18 meses. Esse projeto exigiu pessoas motivadas, um trabalho de equipe entre o fornecedor e o cliente e um método de gerenciamento de projetos comprovado.

Resultados

A empresa conseguiu desenvolver o sistema de combustível em sete meses.

- O sistema cumpriu seus objetivos de custo, peso e recursos.
- O fornecedor e o cliente desenvolveram uma íntima relação de trabalho.
- O projeto foi motivo de orgulho para a empresa como um todo.
- O projeto tornou-se um modelo e um padrão para todos os futuros projetos de desenvolvimento de produtos.

Sobre o autor

Clinton M. (Clint) Padgett é presidente e diretor executivo da Project Success Incorporated (PSI). Desde o momento em que se juntou a essa empresa, em 1994, Clint prestou serviços de consultoria, treinamento e gerenciamento de contas a clientes de uma ampla variedade de setores, como o de fabricação, alimentos/bebidas, utilidades elétricas e tecnologia. Sua experiência com projetos abrange várias aplicações tradicionais e especiais, como desenvolvimento de produtos, instalação/inicialização de equipamentos, construção/remanejamento de instalações, *marketing*, implantação de sistemas de *sofware/hardware* e eventos esportivos internacionais para clientes como a Coca-Cola Company, Caterpillar Inc., Duke Energy, CNN, Time Warner, Southern Company, dentre outros.

Um pouco antes de se juntar à PSI, Clint trabalhava como engenheiro em uma empresa da *Fortune* 100. Nessa função, participava do desenvolvimento, dos testes de campo e do lançamento de novos equipamentos, bem como do gerenciamento e aprimoramento da garantia de qualidade de vários dos principais fornecedores da empresa em que trabalhava.

Clint bacharelou-se em engenharia elétrica no Instituto de Tecnologia da Geórgia e tirou o mestrado em administração de empresas (MBA) na Escola de Negócios Fuqua da Universidade Duke. É associado ao Instituto de Gerenciamento de Projetos (PMI), ao Instituto de Engenheiros Elétricos e Eletrônicos e à Associação de Desenvolvimento e Gerenciamento de Produtos, dentre outras associações profissionais. Clint também é um assíduo palestrante em convenções, conferências, e reuniões de grupo sobre gerenciamento de projetos.

Índice remissivo

A
Abordagem abrangente 213–215
Alltel 9
Análise de fluxo de caixa 220–221
Analistas de planejamento de projeto 37
Armstrong, Louis 8
A Sabedoria das Equipes (Katzenbach) 29
Atividades
    críticas 206–207
    definição das 69–70
    demoradas 70
    descrição das 72–73
    designando gerentes às 73–74
    dias não úteis 93–94
    duração das 71–72, 97–98
    estimativa de tempo 93
    função dos gerentes 131–132
    inexistentes 119
    nível de detalhamento 71–73
    no processo de compressão
        avaliação de compensações de custo 132
        avaliação dos gerentes 131–132
        compensações de custo favoráveis 133
        estimativa de duração 133
        identificação 129–131
        seleção 132–133
    sem datas de conclusão 70
    várias 86
Atividades em fins de semana e feriado (dias não úteis) 93–94
Autoridade, linhas de 3

B
Berra, Yogi 7
Blanchard, Kenneth 29

C
Cálculos de passe retroativo 200–202
Cálculos de programação
    atividades *versus* caminhos nos 206–207
    interpretação de folga 202–205

passe retroativo 200–202
suposições 199
Caminhos críticos
 atividades críticas em contraste
 com 206–207
 definição 114
 exemplo da fábrica de
 Melbourne 116–118
 identificando 114–118
 processo de compressão
 e 129–130
 programação de passe
 progressivo nos 111–113
 revisão do cronograma 118–121
 validação do
 cronograma 118–121
Carterpillar 9
Clientes
 como interessados 46
 encargos impostos
 pelos 125–126
 falhas de comunicação
 com 45–46
 satisfazendo os 21–22
Coca-Cola Company 9
Componentes do projeto 53
Compressão estratégica 96
Comprometimento 15, 149
Comunicação 45–46
**Conceito de
compensação 123–124**
**Conclusão mais antecipada
possível (CMAP), data de 200–202**
**Conclusão mais tardia admissível
(CMTA), data de 200–202**

Controle dos mínimos detalhes 72
Cronogramas
 atualizando 149
 desenvolvendo 17
 revisando 118–121
 validação 118–121
**Cronogramas de adequação
forçada 95–96**
Curvas de ansiedade 23, 26–27
Custo
 acompanhando 223–224
 baseado em atividade 124–127,
 218–219
 baseado no projeto 125–128,
 218–219
 de oportunidade 125
 expectativas de 56
 preocupações 175
 supervisionando 219–220
 total 127

D

**Data de conclusão mais antecipada
possível 96**
Data mais tardia admissível 95–96
Datas, nos termos de abertura 52
Defasagem
 fim-fim com 193–194
 fim-início com 190–192
 início-início com 192–193
Delta Air Lines 9
**Departamento de gerenciamento
de projetos (DGP)**
 caracterização 169

finalidades do 225–226
função 226
necessidade de 225
responsabilidades do 227–229
Descrição narrativa 91–92
Desempenho
    dimensão principal 27–28
    dimensões básicas 21–22
Desenvolvimento de equipes
    essência do 31–32
    estudos de caso 30–31, 33–34
    liderança e 32–33
    oportunidades 35
Desenvolvimento de produtos, estudos de caso 235–238
Detalhamento, nível de 71–73
DGO. *Consulte* **Departamento de gerenciamento de projetos (DGP)**
Diagramação de precedência generalizada
    fim-fim com defasagem 193–194
    fim-início com defasagem 190–192
    início-início com defasagem 192–193
    relações compostas 195–197
    vantagens 189
Diagrama de rede do projeto
    análise 87–88
    definição 84
    descrição narrativa 91–92
    desenvolvimento 87–88
    exemplos 85–87
    fluxos de tempo no 86
    recursos restritos 88
    relações de precedência em no diagrama 84
    tipos de 88, 88–89, 91
    várias atividades e 86
Diagrama de nós. *Consulte* **Diagrama de rede**
Disney 9
Duração prevista da atividade 97–98

E

Educação 9
Em Busca da Excelência 11
Encargos 125–126
Entregáveis do projeto 53
Entrevistas, organograma linear de responsabilidades (OLR) 184, 186
Equipes 43
    cenário de projeto típico 22–25
    diferenças entre 3
    estrutura de decomposição de trabalho (EDT) 67–68
    exemplo de ampliação descontrolada do escopo *(scope creep)* 43–46
    membros 56, 103–104
    organizando 29
    orientando 38
    pressões sobre 26–27
    primeiras atribuições 46–47
    processo de planejamento e 33, 34–37

setor de construção 47
termos de abertura e 48
Equipes operacionais 3
Erros de inserção de dados 119
Esboço do termo de abertura 60–61
Escopo, nos termos de abertura 53
Estimativas de duração
  comprometimento dos membros da equipe com as 103–104
  duração normal e 97–98
  estudos de caso 94–95, 101–102
  exemplo da fábrica de Melbourne 107–109
  métodos de programação 94–97
  possíveis problemas nas 105–106
  processo 99–101
Estrutura de decomposição de trabalho (EDT)
  elaboração da 67–68, 77
  exemplo da fábrica de Melbourne 74–77
  formato de esquema de tópicos 69
  formato piramidal 67
Experiência 8–9

F

Facilitadores 58–60
Fim-início com defasagem 190–192
FirstStep, processo
  componentes 16–17

determinação do nível de detalhamento 71–73
estrutura de decomposição de trabalho (EDT) no 67–69
estudo de caso 66–67
identificação das atividades 69–71
visão geral 65
Folga livre 205–206
Folga total 202–204
Ford, Henry 32
Fujitsu 9

G

Gerenciamento de projetos
  adquirindo habilidades de 9–10
  ciclos de ineficazes no 23–25
  credenciais 9
  desafios 2–3
  estudo de caso 5–6
  falhas 10–11
  linhas de autoridade 3
  natureza humana e 4
  qualificações 4, 7–9
Gerente-Minuto Desenvolve Equipes de Alto Desempenho (Blanchard) 29
Gerentes de projeto
  descrição de cargo dos 38
  descrição dos no termo de abertura 55
  designação do 38–41
  setor de construção 47

I

Inflexibilidade, preocupações com 176–177
Informações preliminares, nos termos de abertura 53
Ingersoll Rand 9
Início-Início com defasagem 192–193
Início mais tardio admissível (IMTA), data de 200–202
    assinaturas no 187
    criando, passos no 184, 186–187
    entrevistas 184, 186
    exemplo 185
    função 184
    procedimentos 187
Interpretação de folga 202–205

K

Katzenbach, Jon 29
Kimberly-Clark 9

L

Liderança 32
Lombardi, Vince 8

M

Marriott 9
Método de Sucesso em Projetos. *Consulte* Project Success Method (PSM)

N

Natureza humana 4
Nome do projeto 49, 52–53
Número do esboço, nos termos de abertura 52

O

Objeções
    estudo de caso 171–173
    motivos das 173
    respondendo às 173–177
    tipos comuns 173–177
Objeções, nos termos de abertura 54
OLR. *Consulte* Organograma linear de responsabilidades (OLR)
Orçamentos
    análise de fluxo de caixa 220–221
    classificação cruzada dos 221–222
    conteúdo das seções do termo de abertura 56–57
    controle/supervisão de custo 218–219
    custos baseados em atividade 218–219
    decomposição 217–218
    elaboração 17
    estruturação 217–222
    processo de planejamento e 143–144
Organograma linear de responsabilidades (OLR) 78

assinaturas no 187
criando, passos no 184, 186–187
entrevistas 184, 186
exemplo 185
função 184
procedimentos 187
Orientação *(coaching)* 16

P

**Partes interessadas
(stakeholders) 54–56**
Peters, Tom 11
Planejamento de recursos
aumento de disponibilidade 215
diminuição da carga de
trabalho 215–216
estudo de caso 210–212
finalidade do 209–210
previsão de sobrecargas de
trabalho 212–216
visão geral 143–144
**Planejamento independente
(verticalizado) 36**
Precedência, relações de 84–85
**Preocupação com a
complexidade 175**
**Previsão de sobrecargas de
trabalho**
abordagem abrangente 213–215
atalhos para 212–213
solucionando 214–216
visão geral 211–212
**Procedimentos
operacionais 183–187**

Processo de compressão
atividades
avaliação das
compensações 132
avaliação do gerente 130–131
compensações de custo
favoráveis 132
escolha 132–133
estimativa de duração 132
identificação 129–131
conceito de
compensação 123–128
exemplo da fábrica de
Melbourne 133–142
passos 128–133
valor dos encargos por
atraso 128–129
valor dos ganhos por
antecipação ao prazo 128–129
vantagens 142–143
Processo de controle 17–19
**Processo de
desenvolvimento 58–62**
**Processo de fabricação, estudo
de caso 233–234**
Processo de planejamento
abordagem de uma única
pessoa 35–36
abordagem representativa da
área funcional 36
benefícios do 27
elaboração do
orçamento 142–143
elaboração do termo de
abertura 84–85

elementos do 17
interfuncional e centrado na
equipe 33, 34–37
maximização da
eficiência 36–37
planejamento de recursos
no 143–144
utilização do por parte dos
analistas 37
utilizando-o como base 17–18
**Processo de supervisão
de projetos**
    estudo de caso 145–146
    exemplo da fábrica de
Melbourne 150–163
    fases de reunião 148–149
    função 147
    métodos de 148–149
    requisitos 147–148
Profundidade de conhecimento 8
Programação de passe progressivo
    cálculos 111–113, 199–207
    função 120
    vantagens 142–143
**Programação progressiva 96–97,
142–143**
**Programação retroativa 95–96,
142**
Project Success Method (PSM).
Consulte também **conceitos
específicos**
    benefícios 10, 11, 179–180
    definição 10–11
    eficácia do 9
    mudanças na curva de ansiedade
com 27–28

objeções ao 171–177
processos de
gerenciamento 16–19
utilizando 179–180
Projetos 125–128
    considerações sobre
tempo 71–72
    despesas indiretas 125
    equipes 3
    fases 53
    multiorganizacionais 78,
183–187
    patrocinador 55
    processos *versus* 2
    status (andamento) 148–149
Projetos de curta duração 71
Projetos de longa duração 71
Projeto típico
    curso de ansiedade no 23, 26
    definição 22
    início do 22–23
    lua de mel 23
    prazos finais 24
    Project Success Method (PSM)
aplicado ao 25–26
    sobrevivendo 24–25
**Provedor de serviços, estudo de
caso 234–235**

Q
Qualificações 4, 7–9

R
Radio Shack 9

Recursos
  definição 209
  supervisão da utilização de 223–224
Rede
  diagrama de, nos projetos 84–90, 119–120
  diagrama de precedência generalizada e 189–197
  estudo de caso 82
  exemplo da fábrica de Melbourne 90–92
  visão geral 81, 83–84
Relações compostas 195–197
Relações de precedência
  elaboração do termo de abertura 84–85
  motivo de critério/preferência 88
  motivo técnico 88
Resolução de problemas 149
Restrições, nos termos de abertura 57
Reuniões para elaboração do termo de abertura 59–60
Riscos, termos de abertura 57

S

Sistema de gerenciamento de projetos, criação
  abordagem de DGP 169
  abordagem estrutura ao 165–166
  estudo de caso 165–168
  principais questões 169–170
Sucesso
  fatores que maximizam o 18
  índice de 13
  ingredientes essenciais do 14–16
Suposições, nos termos de abertura 57

T

Tecnologia, estudos de caso 231–233
Tempo
  atividades demoradas 70
  conclusão mais antecipada possível (CMAP) 96
  custo *versus* 123–128
  desempenho e 21–28
  elaboração do termo de abertura 59
  expectativas 56
  gerenciamento 4
  mais tardio possível 96
  preocupações 173
Termos de abertura
  componentes dos 49, 49–58
  exemplo da fábrica de Melbourne 50–51, 68
  função dos 48
  inadequados 61–62
  objetivo dos 46–47
  participação dos interessados na elaboração dos 48
  processo de desenvolvimento 58–62

vantagens dos 46–47
versão original 61
Tomada de decisões 149
Trabalho em equipe 29, 31–32
Treinamento intenso 15
TRW 9
Turner Broadcasting 9

V
Valor das economias por antecipação ao prazo 56–57
Valor dos encargos por atraso 56–57, 128–129

W
Woods, Tiger 8, 14–15

www.dvseditora.com.br